文化产业政策与法律法规

The Policies, Laws and Regulations of Cultural Industry

从国际政策到国内政策，从一般法、专属法到行业管理法规……对于当今中国文化产业，本书进行了概述、分析和思考。

黄虚峰 ◎ 编著

北京大学出版社
PEKING UNIVERSITY PRESS

图书在版编目(CIP)数据

文化产业政策与法律法规/黄虚峰编著. —北京:北京大学出版社,2013.8
ISBN 978-7-301-22907-1

Ⅰ. ①文… Ⅱ. ①黄… Ⅲ. ①文化产业-产业政策-研究-中国 ②文化产业-法规-研究-中国 Ⅳ. ①G124 ②D922.164

中国版本图书馆CIP数据核字(2013)第173211号

书　　名	文化产业政策与法律法规
	WENHUA CHANYE ZHENGCE YU FALÜ FAGUI
著作责任者	黄虚峰　编著
责任编辑	杨丽明　王业龙
标准书号	ISBN 978-7-301-22907-1
出版发行	北京大学出版社
地　　址	北京市海淀区成府路205号　100871
网　　址	http://www.pup.cn　　新浪微博:@北京大学出版社
电子邮箱	zpup@pup.cn
电　　话	邮购部 010-62752015　发行部 010-62750672　编辑部 021-62071998
印刷者	北京虎彩文化传播有限公司
经销者	新华书店
	730毫米×980毫米　16开本　18.75印张　347千字
	2013年8月第1版　2025年2月第11次印刷
定　　价	58.00元

未经许可,不得以任何方式复制或抄袭本书之部分或全部内容。
版权所有,侵权必究
举报电话:010-62752024　电子邮箱:fd@pup.cn
图书如有印装质量问题,请与出版部联系,电话:010-62756370

内 容 提 要

本书在概述当前中国文化产业总体的政策与法律法规环境的基础上，主要讲述两大块的内容：一是文化产业领域一般类法律法规，包括著作权法、文物保护法、非物质文化遗产法等；二是文化产业核心行业门类管理的法律法规，包括出版产业法律法规、演艺产业法律法规、广播影视产业法律法规、艺术品市场法律法规、网络文化产业法律法规等。

本书的主要特点是从文化产业法律体系的构建出发，将文化产业法律体系视为一个以宪法为核心，以横向的文化产业一般类法律法规为基础，以纵向的文化产业各行业门类的法律法规为主体的法律法规体系。不仅对文化产业领域中的法律与法规进行区分，而且将法律法规区分为一般适用和行业门类适用的法律法规。

本书面向文化产业管理相关专业师生和从业人员，既可作为高等院校文化产业管理、文化管理、艺术管理、影视产业管理、演艺产业管理、出版管理等相关专业的教材或教学参考书，也可提供给文化产业从业者用做熟悉文化产业最新政策与法律法规信息的参考资料。

CONTENTS 目 录

导　言	1
第一节　概念界定——政策、法律与法规	2
第二节　社会主义文化总政策 　　　　——"两为"方向和"双百"方针	7
第三节　文化产业内容规管	10
第一章　国际视野下的文化产业政策	**27**
第一节　WTO 与我国文化产业政策	28
第二节　主要文化产业大国的文化产业政策概览	37
第二章　我国文化产业政策概述	**47**
第一节　我国文化产业政策的提出	48
第二节　《文化产业振兴规划》解读	51
第三节　当前我国文化产业政策概述	57
第三章　我国文化立法和文化产业法律环境	**71**
第一节　我国的立法体制和文化立法探讨	72
第二节　我国文化法律渊源和现有文化法律体系	77
第三节　我国文化产业的法律环境	83
第四章　著作权法	**92**
第一节　著作权和著作权法	93
第二节　著作权的客体	96
第三节　著作权的主体和著作权的归属	106
第四节　著作权的内容	111
第五节　邻接权	121

CONTENTS 目　录

第六节	著作权的限制	125
第七节	侵犯著作权的行为及其法律责任	130
第八节	著作权的集体管理	136

第五章　文化遗产保护类法律法规　142
　　第一节　文化遗产保护类法规概述　143
　　第二节　物质文化遗产的法律保护　145
　　第三节　非物质文化遗产的法律保护　161

第六章　出版产业法律法规　176
　　第一节　出版物、出版活动及出版行业管理机构　178
　　第二节　出版单位的设立与管理　180
　　第三节　出版物内容的管理　186
　　第四节　出版物的印刷或复制和发行　188
　　第五节　出版物的进口　190
　　第六节　出版事业的保障与奖励　191
　　第七节　法律责任　192

第七章　艺术品市场法律法规　196
　　第一节　艺术品市场法律法规概述　197
　　第二节　艺术品经营环节法律法规　199
　　第三节　艺术品拍卖环节法律法规　203

第八章　演艺产业法律法规　217
　　第一节　演艺市场法规概述　218
　　第二节　演艺产业经营规范　223

CONTENTS 目 录

第九章 广播影视产业法律法规   **245**
    第一节   电影产业法律法规   246
    第二节   广播电视产业法规——针对广播电视节目
                制作产业   262

第十章 网络文化产业法律法规   **274**
    第一节   网络文化产业法律法规概述   275
    第二节   网络环境下著作权保护方面的法律
                法规概述   277
    第三节   我国文化行政管理部门在互联网方面的
                规章内容概述   282

参考文献   **291**

导　言

本章提要：文化产业既有物质生产领域的共性，又有意识形态领域的特殊性，比之一般经济领域的产业，文化产业更多受到政策与法律法规的监管。对文化产业管理专业的学生来说，深刻领会并学会运用文化产业的政策与法律法规是专业知识的一种必要积累。本章作为书的导言部分，做了三件重要的事情：一是政策与法律法规的概念界定；二是阐述社会主义文化总政策——"两为"方向和"双百"方针的提出背景、含义以及对于文化产业从业人员的指导意义；三是概述国家有关法律法规对文化产业领域的内容规管。通过本章的学习，有助于给学生们上紧思想的发条，在以后的专业发展道路上走正道，从而培养社会主义文化产业的接班人。同时，本章的讲述，为理解以后各章的内容打下基础。

导入　>>>

大凡每门课的开篇都要强调课程在专业学习中的重要性，那么"文化产业政策与法律法规"课程的重要性体现在哪里？这使笔者想起一位从事影视经纪的朋友说的话："假如我们在工作中对法律法规不熟悉，那么，一不小心就会踩到地雷。"可见，学习文化产业法律法规的重要性在于"排雷"，以免被炸残甚至被炸得粉身碎骨。2010年暑假，我注意到一则娱乐新闻[1]，该女歌手的自杀跟之前因其假唱被罚有直接关系。可见，文化产业的从业人员或管理人员脑子里都得装上法律法规这根弦，不懂法规或知法犯法只会将自己逼上困境。另一则新闻[2]涉及的是文化产业经营与管理中的一部重要法律——《著作权法》，星光国

---

[1] 参见《"假唱第一案"女歌手方梓媛割腕自杀未遂》，http://ent.sina.com.cn/y/2010-08-13/11033050751.shtml。

[2] 参见《不满"神笔马良"谈恋爱 原著作者家人要求索赔》，http://www.chinanim.com/index.php?N=consultation_info&id=6792。

际投资公司欲重拍上世纪五六十年代诞生的著名童话名片《神笔马良》,但是,由于影片投资方缺乏版权意识,未能妥善处理与著作权拥有者之间的关系,导致影片《神笔马良》的难产。

　　本课程的授课内容包括两部分:一部分是文化产业领域的法律法规,另一部分是文化产业的政策。如果说,作为文化产业的从业人员或管理人员,熟悉法律法规的作用在于"排雷",那么,了解政策的重要性则在于"把握方向"。记得有句话说,"方向比速度更重要,如果方向错了,前进就是倒退"。这句话道出了把握方向的重要性,而政府点出文化产业发展方向的途径便是政策。"政府通过制定和实施政策,反映政府对形势的判断和对发展目标的预设,表达政府支持什么、限制什么和禁止什么的立场,以此决定文化产业发展的走向和进程。"①大连万达集团自 2005 年起从商业地产逐渐转向文化产业,从而避免陷入当今一般商业地产集团的困境,就在于其能及时把握政府发展文化产业的政策,从而及早为自己安排了继商业地产之后的下一个发力点。我们文化产业管理专业的学生,毕业后,一部分会进入政府的文化产业管理部门,成为文化产业政策制定的参与者,一部分会进入文化产业类企业,成为文化产业的从业人员或管理人员。无论是管理者还是被管理者,在政策的制定、执行和反馈过程中领会决策层的精神,把握文化产业的发展方向,才能使自己立于不败之地。

第一节　概念界定——政策、法律与法规

　　无论是打开文化部的网站、国家广播电影电视总局的网站或是国家新闻出版总署的网站,都能发现中国文化产业的三家主管部门官网的首页上都开设一个标题为"政策法规"的栏目。② 在实际生活中,政策与法规这两个概念也经常被并用或混用。从严格意义上讲,政策与法规是两个既有联系又有区别的概念。同时,法规的含义还有广义和狭义之分,广义的法规主要包括宪法的有关规定、有关法律、有关行政法规与规章等各类法律性文件。当法律从广义的法规中独立出来时,法规便专指那些法律规范性文件中的行政法规、部门规章和地方性法规等,其效力低于法律,此时的法规就是我们通常所指的狭义的法规,其对应的英文表述为"regulation",而法律则特指由全国人民代表大会及其常务委员会制定、颁布的规范性文件,其对应的英文表述为"law"。

---

① 欧阳坚:《文化产业政策与文化产业发展研究》,中国经济出版社 2012 年版,第 10 页。
② 国家新闻出版总署首页的"信息公开"板块下分设"政策法规·解读"栏目。

一、政策与法

(一) 政策的概念、特征和分类

1. 政策的概念

"政策是国家或政党为实现一定历史时期的路线和任务而规定的行动准则。"此定义来自《辞海》,我国学者陈振明则将之进一步解释为:"政策是国家机关、政党及其他政治团体在特定时期为实现或服务于一定社会政治、经济、文化目标所采取的政治行为或规定的行为准则,它是一系列谋略、措施、办法、条例等的总称。"① 看得出,我国学界对政策的理解与美国政治学家哈罗德·拉斯韦尔和亚伯拉罕·卡普兰对公共政策的定义——"公共政策是一种含有目标、价值与策略的大型计划"②相一致,指的是那些侧重于为解决社会公共问题而制定的政策。

需要指出的是,我国政策制定的过程呈现一种"内输入"的特点,公民参与公共政策制定的渠道存在障碍性因素。因此,本教材使用"政策"而非"公共政策"的表述。

2. 政策的特征

政策首先具有阶级性和利益性特征。政策制定的主体是国家机关或政党,它作为国家或政党的公共管理工具服务于社会经济发展和文化进步。③ 而任何国家或政党都是特定阶级利益的代表,它们所要实现的目标、所实施的行动必须符合该阶级的利益,因而,相应地,公共政策的制定也一定是从阶级和该阶级的利益出发。④

其次,政策兼具稳定性和变动性。公共政策是政治系统和政府进行公共管理的途径和履行自身职能的手段,其目的是保持社会的政治、经济、文化的稳定,与这一基本目标相一致,社会的总目标、基本目标在相对长的时间内具有稳定性。但是,政策的制定又是多种政治因素互动、多种利益集团和利益诉求方博弈的动态过程,不同的时代有不同的政策问题,特定政策问题的出现都是社会发展的结果,政策的终结往往意味着新一轮政策动态过程的开始,从而表现出了政策的稳定性和变动性特征。⑤

---

① 转引自郑敬高主编:《政策科学》,山东人民出版社 2005 年版,第 15 页。
② 徐珊珊、尚秋谨:《透视公共政策本质特征——从公共政策概念出发》,载《广西社会主义学院学报》2007 年第 4 期。
③ 参见陈振明主编:《政策科学》,中国人民大学出版社 2003 年版,第 51 页。
④ 参见赵阳、徐宝祥编著:《文化产业政策与法规》,中山大学出版社 2012 年版,第 3 页。
⑤ 参见郑敬高主编:《政策科学》,上海人民出版社 2005 年版,第 23 页。转引自赵阳、徐宝祥编著:《文化产业政策与法规》,中山大学出版社 2012 年版,第 4 页。

3. 政策的分类

常见的政策分类方法有两种：第一种是根据政策所涉及的领域划分，也叫横向分类；第二种是根据政策所指示的方向和所要求实现的目标的综合性程度，从纵向上对政策进行分类。

横向分类的政策突出其所涉及的领域，如事关政治规范和准则的政治政策，指导经济领域各项活动的经济政策，解决社会生活领域各类问题与矛盾的社会政策，促进科学文教事业繁荣发展的文化政策等。

纵向分类的政策可以被看成一个分层体系，处于统帅地位的政策即总政策，指的是国家在一个较长的历史阶段上所确定的战略目标和根本任务，它具有根本的指导性和原则性，是其他各种政策的出发点和归宿。处于总政策之下层次的是基本政策，它指的是党和国家对关系国家全局利益的某一领域、某一方面的工作所规定的主要目标和任务。在基本政策的指导下，为解决特定时期或特定范围内的某类或某个特定问题所确定的目标任务和行动的准则，则是具体政策。具体政策是总政策和基本政策的最具体、最现实的体现，因而，它的可操作性和执行性很强。从变动性衡量，具体政策的变动性最强，会随着形势的变化而不断变化，从稳定性衡量，总政策最具稳定性，基本政策次之，而具体政策的稳定性最差，一般时效也最短。

(二) 法的概念、特征和体系

1. 法的概念

法是由国家专门机关创制的、以权利和义务为调整机制并由国家强制力保证实施的、普遍适用的行为规范体系。法是统治阶级意志的体现，保护的是有利于统治阶级的社会关系和社会秩序。

法与广义的法规同义，并不仅仅表现为法律，在我国，具有"法"性质的还有行政法规、地方性法规、部门规章等多种形式。

2. 法的特征

法是一种行为规范，即告诉人们应当或不应当、允许或不允许做的事情，通过这样的规范，使得人们按照法律所指引的方向去行动，从而最终实现对社会关系和社会秩序的维护和调整。

作为行为规范的不仅有法，还有道德、政策、纪律、礼仪、习俗等，那么法这种规范有何特征呢？

(1) 国家意志性

法是一种由国家创制的行为规范，就是说，它是由具有立法权的国家机关按照既定权限和既定程序予以制定或认可并且予以颁布实施的。与其他行为规范相比，它具有国家意志性。

(2) 国家强制性

法的国家强制性主要体现在法的实施是以法庭、监狱、警察、军队等国家强制力作为保障后盾。当人们的行为违反了法的规定,就会受到一定的法律制裁。国家强制力是最有力的强制力,可以依照法律规定确立或改变一定的社会关系,剥夺违法行为人的一定的权利、财产、人身自由直至生命。虽然其他行为规范也具有一定的强制性,但规制程度都无法与法的国家强制性相比。

(3) 普遍适用性

法的普遍适用性是指法是面对全体社会成员的,平等适用于所有相关当事人的普遍规范。法的规范既规定人们的权利,也规定人们的义务,且人人必须遵守。它通过赋予社会关系参加者一定的权利和义务实现对社会关系的调整,以建立和维护有利于国家的社会关系和社会秩序。因此,法规定的权利和义务具有普遍适用性。

3. 法的体系

一个国家的法律规范成千上万,但它们并非是杂乱无章地拼凑在一起,而是以宪法为基础,构成部门法之间界限清晰,各法律规范间逻辑结构严谨,各法律制度间相互协调、和谐与衔接的有机整体,这便是法的体系。①

2011年3月10日上午,时任全国人大常委会委员长吴邦国在十一届全国人大四次会议第二次全体会议上宣布,中国特色社会主义法律体系已经形成。中国特色社会主义法律体系,是指一个立足中国国情和实际、适应改革开放和社会主义现代化建设需要、集中体现党和人民意志的,以宪法为统帅,以宪法与宪法相关法、民法商法、行政法、经济法、社会法、刑法、诉讼与非诉讼程序法等多个法律部门的法律为主干,由法律、行政法规、地方性法规等多个层次的法律规范构成的法律体系。由此可见,我国人大常委会将我国的法分为七个不同的部门,即:宪法与宪法相关法、民法商法、行政法、经济法、社会法、刑法、诉讼与非诉讼程序法。我们将会看到,文化产业同这些法律部门都有着直接或间接的关系。比如,文化产业各行业的种种许可及其程序规定属于行政法部门,文化演艺经纪合同关系是民商法部门的重要内容,劳动雇佣关系属于社会法部门,资本和税的规范属于经济法部门,等等。

二、政策与法律法规的联系与区别

(一) 政策与法律法规的联系

政策与法律法规在目的性上是一致的,它们都是统治阶级为了维护自己的

---

① 参见魏永征、李丹林主编:《影视法导论——电影电视节目制作人须知》,复旦大学出版社2005年版,第8—9页。

利益,巩固自己的统治,体现自己的意志而设置的一套规则,用于规范社会成员的行为,从而达到按自己意志管理社会的目的。因此,它们都是统治阶级进行社会管理的手段。

执政党在国家生活中的领导地位,决定了其政策必然对法律起着指导作用。无论是立法动议的提出,还是法律草案的起草,都应当考虑党和国家政策的总体精神。同时,部分政策制定出来后,如果被证明是行之有效并具有长远价值,那么,会逐渐固定下来成为法律法规。当然,政策法律化必须按照立法法由有立法权限的机关按照程序进行,这体现了法律对政策的制约作用。

在我国,政策的适用范围要比法律法规广泛,社会生活的各个方面都受政策的调整和规范,而法律并不可能深入社会生活的各个方面,比如宗教、道德、民族等领域的许多问题就只能适用政策调整,而不能用法律进行硬性约束。① 这时候,政策其实发挥着填补法律法规的空白的功能。

总之,政策和法律法规有着十分密切的联系,它们之间相互影响、相互作用,在适用上相互补充。

(二) 政策与法律法规的区别

作为两种不同的社会政治现象,政策与法律法规在制定的主体和程序、表现形式、发挥功能以及实施方式、稳定性方面存在以下区别:

1. 两者制定的主体和程序不同

法律法规是由国家制定或认可的,具有国家意志的属性。正如前文所述,它是由国家专门的立法机关即全国人民代表大会及其常务委员会或者拥有立法权能的机关如国务院及其各部委等依照法律程序创制的,其立法权限和创制程序均有严格且复杂的规定。而政策一般由执政党的代表大会或者领导机关制定,在它没有用法律形式体现之前,不具有国家意志的属性。

2. 两者的表现形式不同

在我国,法律法规通常采用制定法的形式,如《中华人民共和国 XX 法》、《XXX 管理条例》等。而政策则经常以国家机关制定和颁布的决定、决议、命令、规则、规定、意见以及通知、领导人讲话、会议纪要、号召等形式出现,如《XXX 决定》、《XXX 若干意见》、《XXX 紧急通知》等。

3. 两者的功能以及由此决定的实施方式不同

从功能上讲,法律法规的基本功能是"制约",即运用法律手段,规定人们应该做什么、能够做什么、不能做什么。由此决定了法律法规实施的强制性和惩罚性,因此,颁布的法律法规里一定包含法律责任的条款规定。政策的基本功能是

---

① 参见陈杰、闵锐武编著:《文化产业政策与法规》,中国海洋大学出版社2006年版,第3页。

"导向",即运用行政手段、原则性规定或号召、鼓励、支持各项活动以促进政策目标的实现;由于政策不具备强制力属性,通过行政途径下达的政策文件里没有对违反政策者的罚则内容,其实施主要依靠宣传教育、劝导,靠人民对政策的信任、支持。

4. 两者的稳定性程度不同

政策的制定和变化要符合适时性原则,在政策执行中允许有灵活性,而且随着政策环境的变化要不断地修正、补充和完善,由于动态性较大,因此它的时效较短。而法律法规一般都是在政策长期实施以后取得一定经验的基础上确立下来的比较具体的行为规范,时效较长,而且它的制定、修改或废止都要经过严格复杂的法定程序,具有相当的稳定性。

第二节 社会主义文化总政策——"两为"方向和"双百"方针

文化产业之所以称为"文化"产业,是因为它与文化有着紧密的联系,哪怕文化产业具有的市场化特征,也是指其经营方式市场化,而非文化本身的市场化,诸如图书、报刊、音像、戏剧等,其经营活动可以纳入市场经济的轨道,但这类文化所体现的价值取向、思想观念、意识形态,则不能由市场主导,不能偏离社会主义先进文化的方向。因此,在文化产业的实践中,同样须遵循社会主义文化总政策的指导,同样须接受社会主义文化法律的规范,以保障我国文化产业的健康发展。

一、作为社会主义文化总政策的"两为"方向和"双百"方针

1980年7月26日,《人民日报》发表了题为《文艺为人民服务、为社会主义服务》的社论。社论郑重宣布:"我们的文艺工作的总的口号应该是:文艺为人民服务,为社会主义服务。"此后,"文艺为人民服务,为社会主义服务"就替代了此前的"文艺为政治服务、文艺为工农兵服务",成为中国社会主义文化建设的一项根本政策,简称"两为"方向。"百花齐放、百家争鸣"简称"双百"方针,是中国共产党在20世纪50年代中期提出的重要文化政策。1956年4月28日,毛泽东在中共中央政治局扩大会议的总结发言中正式提出:"艺术问题上的百花齐放,学术问题上的百家争鸣,我看应该成为我们的方针。"

"两为"方向和"双百"方针作为社会主义文化总政策,"处于文化政策过程系统的元政策的层面上,是其他各种文化政策的依据、起点和归宿,规定社会主

义文化政策的全部矛盾运动和发展走向"①。

"文艺为人民服务"是指为广大的工人、农民、士兵、知识分子、干部和一切拥护社会主义、热爱祖国的人们服务,是对文艺服务对象的表述。它坚持了中国共产党"全心全意为人民服务"的根本宗旨,保证正确的舆论导向和发展方向。文化产业遵循为人民服务的方向,就是不断地生产人民喜闻乐见的文化内容,弘扬主旋律,提倡多样化,满足人们不同层次的、多方面的、健康向上的文化消费需求,提供适应人民群众鉴赏情趣和审美习俗的文化产品和文化服务。"文艺为社会主义服务"就是为社会主义的经济、政治、军事、文化等各项事业的根本需要服务。在社会主义初级阶段,就是要为发展社会生产力、为社会主义现代化建设的伟大事业服务,为建设有中国特色的社会主义的文化服务。这是对文艺的政治性质、思想内容和社会功能的规定。文化产业又称内容产业,在总体上总是带有明确的意识形态属性。文化产业为社会主义服务,也就是要在文化产业活动中坚持社会主义意识形态的主导地位,抵制和反对资本主义的、封建主义的和其他的腐朽思想,加强社会主义精神文明建设。社会主义代表了广大人民的根本利益,人民需要社会主义,正在建设社会主义,因此为社会主义服务仍然是坚持了中国共产党"全心全意为人民"的根本宗旨。从这点看,"两为"是一致的,相辅相成。在我国社会主义初级阶段,"两为"密切联系在一起,成为不可分割的整体。

"百花齐放,百家争鸣"的具体含义是,在文艺创作上,允许不同风格、不同流派、不同题材、不同手法的作品同时存在,自由发展;在学术理论上,提倡不同学派、不同观点互相争鸣,自由讨论。②把"百花齐放,百家争鸣"作为整体性的对象加以系统的政策思考,并确定为发展社会主义文化事业的长期的方针政策,源于1956年开始的对社会矛盾的重新认识。毛泽东当时指出:"艺术上不同形式和风格可以自由发展,科学上不同的学派可以自由争论。利用行政力量,强制推行一种风格,一种学派,禁止另一种风格,另一种学派,我们认为会有害于艺术和科学的发展。艺术和科学中的是非问题,应当通过艺术界科学界的自由讨论去解决,通过艺术和科学的实践去解决,而不应当采取简单的方法去解决。"③邓小平在1979年再次重申:"文艺这种复杂的精神劳动,非常需要文艺家发挥个人的创造精神。写什么,怎么写,只能由文艺家在艺术中去探索和逐步求得解

---

① 胡惠林:《文化政策学》,书海出版社、山西人民出版社2006年版,第246页。
② 参见魏永征、李丹林:《影视法导论——电影电视节目制作人须知》,复旦大学出版社2005年版,第23页。
③ 毛泽东:《关于正确处理人民内部矛盾的问题》,载《毛泽东选集》第五卷,人民出版社1977年版,第388—389页。

决。""双百"方针制定和执行之后科技、文化各领域所呈现出的活泼生动局面说明,"双百"方针是符合社会主义文化发展客观规律、适应社会主义文化建设任务目标的文化政策。

"两为"方向指出了中国当代文艺发展的根本目的和发展方向,对"双百"方针具有指导意义。"双百"方针是实现"两为"方向的途径和手段。贯彻执行"双百"方针的终极目的就是实现"文艺为人民服务,为社会主义服务"。

二、由宪法所规定的"两为"方向

我国《宪法》[①]第 22 条规定:"国家发展为人民服务、为社会主义服务的文学艺术事业、新闻广播电视事业、出版发行事业、图书馆博物馆文化馆和其他文化事业,开展群众性的文化活动。"作为社会主义文化总政策的"两为"方针,由国家的根本大法加以规定,是我国法律有别于世界上其他国家的重要特点。就文化产业来说,"为人民服务"以法的形式对文化产业活动的服务对象作了规定,"为社会主义服务"以法的形式确认了文化产业为社会主义服务的方向,从而保证文化产业活动符合和适应社会主义制度的基本要求。前文讲到,法律法规具有强制性,谁的行为违反了法的规定,就会受到一定的法律制裁,而宪法是国家的根本大法,宪法具有最高的法律权威和效力,"违宪是最严重的违法"。[②] 同时,宪法是制定所有其他法律法规的依据,"两为"方向在宪法中加以确认,意味着文化产业领域的所有法律法规的制定都必须坚持"两为"方向,从而为文化产业领域的法制建设确立了一种价值目标。

三、为什么要坚持"两为"方向和"双百"方针以及如何坚持"两为"方向和"双百"方针

为什么要坚持为人民服务?因为人民是历史的创造者,是时代的先锋。作为人民中的一员,文化工作者的时代使命是忠实记录和反映这个时代的历史变迁,为代表历史发展方向的开拓者、创立者、劳动者讴歌立传。引用邓小平同志在全国文学艺术工作者第四次代表大会上的讲话,就是"人民是文艺工作者的母亲"。

为什么要坚持为社会主义服务?因为改革开放以来的实践和建设发展所取得的举世瞩目的成就已经证明了中国特色社会主义道路的初步成功,说明社会

---

① 本书中《中华人民共和国 XX 法》皆简称为《XX 法》。
② 参见江泽民在中共中央召开党外人士征求对修改宪法部分内容的意见的座谈会上的讲话,载《人民日报》1999 年 2 月 1 日。转引自魏永征、李丹林主编:《影视法导论——电影电视节目制作人须知》,复旦大学出版社 2005 年版,第 9 页。

主义道路具有蓬勃的生机和旺盛的活力。所以,一切热爱祖国和人民,具有历史责任感的文化工作者都应该珍惜全党和全国人民几十年的艰苦探索,运用文艺形式,为改革开放和发展社会主义市场经济,为推动社会主义精神文明建设而创作文艺作品,生产文化产品,提供文化服务。

为什么要坚持"双百"方针?因为文艺发展有其自身的内在规律性,这种规律性要求创作的自由空间,而"双百"方针是创作自由空间的保障性政策。以1956年为例,"双百方针"的提出解除了创作者的一切外在束缚,大量文艺作品一下子涌现,一大批传统剧目被发掘、整理和上演,仅北京市就先后开放了京剧传统剧目二十余出,同时收到多名老艺人献出和收集的京剧剧目一千多个本子,一千零六十余出戏。在文学创作上,"题材和主题的范围扩大了,体裁和风格多样。最能反映思想活跃的杂文这片荒芜已久的园地,也开始繁盛起来"。刘宾雁的特写《在桥梁工地上》、王蒙的小说《组织部新来的年青人》、陆文夫的小说《小巷深处》等一批思想性和艺术性均属上乘的作品,都是这个时期发表的。[1] 创作不仅是创作者的精神活动,也是文化产业链上游环节丰富供给的保证,所以,坚持"双百"方针,就是尊重文艺事业的发展规律,符合精神产品生产的基本要求,从而保证了文化事业的发展和文化产业的繁荣。

坚持"两为"方向和"双百"方针,就是将弘扬时代精神的主旋律和提倡文艺题材、内容风格、流派和形式等的多样性有机统一起来。就文化产业来说,坚持"两为"方向和"双百"方针,就是调动一切积极因素,提倡多样化,弘扬主旋律,面向人民生产优质的文化产品提供良好的文化服务。"双百"不是不受任何约束,而是在法律许可的范围内,在坚持四项基本原则的前提下进行,文化产品不同于一般商品,强调市场需要也不是迎合某些低级趣味,而是化俗为雅,"两为"也没有压缩艺术手段和方法的自由选择,"城市题材、农村题材、现实生活题材、历史题材,直至江河山水,花鸟虫鱼,均可体现主旋律"[2]。

第三节 文化产业内容规管

如果说"两为"方向和"双百"方针是社会主义文化政策中的元政策,那么通过法律法规对文化产业领域进行内容规管则是政府文化宏观管理工作中最重要、最核心的事项。

---

[1] 参见《1956年双百方针,知识分子的新生》,http://www.sina.com.cn。
[2] 于幼军:《全面正确地坚持"两为"方向和"双百"方针》,http://www.doc88.com/p-340816796524.html,2012年7月2日访问。

文化产业又称"内容产业"。但内容一旦在受众中传播,总会对社会产生积极或消极的影响,积极的内容是政府鼓励的,而消极的内容则是政府予以规管的对象。因为消极的内容一旦流传,可能会对国家、社会或特定公民造成损害或伤害。所以,世界各国无不通过法律手段,对公共领域的内容及其传播进行一定的规管。我国《宪法》第51条规定:"中华人民共和国公民在行使自由和权利的时候,不得损害国家的、社会的、集体的利益和其他公民的合法的自由和权利。"

结合"法律基础"课程和文化产业的侧重内容,本书从文化产业要遵循的内容规管底线、涉及公共领域和私人领域的内容规管三个方面进行阐述。

一、"禁载十条"——文化产业领域的内容规管底线

对各种文化产品和文化活动的形式与内容的基本政治方向以及是否有不良精神危害等进行审查、鉴定等管理,始终是文化规管的一个重要内容。这是由文化活动和文化产品的"内容"特殊性所决定的,即使在资本主义国家也是如此。

在我国,以出版产业为例,《出版管理条例》(2001年12月25日中华人民共和国国务院令第343号公布,根据2011年3月19日《国务院关于修改〈出版管理条例〉的决定》修订)[①]第25条规定,任何出版物不得含有下列内容:

(1) 反对宪法确定的基本原则的;
(2) 危害国家统一、主权和领土完整的;
(3) 泄露国家秘密、危害国家安全或者损害国家荣誉和利益的;
(4) 煽动民族仇恨、民族歧视,破坏民族团结,或者侵害民族风俗、习惯的;
(5) 宣扬邪教、迷信的;
(6) 扰乱社会秩序,破坏社会稳定的;
(7) 宣扬淫秽、赌博、暴力或者教唆犯罪的;
(8) 侮辱或者诽谤他人,侵害他人合法权益的;
(9) 危害社会公德或者民族优秀文化传统的;
(10) 有法律、行政法规和国家规定禁止的其他内容的。

综览文化产业各行业门类的行政法规,除了出版产业之外,音像产业的《音像制品管理条例》(2001年12月25日中华人民共和国国务院令第341号公布,根据2011年3月19日《国务院关于修改〈音像制品管理条例〉的决定》修订)第3条、演出娱乐产业的《营业性演出管理条例》(2005年7月7日中华人民共和国国务院令第439号公布,根据2008年7月22日国务院令第528号《国务院关

[①] 下文中皆用"《出版管理条例》"表述,不再详细标明公布和修改日期。其他法规的表述与此类似。

于修改〈营业性演出管理条例〉的决定》修订)第26条和《娱乐场所管理条例》(2006年1月29日国务院令第458号公布)第13条、广播影视产业的《电影管理条例》(2001年12月25日国务院令第342号公布)第25条和《广播电视管理条例》(1997年8月11日国务院令第228号公布)第32条、艺术品市场的部门规章《美术品经营管理办法》(2004年7月1日文化部令第29号公布)第12条、网络文化产业的《互联网信息服务管理办法》(2000年9月25日国务院令第292号公布,根据2011年1月8日《国务院关于废止和修改部分行政法规的决定》修订)第15条都有同样的禁止性规定。上述行政法规和部门规章中,只有《营业性演出管理条例》中的"表演方式恐怖、残忍,摧残演员身心健康的"和"利用人体缺陷或者以展示人体变异等方式招徕观众的"这两条禁止性规定稍有特殊。

这十条禁止性规定,号称"禁载十条",其立法依据是我国《宪法》第51条:"中华人民共和国公民在行使自由和权利的时候,不得损害国家的、社会的、集体的利益和其他的合法的自由和权利。"目前,它是我国文化产业各行业门类都必须遵守的内容规管底线。

二、公共领域的内容规管

为了保障国家安全、维护社会公序良俗,我国《刑法》、《民法通则》以及其他法律对涉及公共领域的内容制作和传播作出了相关禁止性规范,文化产业各行业所创作、制作、经营、提供服务的文化产品内容也受到这些规范的规制。

公共利益优先,是国际公认的原则。我国法律十分重视保障国家和社会的公共利益,并对危害国家、社会公共利益的行为予以制裁。文化产品的内容中涉及国家、社会公共利益的部分,主要由刑法、行政法调整。其要求主要体现在维护国家安全、保守国家秘密、维护社会正常秩序三个方面。

1. 维护国家安全方面

维护国家安全就是维持和保护国家政权和社会制度的平安、安稳。在我国,维护国家安全是指保卫中华人民共和国人民民主专政的政权和社会主义制度,保障改革开放和社会主义现代化建设的顺利进行。国家安全涉及国家的领土完整、主权独立,关系到社会稳定、人民幸福。任何国家都高度重视自身的安全,都要通过立法严格禁止任何危害国家安全的行为。我国《宪法》第54条规定:"中华人民共和国公民有维护国家的安全、荣誉和利益的义务,不得有危害国家的安全、荣誉和利益的行为。"另有第52条规定:"中华人民共和国公民有维护国家统一和全国各民族团结的义务"。根据宪法的原则,我国立法机关制定了维护国家安全的法律。1993年2月,全国人民代表大会常务委员会制定和通过了

《国家安全法》;1994年5月,国务院发布了《国家安全法实施细则》。

当今世界,发展中国家普遍面临西方强势文化的入侵。在中国,从文化资本到文化产品,从文化形态到意识形态,从语言文字到宗教信仰,从影视传媒到日常生活,"西化"无处不在,影响深远,亟待鉴别、规范和梳理。文化安全已经成为我国国家安全中最深层次的问题。对于身处文化产业领域的文化工作者,维护国家安全,特别是维护国家文化安全,已是在所不辞的义务。

维护国家文化安全,不仅仅表现在遵循"禁载十条"的内容规范,还表现在遵守国家对内容审查或备案的制度管理上。2011年,部分音乐网站自以为传输的音乐产品没有违禁内容,就擅自提供这些网络音乐产品的播放、试听、使用和下载等服务,结果扰乱网络音乐市场秩序,危害国家文化安全,受到文化部的清查。因为为维护国家安全起见,文化部明确规定,对进口网络音乐产品实行内容审查制度,对国产网络音乐产品实行备案制度。①

对于危害国家安全的言行,情节严重的,将受到《刑法》的制裁。《刑法》第103条第2款的"煽动分裂国家罪"和第105条第2款的"煽动颠覆国家政权罪",分别对煽动分裂国家、破坏国家统一、颠覆国家政权、推翻社会主义制度的犯罪行为的刑事处罚作出了规定。如果传播了于国家安全不利的言论,但不具备煽动犯罪的构件或者情节显著轻微,危害不大的,不认为是犯罪,不是出于故意,而是出于疏忽大意的,可以按照行政法规的规定,予以行政处罚或者处分。

警示案例

2008年3月2日,上海演出公司主办了冰岛歌手比·约克的"2008上海演唱会"。在演唱会结束时,该歌手加唱了一首未经批准的歌曲《宣布独立》(Declare Independence),在演唱该歌曲的中间和结束时,用英语呼喊"Tibet、Tibet"(西藏、西藏)。这一事件在国内外造成了很坏的影响。在文化部和上海市委宣传部的督办下,上海市文化市场行政执法总队立即成立了专案组,对该演唱会的监控录像进行了鉴定,对该案进行了调查,并对该演唱会主办方上海演出公司依法给予没收违法所得1.2万元,罚款9.6万元的行政处罚。②

---

① 参见《文化部清理300首违规网络音乐 称危害文化安全》,http://news.southcn.com/z/2011-08/28/content_29053092.htm。
② 隗瑞艳:《文化部公布文化市场十大案 比约克违法演出入选》,http://www.chinanews.com.cn/cul/news/2009/02-16/1565489.shtml。

2. 保守国家秘密方面

在新中国成立以后,先后制定了两部法律法规,以强化国家秘密保护:一部是1951年6月公布施行的《国家机密暂行条例》;另一部则是1989年5月1日起施行的《国家秘密法》(2010年最新修订)。对于违反保守国家秘密法的规定,故意或者过失泄露国家秘密且情节严重的行为,《刑法》第398条"泄露国家秘密罪"、第111条"向境外提供国家秘密、情报罪"、第282条"非法获取或非法持有国家秘密罪"作了具体规定。

《国家保密法》第2条规定,国家秘密是"在一定时间内只限一定范围的人员知悉的事项",紧接着第3条又规定,"一切国家机关、武装力量、政党、社会团体、企业事业单位和公民都有保守国家秘密的义务"。问题是国家秘密既然"只限一定范围的人员知悉",普通公民又如何知道自己所知的是不是国家机密,如何履行保密义务?解决这个问题的办法就是让一个人明确知道这是否属于国家秘密。

那么,哪些属于国家秘密?《国家保密法》规定,国家秘密包括下列秘密事项:

(1) 国家事务的重大决策中的秘密事项;
(2) 国防建设和武装力量活动中的秘密事项;
(3) 外交和外事活动中的秘密事项以及对外承担保密义务的事项;
(4) 国民经济和社会发展中的秘密事项;
(5) 科学技术中的秘密事项;
(6) 维护国家安全活动和追查刑事犯罪中的秘密事项;
(7) 其他经国家保密工作部门确定应当保守的国家秘密事项。

政党的秘密事项中,符合国家秘密诸要素的,属于国家秘密。

有统计表明,在泄密事件中,大众传媒是一条重要的渠道。许多国家的间谍机关也把大众传媒作为获取情报的重要来源。所以,《国家秘密法》第20条专门规定:"报刊、书籍、地图、图文资料、声像制品的出版和发行以及广播节目、电视节目、电影的制作和播放,应当遵守有关保密规定,不得泄露国家秘密。"文化产业与大众传媒关系密切,因此,对于大众传媒的这条专门规定,同样值得文化产业从业人员谨记。在具体工作中,遇到涉及国家秘密界限不清的事项,一定要按照规定送有关部门、机关审定。

警示案例

"南京金箔锻制技艺"核心技术泄密案

2008年,南京金线金箔厂发现其保管的国家级非遗项目"南京金箔锻制技艺"的核心技术"金箔生产用新型乌金纸"制造工艺被泄密。该工艺属国家技术机密,关系着中国金箔产业的发展命脉。金箔厂立案后,国家保密局和科技部分别介入。经侦查,对涉嫌泄密的两名该厂技术人员陆某和陶某进行了抓捕。2009年5月,南京下关区法院以故意泄露国家秘密罪,判处陆某有期徒刑1年6个月,缓刑2年;以故意泄露国家秘密罪和职务侵占罪,数罪并罚判处陶某有期徒刑2年。[①]

当前,国家鼓励并支持合理利用非物质文化遗产资源,进行文化产业化。于是,一些非物质文化遗产资源成了"香饽饽",但是,开发非物质文化遗产,不仅要遵循生产性保护原则,而且某些非遗项目具有保密性,属于国家机密的,更是受《国家秘密法》的保护。

3. 维护社会正常秩序方面

《宪法》规定国家有维护社会秩序之责。结合文化产业的"内容产业"特点,尤其要遵循三条禁止性规范——禁止传播淫秽、色情内容;禁止危害未成年人身心健康的内容;禁止破坏民族团结的内容。

(1) 禁止传播淫秽、色情内容

淫秽、色情物品在我国受到严格禁止。《刑法》第六章"妨碍社会管理秩序罪"有"制造、贩卖、传播淫秽物品罪"专节。《刑法》第363条规定了传播淫秽物品牟利罪及其刑罚:"以牟利为目的,制作、复制、出版、贩卖、传播淫秽物品的,处三年以下有期徒刑、拘役或者管制,并处罚金;情节严重的,处三年以上十年以下有期徒刑,并处罚金;情节特别严重的,处十年以上有期徒刑或者无期徒刑,并处罚金或者没收财产。"第364条则规定了传播淫秽物品罪及其刑罚:"传播淫秽的书刊、影片、音像、图片或者其他淫秽物品的,情节严重的,处二年以下有期徒刑、拘役或者管制。向不满十八周岁的未成年人传播淫秽物品的,从重处罚。"其中,判断传播淫秽物品牟利罪的标准是:① 看传播的物品是否是淫秽性

[①] 康保成主编:《中国非物质文化遗产保护发展报告(2011)》,社会科学文献出版社2011年版,第19页。

的;② 行为人是否有牟利的主观故意;③ 行为人传播的淫秽物品的数量。①

《刑法》第 367 条对淫秽物品作出了如下定义:"本法所称淫秽物品,是指具体描写性行为或者露骨宣扬色情的诲淫性的书刊、影片、录像带、录音带、图片及其他淫秽物品。有关人体生理、医学知识的科学著作不是淫秽物品。包含有色情内容的有艺术价值的文学、艺术作品不视为淫秽物品。"这是我国法制关于淫秽物品的最权威定义和认定标准。

争议案例

2011 年 3 月 20 日,成力在北京通州区宋庄镇当代艺术馆参加了一场名为"敏感地带"的行为艺术展,并在现场发表了其行为艺术作品《艺术卖比》,作品内容为他和一女性进行现场性爱动作,表演后两人都被警察带走。事后,成力被处劳动教养一年。②

成力说:

这一行为展的目的有二:一是意在讽刺艺术被过度商业化包装的现状,二是呼吁人们不要对正常的性爱行为进行妖魔化、丑恶化。

支持派观点选:

- 艺术的特指性、唯一性、创造性而不是复制性、重复性、印刷性即便是苍白的、乏力的、呐喊的,但至少不该是被苟合的、被规范的、被教条的、被流俗的。
- 关键还在于我们是否用庸俗、卑劣、平常的眼光和口舌去品咂,是否用一种欣赏、素质、文化去感怀和超越;是否有一个大度、宽容、甄别的情怀和理性。
- 虽然对艺术的认定仁者见仁、智者见智,但对于艺术应该给予更宽松、宽容的生存环境。

---

① 最高人民法院 1998 年 12 月 11 日通过的《关于审理非法出版物刑事案件具体应用法律若干问题的解释》规定,具有下列情形之一,才构成犯罪:① 制作、复制、出版淫秽影碟、软件、录像带 50 至 100 张(盒)以上的,淫秽音碟、淫秽录音带 100 至 200 张(盒)以上的,淫秽扑克、书刊、画册 100 至 200 册(副)以上的,淫秽照片、画片 500 至 1000 张以上的;② 贩卖淫秽影碟、软件、录像带 100 至 200 张(盒)以上的,淫秽音碟、淫秽录音带 200 至 400 张以上的,淫秽扑克、书刊、画册 200 至 400 副(册)以上的,淫秽照片、画片 1000 至 2000 张以上的;③ 向他人传播淫秽物品达 200 至 500 人次以上,或者组织播放淫秽影、像 10 至 20 场次以上的;④ 制作、复制、出版、贩卖、传播淫秽物品,获利 5000 至 10000 元以上的。

② 《表演性爱行为艺术宋庄艺术家成力被处劳教一年》,http://gallery.artxun.com/news_100021049.shtml。

反对派观点选：

- 其行为属淫秽表演，亵渎艺术，已突破底线。
- 虽然说一切都是艺术，但具象的现实行为无法以艺术之名跳开法律约束。
- 对于行为艺术与淫秽表演，我们确实比较难区别，但行为艺术不能给他人造成不良影响和违背公序良俗。如果展示性爱表演是"艺术"，人人都是艺术家。

（2）禁止危害未成年人身心健康的内容

传播淫秽、色情内容破坏公序良俗，同时对淫秽、色情内容的严格禁止还为了保护未成年人。因为未成年人的自制力和甄别能力较弱，对低俗的性信息缺乏足够的免疫力。

我国一贯十分重视保护未成年人的身心健康。2006年12月29日公布的《未成年人保护法》第34条规定："禁止任何组织、个人制作或者向未成年人出售、出租或者以其他方式传播淫秽、暴力、凶杀、恐怖、赌博等毒害未成年人的图书、报刊、音像制品、电子出版物以及网络信息等。"1999年6月28日公布的《预防未成年人犯罪法》进一步将出版物和广播、电影、电视区别开来加以规定。关于出版物，该法第30条规定："以未成年人为对象的出版物，不得含有诱发未成年人违法犯罪的内容，不得含有渲染暴力、色情、赌博、恐怖活动等危害未成年人身心健康的内容。"关于广播电视，第32条规定："广播、电影、电视、戏剧节目，不得有渲染暴力、色情、赌博、恐怖活动等危害未成年人身心健康的内容。"2010年6月22日，文化部出台的《网络游戏管理暂行办法》规定，网游不得含有诱发青少年犯罪的内容。

警示案例

你能想象白雪公主与父王乱伦、"睡美人"中那位勇敢的王子变成了有恋尸癖的人……但是，2010年8月中国友谊出版公司出版的《令人战栗的格林童话：你没读过的初版原型》一书却颠覆了白雪公主、青蛙王子、灰姑娘等经典童话形象：其中色情、恐怖、残酷等情节严重危害未成年人身心健康。国家新闻出版总署依据《出版管理条例》的规定，对中国友谊出版公司已作出如下处理：① 将有问题的图书全部下架收回，集中销毁；② 向媒体发布道歉声明，公开向读者道歉;③ 在查清责任的基础上,对相关责任人作出处理;④ 出版社立即进行停业整顿。①

(3) 禁止破坏民族团结的内容

我国是一个由汉族和五十多个少数民族组成的统一的多民族国家。《宪法》庄严载明:"中华人民共和国各民族一律平等,国家保障各少数民族的合法权利和利益,维护和发展各民族的平等、团结、互助关系。禁止对任何民族的歧视和压迫,禁止破坏民族团结和制造民族分裂的行为。"我国还是《消除一切形式种族歧视国际公约》的加入国,所以禁止宣扬民族歧视和压迫,又是我国承担的国际义务。《刑法》规定了"煽动民族仇恨、民族歧视罪"、"出版歧视、侮辱少数民族作品罪"等。

警示案例

1994至1995年间,以某书社负责人王某为首的四人,以牟利为目的,编制了淫秽图书《奇异的性婚俗》。他们从挂历征订单和扑克牌上选择了裸体图画,配以格调低下的文字,还伪造了河南人民出版社关于《奇异的性婚俗》一书系正式出版物的"证明",并加盖了伪造的"河南人民出版社出版科"的印章。至案发前,《奇异的性婚俗》一书发行至全国36个城市,共计62080册。经有关部门鉴定,《奇异的性婚俗》确属淫秽出版物。因该书有歧视、侮辱伊斯兰教的内容,各地穆斯林群众纷纷上街游行、示威,提出强烈抗议,造成了恶劣的政治影响和严重后果。最后,经河北省保定市中级人民法院判决,四人因"出版歧视、侮辱少数民族作品罪"获刑。②

由于历史的原因和对民族政策民族状况的无知,现实生活中偶有不尊重少数民族风俗习惯和宗教信仰,伤害和刺激民族感情的事件发生。文化产业领域的从业人员,要慎重把握民族问题的尺度,以免像电影《图雅的婚事》那样,在国际电影节上获奖,却在国内受到来自少数民族的抗议。多民族国家特质为文艺创作提供了丰富的造型艺术资源,但是,文化产品的内容创作应首先建立在尊重

---

① 《新闻出版总署要求色情版"格林童话"下架销毁》,http://news.zongheng.com/news/2025.html。
② 《出版歧视、侮辱少数民族作品罪的构成特征》,http://www.falvm.com.cn/falvm/app/db/f_appliedshow.jsp?TID=applied20090120112815974725689。

少数民族风俗习惯和宗教信仰的基础上,真正平等、平和、真实地呈现少数民族文化和精神。

三、私法领域的内容规管

文化产品的内容会涉及公民、法人的合法权益的保障问题,如果内容侵害了他人的权益,要承担相应的法律责任。从文化产品内容规管的角度看,一般发生的侵权,主要对他人的精神权利方面,如人格尊严、名誉权、隐私权、肖像权等。

"内容产业"的内容与公民、法人的合法权益的关系,主要由民法调整,这在法理上称为私法关系,对于司法范围的纠纷采取告诉乃论、不告不理的原则,当事人有自主行使诉权的权利。民法理论把侵害公民、法人权益的行为称为侵权行为。侵权行为必须同时具备四项构成要件:(1) 损害事实的客观存在;(2) 致害行为的违法性;(3) 致害行为与损害事实和后果之间具有因果关系;(4) 致害人主观上有过错。以下介绍三类在文化产业领域发生的主要侵权行为。

1. 侵害名誉权行为

《民法通则》第 101 条规定:"公民、法人享有名誉权,公民的人格尊严受法律保护,禁止用侮辱、诽谤等方式损害公民、法人的名誉。"所谓名誉权,"是由民事法律规定的民事主体所有的获得和维持对其名誉进行客观公正评价的一种人格权"①。也就是权利人要求他人对其进行客观公正的评价,排除他人对其名誉的侵害的权利。公民享有名誉权,包括保护死者的名誉权。

业界发生侵害名誉权的案件很多,但这不在内容规管所涉及的范围。文化产品大多以文艺作品的形式产出,而文艺作品大多是虚构的,通常说来,由于不涉及特定人,是不会构成侵权行为的,但是如果是使用真实姓名描写真人真事的作品,由于又有虚构成分,就有可能产生纠纷。2009 年,巴南区红军战将汤慕禹被央视热播电视连续剧《人间正道是沧桑》拍成反面人物,烈士亲属起诉制片方侵犯名誉权。虽然双方最后沟通和解,但舆论认为,影视剧尊重历史人物才是"人间正道"。② 2006 年,霍元甲曾孙霍自正向北京市海淀区人民法院提起诉讼,起诉电影《霍元甲》制片方中国电影集团北京制片厂及发行方安乐电影有限公司侵犯名誉权。霍自正先生认为,影片对于霍元甲有关生平及霍氏家族的描述严重失实,这对众多的霍元甲直系后人构成了一定程度的伤害。虽然法院最后驳回霍氏后人的诉讼请求,认为影片《霍元甲》虽有夸张和虚构之处,但并无侮辱诽谤之描写,故该片并未对霍元甲的名誉构成侵犯。但是,有关专家还是认

---

① 张新宝:《名誉权的法律保护》,中国政法大学出版社 1997 年版,第 29 页。
② 参见卞广春:《影视剧尊重历史人物才是"人间正道"》,http://pinglun.iyaxin.com/content/2009-06/12/content_1075992.htm。

为,对于霍元甲母亲、女儿被杀,霍家惨遭灭门的情节,电影编剧的处理的确是欠妥的。霍氏后人仍然健在,而且有三代以内的近亲属,这样的处理会给霍氏后人造成精神上的伤害,是客观事实。① 此类相关案件还有妈妈告《妈妈》案、原国民党88军军长范绍增将军的儿女范之懿、范之碧诉著名喜剧演员刘德一、四川天虹影视制作公司、峨眉电影制片厂音像出版社名誉侵权案等。②

需要指出的是,有关司法解释规定死者名誉受到损害,他的配偶、子女、孙子女和外孙子女有权起诉,就是说名誉权保护到三代为止,所以表现近代以前的历史题材,不会有名誉权纠纷。

演艺明星、体育明星、政府官员等一般被统称为公众人物。由于他们同社会公共生活有较广泛的联系,他们的言行直接影响到公共事务或公共利益,他们的相关言行应当受到公众的监督,满足公众的知情权。另外,公众人物平常在媒体的聚焦下出尽风头,具备一定话语权,与普通大众相比处于一种较强势的地位。因此,对公众人物名誉权的保护肯定将区别于普通大众。

美国联邦最高法院通过1964年的"沙利文诉《纽约时报》案"确立了对于政府官员的名誉权保护适用"实际恶意"原则,即政府官员除了证明新闻失实外,必须证明被告具有"事实上的恶意"。即被告系以故意或肆无忌惮的方式使用已经明知虚假的材料来攻击和污蔑。1971年"罗森布鲁诉大都会新闻有限公司案"的判决中,美国联邦最高法院又将"实际恶意"原则扩大适用到政府官员以外的娱乐明星等其他公众人物身上。③

我国现有法律中并无"公众人物"的概念,司法实务中也未将"恶意原则"引入到我国名誉权诉讼领域。但我国各地法院在遇及公众人物的名誉权案件时,有相当多的判例均不约而同遵循"轻微伤害容忍"原则。因为基于公平原则和权利义务相一致原则,公众人物既然从其知名度当中获得了利益,享受了众多社会资源,就应当对其知名度所导致的不利和社会监督予以容忍。

例如,在2006年的张靓颖诉文新集团名誉权侵权案中,法院的判决认为,张靓颖作为演艺界人士,对歌迷的热情和媒体的追逐,对可能带来的轻微损害应给予适度的理解和宽容。④ 针对几年前关注度极高的"范曾状告郭庆祥等侵害名誉权"一案,也有专家认为,"作为一个从事创作活动的作家、艺术家,他的使命和价值就在于向社会传播自己的作品来满足人们的精神生活需要,这样他就要

---

① 参见刘玉民、陈国强:《法眼看大片——影视作品招致的法律问题》,中国发展出版社2007年版,第24页。
② 同上书,第27—28页。
③ 参见周俊武:《星路律程——行走娱乐圈法律之道》,法律出版社2008年版,第92页。
④ 同上书,第94页。

有足够的准备来接受和容忍人们的各种评价"①。

2. 侵害隐私权行为

所谓隐私，是指公民个人生活中不愿向他人公开或被知悉的秘密。隐私的内容包括个人的健康状况、生理缺陷和残疾、婚恋经历、财产状况、私人日记、信函、生活习惯等。隐私权，就是指公民享有的不愿公开个人生活秘密和个人生活自由的人格权利。② 根据我国民法理论，隐私权是自然人享有的对其个人的，与公共利益无关的个人信息、私人活动和私有领域进行支配的一种人格权。这种人格权具有三个特点，一是隐私权的主体只能是自然人；二是隐私权的客体包括私人活动、个人信息和个人领域；三是隐私权的保护范围受公共利益的限制，也就是说，隐私权保护的隐私必须是合乎社会公共道德和法律规范的。

实践中，具体的侵害隐私权行为表现为：一是刺探、调查个人情报、资讯；二是干涉、监视私人活动；三是侵入、窥视私人领域；四是擅自公布他人隐私；五是非法利用隐私；六是侵害死者隐私利益。

隐私权反映了人的社会性和个体性的矛盾，反映了人与社会之间对立的统一。由于个人与社会既有联系又有分离，所以隐私就具有相对性和伸缩性，既确定又不确定。不同的人士，不同的场合，隐私的边界会发生变化。

作为一个特殊的群体，未成年人的隐私权要予以特别的保护。《预防未成年人犯罪法》第 43 条规定："对成年人犯罪案件，新闻报道、影视节目、公开出版物不得披露该未成年人的姓名、住所、照片及可能推断出该未成年人的资料。"

公众人物由于他们同社会公共生活有较广泛的联系，他们的隐私空间就比普通人要小，但不是没有。公众人物在社会中具有榜样的作用，其言行有很强的示范作用，对社会公德以及社会公共利益的维护也有很大的意义。如果其行为举止或其他私人信息与社会公共利益相互矛盾冲突，则其私事就成为社会公共生活的一部分，成为新闻报道不可回避的一部分。例如，一个众所周知的明星，经常出入色情服务场所，这关系到社会善良风俗的维护，已经构成社会公共利益的一部分，新闻媒体对此予以揭露，就不是侵犯个人隐私。同时，由于社会公众对公众人物有着浓厚的兴趣，希望得到他(她)们的私人信息，例如，演艺明星的年龄、婚恋情况、个人嗜好等一般性隐私，以满足自己的好奇心或其他心理，这是公众合理的兴趣，对该部分隐私的公开一般不会构成侵权。但对于公众人物的住宅、通信、夫妻性生活、个人起居等与社会公共生活无关的私人信息，法律不应片面或绝对弱化他们的隐私权受保护的权利。

---

① 李文慧：《郭庆祥范曾官司引发的几点思考》，载《中国书画报》2011 年 5 月 9 日。
② 参见黄瑚主编：《新闻法规与职业道德教程》，复旦大学出版社 2004 年版，第 200—201 页。

我国立法并未单独确立隐私权制度。隐私权仅作为名誉权的内容予以保护,1993年最高人民法院制定的《关于审理名誉权案件若干问题的解答》中规定:"对未经他人同意,擅自公布他人的隐私材料或以书面、口头形式宣扬他人隐私,致他人名誉受到损害的,按照侵害他人名誉权处理。"而最高人民法院《关于贯彻执行〈中华人民共和国民法通则〉若干问题的意见(试行)》第140条规定:"以书面、口头等形式宣扬他人的隐私,或者捏造事实公然丑化他人人格,以及用侮辱、诽谤等方式损害他人名誉,造成一定影响的,应当认定为侵害公民名誉权的行为"。在我国司法实践中,也将隐私权作为名誉权的一项内容。因此,隐私权受到伤害的演艺明星可以依据上述法律规定追究侵权人的民事责任,要求赔偿经济损失,并要求停止侵权、赔礼道歉、消除影响。

3. 侵害肖像权行为

法律意义上的肖像,是指一种自然人的人格利益,是指通过描绘、照相、雕塑、录象、电影艺术等形式使自然人外貌在物质载体上再现的视觉形象。在法律上,肖像主要侧重于人的面部的外貌形象,名模谢东娜就因为自己肖像被换上了他人的脸面而主张肖像权,结果败诉。① 此外,在绘画或摄影作品中,尽管没有全部展现某人的五官,但却使人足以辨认出是该人,那么,该作品可以作为某人的肖像画面认定。

肖像权是自然人以自己的肖像上所体现的利益为内容的具体人格权。肖像权主要表现为两个方面:一是公民有权拥有自己的肖像,有权禁止他人恶意玷污自己的肖像,或是未经许可使用自己的肖像;二是有权同意他人摄制、写生本人的肖像和许可他人无偿或有偿使用自己的肖像。

对于肖像权的法律保护问题,根据我国《民法通则》第100条的规定:"公民享有肖像权,未经本人同意,不得以营利为目的使用公民的肖像。"最高人民法院《关于贯彻执行〈中华人民共和国民法通则〉的若干问题的意见》第139条也规定:"以营利为目的,未经公民同意,利用其肖像做广告、商标、装饰橱窗等,应当认定为侵犯公民肖像权的行为。"北京电影学院青年电影制片厂剧组拍摄《秋菊打官司》一片时,在陕西宝鸡进行纪实性摄影,为取得真实的场景效果,未与当地群众进行协商就进行了纪实性摄影,约有三百多人进入了镜头。其中,一位叫贾桂华的买棉花糖的公民上镜大约4秒钟左右,由于她患过天花,脸上有麻子,结果受到熟人的嘲笑。为此,她状告青年电影制片厂侵犯其肖像权。此案最后以调解结案。被告补偿给原告3500元。此案一直没有得到一个清楚的判决,

---

① 参见刘玉民、陈国强:《法眼看大片——影视作品招致的法律问题》,中国发展出版社2007年版,第52—53页。

但有关专家认为:《秋菊打官司》剧组未经贾桂花同意使用她的肖像,而他们所拍的电影是属于营利的非纪实片,因而不享有"因具有新闻价值"而豁免的特权。所以《秋菊打官司》剧组的行为对贾桂花构成侵害其肖像权是毋庸置疑的。①

公民肖像的使用除了在新闻报道中出现属于国际公认的公共利益使用外,其他所有媒介中出现完整的可以辨认的公民肖像,原则上都应该征得肖像权人的同意。

在文化产业中,还会涉及一类特殊的公民,他们不仅像其他公民那样拥有作为人格权的肖像权,而且他们的肖像因具有极高的使用价值而被商家看上,因此也常常卷入诉讼。他们就是明星。

(1) 明星肖像权保护问题

明星的肖像权具有明显的财产权性质,但是,在相关法律和司法解释中,肖像权又仅被作为精神权利加以保护。立法和实践的冲突,导致法院在审理该类案件中的判决标准不一。

明星肖像权案件判例归类分析:②

① 当企业未经许可将明星肖像用于广告时,各地法院基本会判决其承担较大数额的赔偿。

表1 广告照片侵权案件

案件名称	终审法院	侵权照片数目	判决赔偿额
崔永元诉北京市华麟企业(集团)有限公司侵犯肖像权案	北京市朝阳区人民法院	1幅	10万元
张铁林诉安徽金种子集团公司侵犯肖像权案	北京市第一中级人民法院		40万元
张柏芝诉广西梧州远东美容保健公司侵犯肖像权案	无锡市中级人民法院		100万元
张学友诉憨哥服饰有限公司	北京市第二中级人民法院		72.7万元
赵本山诉广州市花都巨星电子科技有限公司、广州市鸿翔音像制作有限公司侵犯肖像权案	广州市中级人民法院		7万元

② 写真集类图书的主要内容由肖像组成,因此赔偿数额很高。

---

① 参见刘玉民、陈国强:《法眼看大片——影视作品招致的法律问题》,中国发展出版社2007年版,第239页。

② 参见蒋凯:《中国音乐著作权管理与诉讼》,知识产权出版社2008年版,第216—217页。

表2 写真集照片侵权案

案件名称	终审法院	侵权照片数目	判决赔偿额
汤加丽诉张旭龙侵犯肖像权案（《中国首位演艺员人体魅力摄影——看见记忆》）	北京市第二中级人民法院	该书所有图片	30万元

③ 传记和画传类图书的主要内容由文字和肖像两部分组成，因此赔偿数额相对较高。

表3 传记、画传照片侵权案

案件名称	终审法院	侵权照片数目	判决赔偿额
周杰诉广东经济出版社侵犯肖像权案（《周杰：真情好男人》）	北京市朝阳区人民法院	76幅	4.5万元
刀郎诉九州出版社侵犯肖像权案（《只有一个刀郎》）	北京市西城区人民法院	22幅	2.2万元
刀郎诉上海社科院出版社侵犯肖像权案（《谁是刀郎》）	上海市卢湾区人民法院	67幅	4万元

④ 图书或杂志封面上的肖像仅起装饰作用且使用数量较少，因此赔偿数额最低。

表4 杂志（书籍）封面照片侵权案

案件名称	终审法院	侵权照片数目	判决赔偿额
梅婷诉《希望》杂志社侵犯肖像权案（《希望》）	北京市朝阳区人民法院	1幅	0.4万元
艾先生诉北京大学出版社侵犯肖像权案（《汉语初级听力教程》）	北京市丰台区人民法院	1幅	2万元
刘某诉工人出版社侵犯肖像权案（《禁止酷》）	北京市东城区人民法院	1幅	2.5万元

（2）影视作品中演员肖像权的保护

根据我国《著作权法》的规定，电影、电视作品的著作权均属于制片方享有，那么，影视演员在剧照中是否还具有肖像权？影视演员同意饰演角色，其实质就是对其肖像在电影、电视中许可使用的默认，但在目前的演出合同中，条款内容还没细化到对演员的人物剧照用于除电影、电视宣传领域外的商业领域如何处置，由此埋下了隐患。在我国的司法实践中，此类案件出现不同的判决标准。

在卓玛诉伊利公司等使用其父在影视作品中扮演的角色形象侵害肖像权一案中，法院认为："原告之父思和森在影片《马可波罗》中扮演的贝克托的形象是特定历史人物的艺术形象,尽管该艺术形象与其本人的生活形象差别不大,也不能认为是思和森个人形象在客观上的再现。因此,被告伊利公司为其产品'伊利牌奶茶粉'做广告所使用的《马可波罗》电影中思和森所扮演的部落酋长贝克托的镜头,不构成侵犯演员思和森的肖像权。原告的主张不能成立。"① 而在蓝天野诉天伦王朝饭店有限公司等肖像权、名誉权侵权一案中,法院判决指出:"蓝天野对其塑造的'秦二爷'享有肖像权,反映表演者面部形象特征的电影剧照上不仅承载了电影的某个镜头,同时也承载了表演者的面部形象,具有一幅肖像作品,涉案剧照上存在着肖像权与肖像作品著作权的双重权利,著作权的行使不能淹灭肖像权。电影的著作权人在以电影播放形式行使著作权时无需征得表演者的同意,但超出于使用或宣传电影作品有关的活动范围的使用就得征得表演者的许可或有特殊约定。"②

影视剧照中的演员形象表现了演员的个体特征,即使是同一个角色,不同的演员塑造的艺术形象也有所不同,因此,必然承载着演员的人格利益。因此,除非演员扮演的是毛泽东、周恩来、孙中山等有原型且其形象为公众所熟知的特定人物,由于其展示的形象是特定历史人物的艺术形象,因此不能主张对剧照享有肖像权。除此之外,如果影视剧照能够反映影视演员本人的外部特征,足以使他人辨认出是那位演员,则应认定该剧照具有肖像的特征,在法律上应视为该演员的肖像。

但是,虽然影视演员对于其生活照与影视剧照都可享有肖像权,但两者还是有区别的。因为演员的同意出演,意味着其对制作方制作、使用其肖像的授权,是演员对自己肖像使用权的出让。当然,作为著作权人的制作方,在使用影视剧照时也有一个合理使用的问题,如果用于影视剧宣传之外的商业领域时,就需要取得事先的使用约定。影视演员和制片方对演员剧照的使用,具体可以参照以下三条原则:

一是双方未明确约定剧照的适用范围的,制片方仅有权在制作或宣传电影的范围内使用该剧照。

二是双方明确约定剧照的使用范围的,制片方仅有权在该约定范围内使用剧照。

三是双方约定剧照可以被制片方商业性使用的,演员不得对该剧照的合法使用进行干涉。

---

① 蒋凯:《中国音乐著作权管理与诉讼》,知识产权出版社2008年版,第218页。
② 同上。

（3）"模仿秀"引出的肖像权问题

近年来,"模仿秀"在我国流行。那么,模仿明星构成侵权吗?如果构成侵权,侵的是什么权?

以肖像权而言,模仿秀不构成侵犯肖像权,因为肖像是指公民的个人形象通过摄影、造型艺术或其他形式在客观上的再现。如果某个人看上去跟某位明星很像,再通过摄影、造型艺术或其他形式将自己的脸面在客观上再现出来,并不侵犯明星的肖像权,因为这毕竟是他本人的肖像。

但是,"模仿秀"会涉及被模仿明星的表演者权。该内容将在"著作权法"一章中展开。

▶ 复习思考题

1. 为什么要学习文化产业政策与法律法规?
2. 文化产业如何贯彻"两为"方向和"双百"方针?
3. 我国法律法规对文化产业的产品和服务的内容提出了哪些要求?
4. 据统计,《建国伟业》4.3亿元总票房的收入,高居2009年国产影片票房榜首。请你分析影片成功的原因。

第一章　国际视野下的文化产业政策

本章提要：在国际视野下看文化产业政策,一看当今中国文化产业身处的国际环境和面临的国际挑战;二看世界的文化产业强国在文化产业政策的制定和运转方面有哪些经验值得我们借鉴。入世对中国的文化产业来说,既是机遇又是挑战,将挑战化解为动力,关键在于我们自身文化产业的强大,而文化产业政策应该在完善法律体系、加强行业自觉以及保存、发展和光大中华民族文化三个方面着力建设。他山之石,可以攻玉,总结文化产业强国在文化经济政策、文化宏观行政管理政策和文化法制建设方面的特色和经验,有助于我们更好地完善文化产业政策,促进文化产业发展。

导入　>>>

2009 年的夏天,有两则消息令人深思:一则题为《国产动画片"马兰花"难敌"铁金刚"》[1],另一则题为《〈变形金刚 2〉日本遇强敌 惜败于〈EVA〉》[2]。同样一部美国动画片《变形金刚 2》,同时进入中国和日本电影市场,同档期的我国动画片《马兰花》和日本的动画片《EVA:破》在与之抗争中,为何会有不同的战果?

两则消息其实道出了两层意思:一是全球化背景下,美国凭借其经济、科技和文化上的强势地位,向世界其他国家的文化市场发起了强大的攻势。在这样的国际环境中,中国该如何迎战?在文化产业政策的制定方面可以有何作为?二是同样遭受美国文化冲击的日本,为什么能够在动画片市场与美国平分秋色?其他国家的成功经验有哪些值得我们借鉴?以这两层意思作为引申,展开以下内容。

---

[1] 周铭:《国产动画片"马兰花"难敌"铁金刚"》,http://www.news365.com.cn/xwzx/fcyl/200906/t20090627_2371822.htm。

[2] 《〈变形金刚 2〉日本遇强敌 惜败于〈EVA〉》,http://ent.sina.com.cn/m/f/2009-07-06/14182598632.shtml。

第一节 WTO 与我国文化产业政策

2012年2月18日,中美双方就解决 WTO 电影相关问题的谅解备忘录达成协议。根据协议,中国政府同意在每年20部海外分账电影的配额之外增加14部分账电影的名额,但必须是3D电影或者是 IMAX 电影,而其票房分账比例也将由此前的13%提高到25%。

此举实际上是中国对世贸组织就"中国——影响某些出版物和视听娱乐产品的贸易权和分销服务措施案"在2009年12月21日作出的裁决的一个回应。

一、事件回放

自2001至2006年,中国国务院、国家发展改革委员会、文化部、广播电影电视部、商务部、新闻出版总署等机构相继出台了一系列规范文化产品(包括图书、报纸、期刊、供影院放映的电影、音像制品、DVD 等)进口、发行和销售的规定。美国认为中国的这些措施违反了中国入世承诺及 GATT[①]、GATS[②] 的相关条款。2007年4月10日,美国就"中国——影响某些出版物和视听娱乐产品的贸易权和分销服务措施案"请求与中国磋商,未果。于是,2009年8月12日,美国为此案专门成立的专家组发布裁定报告,具体如下:(1)就中国的贸易权承诺而言,针对所有产品,《外商投资指导目录》禁止类目录结合《外商投资规定》第3条、第4条,违反了《中国入世议定书》第5.1条和《中国入世工作组报告》第83(d)段和84(a)段,从而也违反了《中国入世议定书》第1.2条;针对阅读材料,《出版管理条例》第43条(结合第41条)违反了中国的贸易权承诺;针对供影院放映的电影,《电影管理条例》第5条违反了中国的贸易权承诺,第30条违反了《中国入世工作组报告》第84(b)段,从而也违反了《中国入世议定书》第1.2条;针对音像制品,2001年《音像制品管理条例》第5条、第27条、第7条、第8条,违反了《中国入世工作组报告》第84(b)段,从而也违反了《中国入世议定书》第1.2条,《音像制品分销规定》第21条违反了《中国入世工作组报告》第83(d)段和84(a)段,从而也违反了《中国入世议定书》第1.2条。经专家组确认的不符合中国的贸易权承诺的中国措施,中国提出的 GATT 第20条抗辩,中国

---

① GATT(General Agreement on Tariffs and Trade)系关税及贸易总协定,是一个政府间缔结的有关关税和贸易规则的多边国际协定。它的宗旨是通过削减关税和其他贸易壁垒,削除国际贸易中的差别待遇,促进国际贸易自由化,以充分利用世界资源,扩大商品的生产与流通。

② GATS(General Agreement on Trade in Services)系服务贸易总协定,是世界贸易组织管辖的一项多边贸易协议。

未能证明这些措施根据第20(a)条对保护公共道德的必要性。(2)就中国在服务贸易领域的国民待遇和市场准入承诺而言,《进口出版物订阅规定》第4条和《出版管理规定》第42条,《出版物分销规定》第2条结合《出版物市场规定》第16条,《外商投资指导目录》禁止类第10.2条和第10.3条结合《外商投资规定》第3条、第4条,1997年《电子出版物规定》第62条不符合GATS第17条;在录音制品电子分销方面,《互联网文化通知》第2条、《网络音乐意见》第8条、《关于文化领域引进外资的若干意见》第4条不符合GATS第17条;在AVHE产品分销方面,相关规定不符合GATS第16条。(3)就中国在《1994关税及贸易总协定》第3条下的国民待遇义务而言,《进口出版物订阅规定》第3条、第4条,《出版物分销规定》第2条不符合GATT第3.4条。对其他条款,专家组或是认为美国未能提供充分证明,或是行使了司法经济,未作结论。专家组认为,根据DSU[①]第3.8条,中国剥夺或减损了美国的利益。专家组建议DSB要求中国使其措施符合相关协定的义务。

2009年9月22日,中国提出上诉。2009年12月21日,上诉机构公布了裁决报告。裁决的结论归纳如下:

(1)关于中国对供影院放映的电影和未完成的视听产品所采取的措施,上诉机构裁决:① 专家组以下的裁定没有错误,即《电影管理条例》第30条和《电影企业规则》第16条应符合中国在《入世议定书》第1.2段、第5.1段和《工作组报告》第83(d)段、第84(a)段、第84(b)段中的贸易权承诺;② 维持专家组以下的结论,即《电影管理条例》第30条和《电影企业规则》第16条与中国在《入世议定书》第1.2段、第5.1段和《工作组报告》第83(d)段、第84(a)段、第84(b)段中的贸易权承诺不符;③ 裁决专家组以下裁定没有错误,即《2001年音像制品管理条例》第5条和《音像制品进口管理办法》第7条应符合中国在《入世议定书》第1.2段和《工作组报告》第84(b)段中所应承担的以非任意方式授予贸易权利的义务;④ 维持专家组以下结论,即《2001年音像制品管理条例》第5条和《音像制品进口管理办法》第7条与中国在《入世议定书》第1.2段和《工作组报告》第84(b)段中所应承担的以非任意方式授予贸易权利的义务不符。

(2)关于援引《GATT1994》第20(a)条例外,上诉机构裁决:① 根据《入世议定书》第5.1段引言,中国可以在本争端中援引《1994关税及贸易总协定》第20(a)条对被裁定与《入世议定书》和《工作组报告》下的贸易权承诺不符的条款

---

① DSU(Understanding on Rules and Procedures Governing the Settlement of Disputes)系关于争端解决规则与程序的谅解的英文缩写。《关于争端解决规则与程序的谅解》是世界贸易组织管辖的一项多边贸易协议。

作出抗辩;② 关于专家组对中国为保护《1994 关税及贸易总协定》第20(a)条含义下的公共道德而对出资作出规定的相关措施,裁决如下:(i) 专家组对《出版管理条例》第42条所规定的国有出资要求的裁定没有错误;(ii) 专家组对出资条款禁止外商投资企业从事相关产品进口的裁定没有错误;(iii) 专家组错误地裁定《出版管理条例》第42条下的国有计划要求往往对公共道德的保护作出重大贡献,并且在没有合理可行的替代方法的情况下,可被视为保护中国境内公共道德之"必需";③ 裁决专家组就相关条款和要求对打算从事进口的主体所产生的限制性影响的考虑没有错误。④ 裁决专家组关于美国提出的至少一种替代方法对中国来讲是"合理可行"的裁定没有错误;⑤ 维持专家组以下结论,即在《1994 关税及贸易总协定》第20(a)条含义内,中国没能证明相关条款为保护公共道德之"必需",因此,中国认为相关条款符合第20(a)条的主张不成立。

(3) 关于"录音制品分销服务",上诉机构裁决:① 裁决专家组的裁定没有错误,即"录音制品分销服务"在中国GATS减让表第2.D中的载入可以使其延伸至以非实体形式,特别是以电子形式,提供的录音制品分销服务;② 维持专家组关于中国禁止外商投资主体以电子形式从事录音制品分销服务的措施条款与GATS第17条不符的结论。

这项决议是世贸组织关于这个问题的最终裁决。从裁决起中国有一年时间履行WTO的上述裁决。如果中国拒不执行,美国则有权比照音乐、电影,甚至电游厂家的收入损失规模采取贸易制裁措施,具体金额可能高达数十亿美元。

2010年7月13日,中美就中国执行WTO上诉机构裁决达成协议,中国将在2011年3月19日以前对美国进一步开放娱乐产品市场。

二、背景知识介绍

世界贸易组织规则中与文化贸易相联系的主要有《货物贸易多边协定》、《服务贸易总协定》和《与贸易有关的知识产权协定》。2001年11月11日,中国代表石广生在世界贸易组织《中华人民共和国加入协定书》上签字,中国在该协定书第1条承诺:"除本协议另有规定外,中国应履行世界贸易组织协定所附各多边贸易协定的,应在自该协定生效之日起开始的一段时间内履行的义务,如同中国在该协定生效之日已接受该协定。""中国可维持与《服务贸易总协定》第二条第一款规定不一致的措施,只要此措施已记录在本协定书所附《第二条豁免清单》中。并符合《服务贸易总协定》中《关于第二条豁免的附件》中的条件。"以上承诺表明,我国从加入世界贸易组织起的一定期限内将逐步实现世界贸易组织协定所要求的贸易自由和市场准入的各项规定,同时根据中国的国情在世界贸易组织的规则框架下作出一定的保留。

我国在加入世界贸易组织协定中对于文化贸易的承诺包括对于文化产品贸易的承诺和对于文化服务贸易的承诺。其中,对于文化服务贸易主要围绕市场准入这个焦点作出承诺。

对于 WTO 的新成员,世界贸易组织会给一定期限的考察期,一般为 4—5 年。我国承诺在考察期内做到:

(1) 在音像制品、娱乐软件以及音像制品的租赁服务和分销服务方面,我国承诺在不损害中国审查音像制品内容权利的情况下,允许外国服务提供者与中方伙伴设立合作企业,外资比例不超过 49%,从事音像制品的分销(零售、批发、租赁),但电影(广播电视节目和电影片)除外。

(2) 在电影院服务方面,允许外国服务提供者建设和/或改造电影院,外资比例不超过 49%。摄影服务允许设立合营企业,允许外资控股。对于电影进口,在不损害与中国关于电影管理的法规的一致性的情况下,允许每年以分账形式进口 20 部电影用于影院放映。

(3) 在书报刊的分销方面,我国承诺在加入 WTO 后 1 年内,允许外资企业从事书、报、刊的零售。外国服务提供者只可在 5 个经济特区(深圳、珠海、汕头、厦门、海南)和 8 个城市(北京、上海、天津、广州、大连、青岛、郑州、武汉)设立中外合资书报刊零售企业,在北京和上海合营零售企业的数量不允许超过 4 家;在其他地区,合营零售企业的数量不允许超过 2 家;允许北京合营零售企业中的 2 家在本市设立分店。加入 WTO 后 2 年内,允许外资对书报刊零售企业控股,并开放所有省会城市、重庆和宁波。加入 WTO 后 3 年内,允许外国服务提供者从事书报刊的批发业务,允许外资控股,取消所有数量和地域限制,取消所有股权或企业设立形式的限制。30 家以上连锁形式的书报刊零售企业不允许外资控股。

(4) 在广告服务方面,我国承诺加入时,允许外国服务提供者仅限于以合资企业形式,在中国设立广告企业,外资不超过 49%。中国加入后 2 年内,将允许外资拥有多数股权。中国加入后 4 年内,将允许设立外资独资子公司。

(5) 在增值电信服务(包括互联网 ICP/ISP 的相关业务)方面,我国承诺加入时将允许外国服务提供者在上海、广州和北京设立合资增值电信企业,并在这些城市内提供服务,无数量限制,外资不得超过 30%。中国加入后 1 年内,除上海、广州和北京外,地域将扩大至包括成都在内的 14 个城市,外资不得超过 49%。中国加入后 2 年内,将取消地域限制,外资比例不得超过 50%。①

---

① 参见张希光:《中国文化产业的法律环境》,http://wenku.baidu.com/view/7f8fba1b964bcf84b9d57bc0.html。

需要指出的是,由于文化产业的特殊性,欧盟(尤其是法国)、加拿大等世界上绝大多数国家都认为文化产品具有经济和文化的双重特性,不同于一般商品,文化贸易应该"例外"于自由贸易规则。美国等少数国家则认为文化产品与一般商品没有什么区别,极力主张文化贸易自由化。

我国在文化产业的开放方面保持了务实和谨慎态度。比如,虽然我国承诺每年进口20部分账片,但有三个条件:一是要符合中国的电影管理法规,保留内容审查的权利;二是20部影片不是进口义务承诺,而是配额管理,最终的进口数量还要由我国电影发行公司基于商业利益加以考虑,并不是每年必须进口20部影片;三是这20部影片并没有承诺都是美国电影,而是全球配额。再如,我国承诺允许外商从事图书、报刊和杂志的零售和批发业务,只是准许经营通过我国合法渠道进口和出版的书报刊,而不是对其所经营的品种和内容没有任何限制。

为履行考察期内的承诺,自2001至2006年,中国国务院、国家发展改革委员会、文化部、广播电影电视部、商务部、新闻出版总署等机构相继出台了一系列规范文化产品(包括图书、报纸、期刊、供影院放映的电影、音像制品、DVD等)进口、发行和销售的规定。而美国根据我国在考察期内的表现,自觉不满意。于是,2007年4月10日,美国发起"中国——影响某些出版物和视听娱乐产品的贸易权和分销服务措施案"。

三、事件对中国文化产业政策的影响

事件折射了当今中国文化产业发展的国际环境。如果中国政府遵照这一终审裁决,则目前国内的相关文化产业政策将面临大幅调整。

(一)冲击

世贸裁决将会对中国文化产业的各行业造成何种冲击呢?

就电影业而言,国产片需要进一步提高质量以提高竞争力。我国从1994年开始实行电影进口配额制度,数量在2001年由10部增加到20部,2004年又规定其中美国影片不超过70%。目前拥有电影进口权的是中国电影集团公司和华夏电影发行公司。虽然经过这些年的电影振兴运动,中国国产电影的总体票房已经可以和欧美影片抗衡,但是在大制作方面,中国电影还远远落后于欧美。

就出版业而言,则基本不受影响。当前中国的图书版权始终是以出版社为核心的。虽然引进的图书需由新闻出版部门进行审批,但是由于文化等方面的差异使得引进出版物在中国的出版格局中占据的位置并不显眼。特别是中国已于2002年如期对外国投资者开放了图书、报纸、期刊零售市场。所以,开放引进并不会带来太大的改变。

就音像行业而言,中国需要加快推进对版权制度的保护,打击盗版。2002

年1月10日起《中外合作音像制品分销企业管理办法》生效,外资已经全面进入中国的音像行业,目前中国文化市场上如索尼SMG等外资音像公司地位稳固。世贸组织告知中国,须允许外国公司通过互联网销售音乐,该告知帮助苹果公司及其iTunes音乐下载业务在中国的开展。中国在音像行业遇到的最大问题是盗版。2009年8月24日,文化部通报了上半年全国文化市场重大案件的有关情况。结果显示,音像制品盗版依然是各地执法工作的重点,网络侵权、非法影视下载等新兴领域的案件显著增多。

(二) 对策

面对WTO的这一裁决,以及欧美等文化产业发达国家对中国文化市场的步步紧逼,中国的文化产业应该掀起全行业的自觉,通过强大自身来占有市场份额。在文化产业政策方面,具体落实:

1. 法律体系的完善

正如我国政府在加入WTO的法律文件中承诺的那样,我国实施WTO协议的主要方式是通过修改现行法律和制定新法等转化的方式。美国此次提交的申诉一共挑战了中国18部法律法规。譬如《关于文化领域引进外资的若干意见》中提到的"外商不得通过出版物分销、印刷、广告、文化设施改造等经营活动,变相进入频道、频率、版面、编辑和出版等宣传业务领域",被欧美认为是一个歧视性措施。在《文化产业振兴规划》中,中国政府已明确承诺,将降低准入门槛,积极吸收社会资本和外资进入政策允许的文化产业领域,参与国有文化企业股份制改造,形成以公有制为主体、多种所有制共同发展的文化产业格局。

国内非国有资本与文化产业

中国加入世贸组织后,原则上,凡是允许外资进入的领域都应当允许国内非国有资本进入,否则将形成外资的超国民待遇,是一种对国内资本的歧视。因此,凡外资准入的,原则上可视为允许国内非国有资本进入文化产业的领域。同时,我国对外资准入时间上的限制,不适用于国内非国有资本。

国内非国有资本可以进入的文化产业领域主要有:文艺表演团体;营业性演出场所;演出经纪机构;娱乐场所;音像制品制作;音像制品复制;音像制品批发、零售、出租;摄制电影片(单片);出版物(图书、报纸、期刊)批发、零售;与国有影视节目制作机构或音像出版单位合作制作电视剧(录像片);增值电信业务。

国内非国有资本禁入的文化产业领域包括:广播电台、电视台;出版物出版、进口。音像制品、电影的进口业务由有关行政管理部门指定的进口经营单位经营。①

实际上,中国在文化产业领域正在逐步完善对外资开放的法律体系。2011年3月17日,新闻出版总署公布修改后的《订户订购进口出版物管理办法》。2011年3月25日,新闻出版总署和商务部公布《出版物市场管理规定》,自公布之日起施行。2011年3月19日,中国国务院公布《国务院关于修改〈出版管理条例〉的决定》的国务院第594号令和关于修改《音像制品管理条例》的国务院第595号令。2011年4月6日,新闻出版总署、海关总署公布《音像制品进口管理办法》。

2. 加大对内扶持的政策

世贸此次裁决为中国的文化产业再敲警钟。在全球化时代,我们似乎只有一条路可以选择,那就是必须尽快把自己做大、做强。

以影音产业为例,加入世贸后,中国政府对影音等文化产业采取了逐步取消对外限制,不断加大对内扶持的政策。近年来,我国政府一直致力于对民族特色文化艺术的政策扶持,取得了一些显著的成效,有力地促进了文化产业的发展。2005年,国家广电总局发布有关条例,从2006年9月1日开始,要求全国各级电视台在每晚5:00—9:00的动画片收视黄金时段,只能播出国产动画片;国产动漫节目的播出比例也不得少于总量的60%;对于违规播出非法或盗版境内外动画片,超时超量播出引进动画片将严肃查处。这一规定无异于给国产动画片注入了强心剂,也是通过文化产业政策保护民族特色文化的一种做法。

中国的这种做法符合国际惯例,无可非议,因为影音产品不是普通商品。

美国的影音产品近年来在全球泛滥,已引发多国文化危机感。为抵挡渗透,其他国家都曾采取过程度不同的措施限制美国影音产品的自由输入,并为本国的文化产业提供了大量的补贴。比如,面对美国的攻势,欧洲各国采取抵制的措施有两个方面:一是对国产电影实行补贴,法国政府规定对电影的票房收入加收11%的特别税,补贴到国产电影的制作中;二是对电视节目实行配额制度。1989年10月欧共体通过一项关于"无边界电视"指导政策,建议各国所有电视频道至少播放50%的"欧洲原产"电视节目。②

---

① 参见张希光:《中国文化产业的法律环境》,http://wenku.baidu.com/view/7f8fba1b964bcf84b9d57bc0.html。
② 参见陆祖鹤:《文化产业发展方略》,社会科学文献出版社2006年版,第22页。

支持本土电影,各国各有招数

一直以来,面对进口影片的侵袭,许多国家也在想方设法推动电影产品的本国制造。

法国:门票收入做补贴

据法国国家电影中心的统计,2009年7月,法国电影院观众比去年同期增长56.1%,虽然其原因主要在于经济危机的影响使法国人更加偏爱那些花钱少又可以全家共享的娱乐项目,以及英美电影公司在这个暑期投下的《冰河世纪3——恐龙时代》、《飞屋环游记》、《哈里·波特和混血王子》三枚重磅炸弹,而之前曾一度占据了法国影院半壁江山的法国电影似乎不太受欢迎。此时,法国电影补贴制度就显出优越性:无论是哪国影片,门票收入的固定一部分都必须用于补贴法国本土电影制作。

韩国:分级制度促竞争

为了振兴本国的电影市场,韩国政府采取了多种措施进行扶持。最为突出的是,取消电影剪阅制度,实行电影分级制度。实行这一制度后,韩国不仅没有出现低劣影片一哄而上的局面,反而促进了本土电影的竞争。残酷的市场竞争帮助韩国电影实现了优胜劣汰。此外,民间机构电影振兴委员会负责向进行独立制作的导演和电影学院的学生发放电影辅助金,用于实验短片、纪录片和独立影片的制作。韩国政府还通过举办汉城国际电影节、釜山国际电影节等,培训韩国观众,使他们具有广阔的国际电影视野,习惯并喜欢本国电影中那些较高层次、属雅文化性质的艺术片,具备鉴赏能力去接受和品味本国导演拍出的优秀电影。

匈牙利:补贴本国电影

匈牙利议会提出的新资助体制最终得到了欧洲委员会竞争总署认可,其有效期将持续到2013年12月。在法案中,关于国家补贴电影制作的新规定,突出强调对任何电影补贴幅度不能超出电影制作成本的50%。但是小成本电影和所谓的"深度影片"例外,可以获得优先适用高补贴率的原则。这其中,由于语言特色和文化市场的限制,大多数匈牙利电影(超过90%)——都属于深度电影的范畴,因此,未来给予它们的补贴将不会减少。此外,规定指出,在给予匈牙利与其欧盟成员国合作的电影政府补助时,如果匈牙利方面的资金贡献低于20%,将在此基础上相应缩小税收减免范围,匈牙利希望这一举措能使更多投资用于国内电影项目。

英国:要求电视台多放国产片

很早之前,英国就颁布了一项《通讯法》修正案,强制英国电视台放映更多的本国故事片,以便在经济上和影响力上尽量扶持国产电影业。修正案提出,今后本国影片的放映数量,将首次作为衡量各电视台对公众广播服务义务的标准之一。修正案虽然饱受争议,但电影业理事会的负责人认为:"广播商的参与,对英国电影业的可持续发展将起到根本作用,这将为有才华的制片者提供更多的机会,也让观众有更多机会观看优秀的国产影片。"通过获得大量美国投资,再加上英国影片具有的强大票房号召力,从2007年的《哈利·波特与凤凰社》、《波特小姐》到2009年的《贫民窟的百万富翁》,英国国内影片稳步发展。①

当本国影音产业尚处于幼弱时,为它打造一个"暖箱",有助于其成长,但"暖箱"无法让它变得身强力壮。上世纪70年代末,日本在美国的压力下放开文化市场,好莱坞电影一度占据日本80%以上的票房。但90年代后,日本电影从好莱坞手中夺回了50%的票房份额。经过与好莱坞直接交锋的锻炼,日本电影也走向海外,在亚洲占据强势地位。日本的成功告诉我们,扶植本国文化产业的政策固然是必需的,但这种扶植只有建立在强身壮体的基础上,才可能有效。

3. 打开国际文化市场需调整思维

为什么我国家喻户晓的民间故事《花木兰》被美国好莱坞一拍摄,就拿下了全世界近3亿票房。要调整的思维之一是,我国那些已进入公共领域的文化资源是全人类共享的,我们常说,我们有丰富的历史文化资源,这是我们发展文化产业的优势,其实,这个认识有偏差。要调整的思维之二是,进攻才是最好的防御。美国人可以开发我们的历史文化资源来打入中国的文化市场,为什么我们不可以开发那些美国已进入公共领域的文化资源呢?这就需要培养国民的国际文化视野,对世界一些重要国家,例如美国的电影、印度的软件、日本的动漫、韩国的电视剧、英国的音乐市场等的国家的文化产业和产品对外发展的情况进行系统的研究,尤其借鉴主要的文化产业大国在文化产业格局发展、稳定、繁荣的过程中采取的具体的政策和制度。

---

① 《支持本土电影,各国各有招数》,载《中国文化报》2009年9月2日第6版。

第二节 主要文化产业大国的文化产业政策概览

他山之石,可以攻玉。着眼于世界文化产业发展前沿,可以发现世界主要的经济发达国家往往也是文化产业大国,文化产业已经成为这些国家发展经济的战略性支柱产业,它们的产品以独特的文化创意占领广大的世界市场,据统计,目前全世界创意产业每天创造的产值高达220亿美元,并正以5%左右的速度递增,在创意产业先发国家,增长速度更快,如美国达到14%,英国达到12%。以创意产业为核心推动力的新经济已占据美国GDP的70%,加拿大GDP的60%。[①] 世界发达国家在文化产业领域占据领先地位与他们在文化产业政策方面的努力是分不开的。

一、文化经济政策

文化经济政策直接指导着文化产业发展方向、方针的贯彻执行,规定着文化产业增长的动力。文化经济政策是市场经济体制下的政府对文化进行宏观调控的手段。文化产业是一个新兴的产业,需要各方的支持,其中政府运用经济手段引导和促进文化产业的发展至关重要。政府运用的经济手段主要是税收政策和财政投入政策。

（一）文化税收政策

税收是国家财政收入的主要来源,在社会经济生活中占有重要地位。发达国家针对经济领域和文化领域的企业,营利性和非营利性文化机构的不同,采取差异性税收政策调控文化产业的发展,从而发挥税收政策的杠杆作用。

（1）发达国家在严格的征税过程中都有一个共同的特点,就是对经济领域和文化领域采取差异很大的税率标准。

英国:对书籍报刊实行零增值税,将其作为与食品和儿童用品并列的不多的免增值税的商品之一。如果英国公司向其他征收增值税的国家进口图书,所支付的税金可向有关部门索回,书籍报刊还享有免征进出口税的优惠。

意大利:经济企业(除食品部门之外)增值税均为19%,而文化企业的增值税率仅有9%。虽然意大利对于电视采取免税政策,但规定收费电视台要拨出10%的收入用于电影拍摄,同时规定了收费电视台投拍电影的金额不能低于影片费用的20%。

法国:所有的经济企业都要交18.6%的增值税,而文化企业仅交7%的增值

---

① 参见孙元欣:《上海都市产业园呼之欲出》,载《上海国资》2004年第7期。

税。法国设有"国家电影中心"担任政府管理电影业的职能,代表政府征收一定比例的电影放映、电视播放收入,然后用于电影制片的补贴。1997年和1998年,政府给电影的资助超过10亿法郎之巨。为了解决电影电视之间的矛盾,法国政府增设了一项专门税制,即征缴电视台营业总额5%和电影录像出版版权转让费2%的税收,用以专项补贴电影生产。同时,还制定了电视台投资拍摄电影的政策,规定凡电视台投资拍摄的影片,可以不受电影放映两年之后才能上电视的法规约束,把播出时间提前到半年或一年;另外,为了防止电视"吃"掉电影,这项政策还严格规定了电视台投资影片资金不得超过拍片费用的50%,且电视台不能以制片人的名义出现。①

(2) 发达国家对营利性和非营利性文化活动加以区分,并采取不同的税收政策。

美国:根据美国《联邦税收法》的有关规定,美国所有的文化艺术团体均可根据自己的建团宗旨自愿选择登记为营利或非营利机构。若登记为营利机构,则与一般企业和商业性公司一样,须照章纳税,但盈余可自由支配。若登记为非营利机构,则可享受各种优惠待遇,包括:免缴营业税;享受政府资助;享受公司、个人的捐助;享受邮件、广告、购物等的廉价优惠等。《联邦税收法》还规定,凡赞助非营利文化艺术机构的公司、企业和个人,其赞助款额可从其收入中扣除,免缴所得税。美国对非营利性艺术机构的界定标准是:第一,为社会公益事业服务;第二,盈利不分红。美国全国大约有九百个戏剧演出团体,它们全都获得了免税资格。② 此外,美国的大学出版社不以盈利为目标,主要出版校刊、教材和学术著作,选题的取舍首先看其学术水平和社会价值而不是经济效益。

英国:英国政府给予一些大学出版社"慈善机构"地位,如牛津大学出版社和剑桥大学出版社等,它们的经营全部是免税的。

芬兰:芬兰是欧洲国家中第一个引入私人复制税的国家,1984年就开具了这种票据。1997年从私人复制税中收取的纯利润达到5.4亿芬兰马克,额度的大半用于支付版权所有人的直接补偿,而不到一半的额度,通过不同艺术家公共创作项目的促进中心给予间接性补偿分配。

法国:对在公众场所或沙龙中举行的有益于公民身心健康的体育聚会和文化娱乐活动,可以免税;对于一些新创作的戏目以及新编的古典名著,在演出140场之内,税收减免70%;对于某些实验性艺术活动和高雅的音乐会以及赴国

---

① 转引自陆祖鹤:《文化产业发展方略》,社会科学文献出版社2006年版,第27—28页。
② 参见谢大京、一丁:《演艺业管理与运作》,上海音乐出版社2007年版,第35—36页。

外的艺术演出,同样也给予一定的减税优惠。① 为培养当今青年群体在网上合法购买电子音乐的习惯,法国政府新出台政策规定,年龄在12至25岁的公民将获得一张已经注册的预付卡,政府为居民报销通过预付卡在网上合法购买音乐的一半费用,以此减少网上音乐非法下载现象。

(二) 文化投资政策

文化投资,就是向文化产业领域投入可以获取利润的经济量。文化投资的过程也就是文化生产力的形成过程,是文化产业发展过程中最重要的动力之源。在发达国家向文化投资的主要形式中,各种各样的基金会是民间投资的一种重要途径。② 以美国为例,美国政府通过免税刺激非营利机构包括基金会的发展,以此调动社会资金资助文化的积极性,如资助考古发掘、遗产整理、艺术表演,也资助影视创作、文博展览、多媒体开发等。

美国:美国文化产业的发达,与吸引国际上的优质资本密切相关。它们为前者带来了源源不断的资金、品牌、核心技术、核心专长和销售网络。美国吸引国际投资的独特政策有:第一,利用贸易保护主义,吸引国际直接投资。贸易壁垒政策限制了进口,造成了市场封闭,限制了国际竞争国内化,在一定程度上促进了美国国内比较高的利润回报率,从而吸引了大量国际投资进入美国,比如一些香港企业投资美国电影业,其奥妙正在于此。第二,利用区域经济一体化发展的优势,吸引国际直接投资。第三,利用北美自由贸易区的"中心—辐射"式区域协议驱动国际直接投资。③

英国:英国通过发行彩票以弥补文化经费的不足,产生了积极作用。1994年,英国开始发行"六合彩",每年彩票收入达二十多亿英镑,其中用于文化事业的超过六亿英镑,几乎与国家的文化经费相当。由于文化在彩票中所占份额最多,因此,人们干脆称之"文化彩票"。④ 英国国会1984年通过了《关于刺激企业资助艺术的计划》,规定企业为了经营目的借助艺术活动提高知名度、招待客户或职工、做广告宣传等属于"资助"。政府鼓励把"资助"作为企业经营的一部分。如果企业决定资助文化事业,政府将陪同企业资助同一项活动。具体做法是:当企业第一次资助时,政府以1∶1比例陪同,对于第二次资助,政府则对企业多出上次资助的部分实行1∶2的比例投入。⑤

意大利:有些重点艺术团体,政府的经济投入占了相当大的比例,如在罗马

---

① 转引自陆祖鹤:《文化产业发展方略》,社会科学文献出版社2006年版,第27—28页。
② 参见花建等:《文化金矿——全球文化产业投资成功之谜》,海天出版社2003年版,第240页。
③ 同上书,第204—205页。
④ 参见陈杰、闵锐武:《文化产业政策与法规》,中国海洋大学出版社2006年版,第45—46页。
⑤ 转引自陆祖鹤:《文化产业发展方略》,社会科学文献出版社2006年版,第28页。

歌剧院的全年支出中,国家直接拨款和地方政府的投入占90%,自身的门票收入仅占10%。

二、文化宏观管理政策

在文化产业的宏观管理实践中,各个国家结合本国的政治制度、文化特色、历史渊源和社会环境等因素,探索出了适合本国国情的文化宏观管理政策,也许具体的政策条文会随时变化,但是,其管理的政策原则经过长期的实践摸索慢慢固定下来,并得到广泛认同。归结起来,比较典型的有以下四种:

(一)美国:"无为"政策与立法先行

美国是当今世界公认的文化产业"巨无霸",其文化艺术的生产能力、消费能力以及扩张能力都处于世界领先水平。作为只有二百多年历史的移民国家,它的文化产业建立在移植他国文化并加以融合开发的基础之上,因此,创造一个宽容宽松的文化政策环境不仅是文化产业发展的需要,更是移民国度的文化属性所决定的。

美国文化产业政策体现"无为而治",一则没有正式的官方文化政策文件,市场份额被看做检验其文化政策(无论它是书面的,还是事实性的)的唯一标准。二则没有专门的政府行政机构分管文化,不像其他国家的政府那样,通常设有"文化部"(法国)、"文化、新闻和体育部"(英国)、"遗产部"(加拿大)或"艺术与通讯部"(澳大利亚),美国也没有文化部。

同时,美国又是公认的世界上第一个进行文化立法的国家。早在1791年,美国宪法第一修正案就规定:"国会不得制定法律剥夺人民的言论自由和出版自由。"这一规定限制了政府对文化行为的干预,为民众的文化活动提供了最大的自由度。文化立法先行是美国法制文化传统的体现。一般来说,美国并没有单独的文艺法规,它的各种实用文化法规通常以相关文化条款的形式存在于各类通用法律中。比如,1787年颁布的美国宪法第1条第8款中关于"保障著作家和发明家对其著作和发明物在限定时间内的专有权"的规定,即为人熟知的版权和专利条款,是1790年美国第一部版权法制定的宪法依据。其他的文化实用法规散见于各类通用法律中,比如文艺合同法主要依据各州政府制定的商业合同法的有关条款;演艺业从业人员的权益保障体现在有关劳工保护的《公平劳工标准法》中;政府对文化艺术的支持体现在1965年制定的《国家艺术和人文基金法》中,这个法规规定了政府对文化艺术给以有限支持的方式,还规定了对非营利性质的文化艺术团体和公共电台、公共电视台免征所得税,并减免为其提供赞助的公司和个人的所得税税额;关于非营利性文化机构及其赞助者享受减免税待遇的具体规定,则体现在《联邦税收法》的各项条文中。①

(二) 英国:"一臂间隔"原则(Arms' Length Principle)

所谓"一臂间隔"原则就是政府不直接去管理成百上千个文化艺术机构或企业,而是在政府和艺术机构(企业)之间设立中介机构(或称准官方机构),如英格兰艺术委员会、工艺美术委员会、博物馆和美术馆委员会等,这类机构一方面负责向政府提供文化政策建议和咨询,另一方面又接受政府委托,决定对被资助文化项目的财政拨款,并对拨款的使用进行监督评估。这种机构的人员组成都是各艺术领域的专家,其设立至少有两大好处:一是专家管理符合文化艺术发展规律的要求,避免外行领导内行。二是保持了中世纪以来形成的公民社会的艺术创作自由的传统。对政府来说,"不能不管,又不能太管"是一种考验,英国的"一臂间隔"原则很好地展示了英国政府的文化管理智慧,不仅英国人引以为豪,也赢得一些国家的欣赏和效仿,瑞典、丹麦、澳大利亚等国多采用英国模式。

(三) 法国:中央集权式

也许是沿袭了帝制时代的传统,法国现代的文化行政管理表现出中央集权的特征。法国文化部统领一切与文化有关的方针政策的制定和实施工作。法国文化部的全称是法国文化与通讯部,下辖十几个职能司,如建筑和文化遗产司、图书和阅览司、博物馆司、造型艺术司、音乐舞蹈戏剧和演出司、法语总局、国家电影中心等,负责管理全国的文学艺术、新闻出版、广播电视、遗产保护、图书馆、博物馆、建筑甚至美食。可见,法国文化部管辖的职责将我国的文化部、广电总局和新闻出版总署的职责"三合一"了。不仅如此,法国的国家级重点文化设施和艺术表演团体例如卢浮宫博物馆、凡尔赛宫博物馆、国家图书馆、蓬皮杜国家艺术文化中心、巴黎国家歌剧院、法兰西戏剧院、国家舞蹈中心等都直属文化部领导,其经费也来自政府直接拨款。最体现中央集权特征的恐怕是文化部的干部任命,法国文化部从20世纪70年代开始向各省、市派遣文化局长。政府法令规定,地方文化局长属文化部官员,是中央政府派遣到地方的文化代表。

(四) 德国:文化的地方自治

德国的公共文化政策的实施体系由联邦政府、州政府、市政当局(自治区)三者联合构成,但体系的重心不在联邦政府,而在州政府。联邦德国的16个州各自拥有自己的"文化主权"。由诺伯特·西弗尔斯博士等人撰写的《德国文化政策》这样描述德国的宏观文化管理体系:联邦政府负责有关文化事务的联邦立法和涉及第三国的文化政策。国家权力和管辖权的实施由州级政府做主,除

---

① 参见谢大京、一丁:《演艺业管理与运作》,上海音乐出版社2007年版,第35页。

非德国宪法(基本法第 30 条)有特别规定。① 同时,该书还指出,在多数情况下,各州的宪法在公共活动领域内将各自特定的文化责任分配给市政当局。按照基本法(第 28 条第 2 款)规定,集体对当地文化事业负责,并有权按照自己的方式管理文化活动。这里的"集体"指的就是市政当局,即城镇、城市和郡县。德国的法律说,自主管理是为了"把人们对家乡的责任感团结起来,在共同完成任务的同时提高当地居民生活水平,维持当地文化特色"。各地不仅是"有责任",而且有责任"那样"各自根据当地人民的愿望,按照自己的特点管理自己的事情。② 1979 年德国城市议会上的论调——"德国的文化政策首先是集体的文化政策"正是对德国文化的地方自治特色的反映。德国地方自治的文化管理模式的形成跟德国的历史有关,在 1871 年俾斯麦统一德国之前,德意志长期处于封建邦国和城市共和国各自为政的分裂割据状态,它们各有自己的文化政策并建立了许多文化机构。不过,这种地方自治的文化管理体制保证了文化多样性的承继,有力地促进了地方文化特色的保持和文化总体的繁荣。

三、文化法制政策

一个国家文化产业的健康发展,需要法律法规的保驾护航。我们在东亚的两个邻国——日本和韩国,是文化资源相对薄弱的两个小国,但是他们由于率先在文化产业的法制建设上走在前列,如今都已跻身世界文化产业大国之列。

(一)日本:步骤清晰,政府重视

说到日本的文化产业,大家马上想到的是《迪加奥特曼》,的确,无论是在美国,还是欧洲的书店或音像市场、游戏机商店,到处都可以看到日本的漫画、动画片、游戏机软件,世界各国的电视台几乎无不播映日本的动画片。例如,游戏机软件《布袋怪兽》,在全世界售出 1.2 亿个,以其改编的动画片被 68 个国家的电视台播出,改编的电影在 48 个国家放映,单是电影一项就收入 2.8 亿美元,其连带效应达 20.3 亿日元。③ 总之,文化产业已成为日本国民经济收入的重要产业。其实,日本早先也一直偏重制造业,文化产业作为率先发展的先导产业受到重视是 2000 年以后的事情。日本文化产业的后来居上主要归功健全的文化法制政策。

1995 年,日本确立了 21 世纪的文化立国方略,把发展文化经济作为国家战

---

① 参见谢大京、一丁:《演艺业管理与运作》,上海音乐出版社 2007 年版,第 31—32 页。
② 参见周睿睿:《文化是我们的力量——由德国文化政策所看到的》,http://www.xschina.org/show.php?id=8965。
③ 参见赵宝智:《日本:文化产业的政策之路》,http://www.cnci.gov.cn/news/culture/200824/news_12745_p1.htm。

略。根据时代发展的需要,日本政府一方面不断对原有法律法规进行修订和完善,如《放送①法》、《专利法》、《著作权法》等,另一方面日本政府为适应文化产业发展的新形势,不断制定新的相关法律。2000年,日本由国会立法,批准通过了《形成高度情报通讯网络社会基本法》(统称《IT基本法》或《信息技术基本法》),2001年又批准通过了《文化艺术振兴基本法》。2002年11月制定了《知识财产基本法》,确定了"知识财富立国"的方针,为文化产业的顺利发展提供了法律依据和保证。

经过两年多的艰苦努力,日本国会最终于2004年5月批准通过了《关于促进创造、保护及应用文化产业的法律案》(统称《文化产业促进法》)。这是一部既包括《信息技术基本法》和《文化艺术振兴基本法》的内容,又包括发展振兴电影、音乐、戏剧、诗歌、小说、戏曲、漫画、游戏产业等内容的一个集大成的法律文献。该法主要内容如下:

第一章是"总则"。主要条款为:制定该法的目的和理念是为提高国民生活、为国民经济的健全发展作贡献。该法规定的文化产业的定义为:电影、音乐、戏剧、诗歌、小说、曲艺、摄影、漫画、动画片、电脑、游戏及其他文字、图形、色彩、声音、动作、影像或由上述因素组合的及与其有关的、通过电子计算机的介入而提供的程序等,即通过人的创作活动所产生的属于文化教养或娱乐的内容。该法还规定,国家有责任制定有关措施,贯彻执行该法的各项条款,地方公共团体要根据该法的基本理念,适当地为国家分担责任和义务,充分发挥地方公共团体的地区性特点,与国家合作共同贯彻执行该项法律。文化产业的制作者在制作过程中也要尊重该法,要充分考虑文化产业对青少年所产生的影响。此外,在贯彻执行该法的过程中,政府还要在法制、财政金融或其他方面采取必要的措施。

第二章的主要内容是国家为贯彻该法应采取的基本措施。第一,要通过教育机关、国际交流和展览会等培养文化产业人才,要研究开发尖端科学技术,并采取振兴教育措施;第二,要保护文化产业的产权;第三,要利用各种方法促进文化产业流通领域的发展。

第三章的主要内容是为振兴文化产业所应采取的必要措施。首先为文化产业的制作者稳定地调拨资金,解决制作的经费问题。其次是对国内外的侵犯版权行为采取必要的措施并予以取缔。同时,还要积极向国外介绍日本的文化产业,向国内介绍海外市场,扩大日本文化产业的规模。该章还对保护中小企业和制作者的利益作了具体规定。

第四章的主要内容是要求国家行政机关与"知识财富战略本部"保持紧密

---

① "放送"为播放、放映之意。

联系,相互合作,为创造、保护、应用文化产业采取必要的措施。要求地方公共团体、独立行政法人、特别法人、国立大学法人及大学共同利用机关法人等积极提供优质的文化产品素材。该章的第 25 条还规定,国家委托或让其他人承包制作文化产品时,为促进该文化产业被有效地利用,如符合以下条件,该文化产品的知识产权可以转让给受委托者或承包人:(1)受委托者同意向国家报告该文化产品的种类和其他情报;(2)受委托者同意,一旦国家需要,将无偿把该文化产品的权利归还给国家;(3)如果该产品长期不被使用,而国家认为需要充分利用时,受委托者同意将其转让给第三者。[①]

如果说立法步骤清晰是日本文化产业法制建设的第一个特点的话,那么,政府重视是它的第二个特点。2003 年 1 月,小泉首相曾就日本动画片《千与千寻》在国际影坛取得的成功及影响,提出要善于发现日本的"潜在力"。3 月,日本政府根据《信息技术基本法》成立了"知识财富战略本部",小泉首相亲自挂帅担任部长,制定了一系列政策法规和实施计划,明确将音乐、电影等文化产业与技术、工艺、名牌产品等并列为国民经济的基础产业。"知识财富战略本部"在制定"知识产业促进计划"的同时,于 2003 年 10 月设立"文化产业调查会"。该调查会起用广播、电视、电影、音乐、漫画等文化产业界的创作人员为调查会成员。由于他们本来就是制定文化产业政策的积极拥护者,加入该会后能从不同的专业出发,及时发现问题,补充和修订文化发展策略,制定出切实可行的文化政策。

(二)韩国:建立在《文化产业振兴基本法》基础之上的完备的文化产业法制体系

韩国的国土面积是我国的 1%,与我国的浙江省差不多大,但是韩国已经跻身世界第六大文化产业强国。韩国电影异军突起,《共同警备区》、《我的野蛮女友》、《实尾岛》等作品,在韩国的上座率远远超过了欧美大片,给亚洲电影市场也带来了巨大冲击。有人预计,韩国电影和电视剧的出口创汇很快将超过汽车产业。韩国的游戏产业在世界的占有率也在节节上升,其"天堂"、"传奇"、"千年"等游戏如"韩流"冲击我国青少年文化消费市场。

韩国文化产业的成功自然离不开政府财政的大力支持,在每年的政府财政预算中,韩国文化产业的预算超过了 1%,目前达到这个比例的国家只有两个,除韩国之外还有一个是法国。1999 年,韩国政府向演艺产业投资 85 亿美元,到 2003 年这笔款项已经飙升到 435 亿美元。[②]

---

① 参见赵宝智:《日本:文化产业的政策之路》,http://www.cnci.gov.cn/news/culture/200824/news_12745_p1.htm。

② 参见夏骏:《文化产业必须工业化运作》,http://news.sohu.com/20060617/n243783994.shtmlh。

但是,韩国政府克服随意和盲目性,把发展文化产业纳入法治轨道,也是韩国文化产业成功的重要经验。亚洲金融风暴过后,韩国提出了"文化立国"的战略国策。首先,韩国为文化产业的振兴提供法律保障。1999年制定了《文化产业振兴基本法》,为适应数字化信息时代文化产业发展的需要,2006年韩国对文化产业相关法律进行了整顿。具体内容如下:

1. 修改《文化产业振兴基本法》(2006年4月26日)
- multimedia contents 等新兴文化内容列入文化产品定义中。
- 增设 contents 流通及知识产权保护的义务。
- 新设文化产业统计及文化产业消费者保护规定。
- 允许道知事直接指定文化产业振兴地区。
- 允许设立执行文化产业特定产业的文化产业专门公司。

2. 制定影像振兴相关法律(2006年4月26日)
- 数字媒体的作品(可以以电气、电子、通讯装备等方式播放的影像)也归属于录像范畴内。
- 电影业申报接受单位,把文化观光部改为电影振兴委员会。
- 引进把合作电影归于韩国电影的预先申报制。

3. 制定音乐产业振兴相关法律(2006年4月26日)
- 将现有唱片具体区分为唱片、音乐文件、音乐影像、音乐影像文件等。
- 为了音像的标准化和市场流通的完善,推进文化观光部部长附着识别标志的措施。
- 市长、郡长、区长对练歌厅业主进行遵守事项、灾难预防、制度变更等相关培训。
- 对在练歌厅陪酒、陪舞或陪唱的人员给予刑事处分。

4. 制定游戏产业振兴相关法律(2006年4月26日)
- 为了游戏产业的振兴,由文化观光部部长树立并制定综合策划。
- 为了阻止游戏的消极影响,由政府树立游戏文化的基础,并推进知识产权保护、使用者权益保护政策。
- 由文化观光部部长推进 e-sports 产业的良性发展等事业。[①]

韩国文化产业法制的体系由主干(《文化产业振兴基本法》)和若干细枝(产业各行业相关法律)组成。一方面,将不同的文化产业一个个分开,套用各自的法律模式,进行区别对待。比如,通过2006年的法律整顿,音乐产业和游戏产业

---

① 参见〔韩〕朴永大:《对韩国文化产业发展过程中法制整顿的理解》,载陈忱主编:《中国民族文化产业的现状与未来——走出去战略》,国际文化出版公司2006年版,第68—69页。

也具备了各自的法律模式。细分的积极意义在于树立特殊的振兴体系,结合各自的特点,促进各行业的进一步发展。但是,目前韩国的电影、游戏、音像、广播、出版等文化产业都拥有自己领域的政府组织。如果随着这种趋势,相关法律也向个别化、细分化的方向发展,总有一天各个领域之间的法律会相互打架。为此,《文化产业振兴基本法》就要坐镇其中,进行综合和调节,为文化产业的全面发展发挥重要作用。

▶ 复习思考题

1. 国外主要文化产业大国在文化经济政策方面的经验对我国有何启示?

2. 以美国、英国、法国、德国为代表国家,总结国外主要文化产业大国在文化行政管理政策方面的特点。

3. 结合课内外有关材料,说说日本和韩国跻身世界文化产业大国对我国的启示有哪些?

第二章 我国文化产业政策概述

本章提要：我国文化产业政策的提出，从国内因素看，是我国市场经济体制改革的必然结果。从国际因素看，是中国抓住"入世"机会，迎接"入世"挑战的必然姿态。我国文化产业的经济政策从财政、金融、税收三条线入手，对文化产业进行扶持；我国文化产业的行政管理政策已经随着政府职能的转变，从政府办文化转到了管文化，从管文化转到了服务文化；我国的文化产业法制建设基本做到了有章可循、有法可依，但存在不少问题。

导入

2009年，中国文化产业界又迎来喜讯，继钢铁、汽车、纺织、装备制造、船舶、电子信息等十大产业振兴规划之后，国务院常务会议讨论并原则通过第11个产业振兴规划——《文化产业振兴规划》。这标志发展文化产业已上升到国家战略层面，并进入实施阶段。

《文化产业振兴规划》全文近六千字，分为"加快文化产业振兴的重要性紧迫性"、"指导思想、基本原则和规划目标"、"重点任务"、"政策措施"和"保障条件"五部分。《文化产业振兴规划》明确，当前和今后一个时期要着力做好发展重点文化产业、实施重大项目带动战略、培育骨干文化企业、加快文化产业园区和基地建设、扩大文化消费、建设现代文化市场体系、发展新兴文化业态、扩大对外文化贸易八个方面的重点任务。特别提出：以文化创意、影视制作、出版发行、印刷复制、广告、演艺娱乐、文化会展、数字内容和动漫等产业为重点，加大扶持力度，完善产业政策体系，实现跨越式发展。《文化产业振兴规划》颁布后，有关方面预计："在国务院《文化产业振兴规划》的指引及中央百亿元文化产业基金的扶持下，未来三年中国文化娱乐产业将驶入发展快车道，游戏、电影、动漫、电视剧、音乐等五个主流文化娱乐形态形成百舸争流的繁荣态势。"①

回顾我国的文化产业政策之路,1992年,国务院办公厅综合司编著《重大战略决策——加快发展第三产业》,系首次在政府文件中明确使用"文化产业"概念。2000年10月,在《中共中央关于制定国民经济和社会发展第十个五年计划的建议》中,"文化产业"概念第一次正式进入党和国家政策性、法规性文件。之后,我国文化产业发展的相关政策陆续出台,而2009年《文化产业振兴规划》的颁布则是一个里程碑。它的出台既推动了文化体制改革,又是对当前世界金融危机的智慧应对,体现了党和政府顺应国际形势及时调整经济战略的英明决策,更预示了文化产业在我国的发展前景。

第一节 我国文化产业政策的提出

2000年10月,中国共产党十五届五中全会在《关于"十五"规划的建议》里提到"文化产业",该文涉及"文化产业"的提法多达六处,明确提出要"完善文化产业政策,加强文化市场建设和管理,推动有关文化产业发展";"推动信息产业与文化产业的结合"。2001年3月,这个建议又被九届全国人大四次会议采纳,并正式纳入了"中国十五规划纲要"。

2001年《中国文化产业蓝皮书》评价说:"至此,'文化产业'这个近年来频频见诸报端的概念,第一次正式进入了党和国家政策性、法规性文件,发展文化产业成为我国下一个阶段国民经济和社会发展战略的重要组成部分。"对于"文化产业"概念进入我国最高决策层的积极意义,有学者认为:"无论对中国数千年的教化传统来说,还是对计划经济时代的文化观念来说,'文化'与'产业'、'经济'乃至'私人生产或消费权利'的链接都是不可思议的……确认'文化产业'合法性的首先意义就在于,它代表着对前现代文化观念的'去魅',代表着对计划经济时期旧文化观的深层解构。它使当代中国文化政策获得了全新起点。"②

文化产业政策的提出,一方面是我国市场经济体制改革强力推进的结果,另一方面是对全球化的国际形势的积极应对。

一、文化产业政策提出的国内因素

从国内因素看,文化与产业结合是我国市场经济体制改革的必然结果。

---

① 孙佳音:《我国文娱产业规模大增——游戏、电影等五种主要形态发展繁荣》,载《新民晚报》2010年9月19日。

② 李河、张晓明:《当代中国文化政策十年的主题》,载《科学新闻》2008年第1期。

1992年邓小平南方谈话之后,中国经济改革又回到80年代已经铺设的轨道。1993年11月,中国共产党十四届三中全会通过《关于建立社会主义市场经济体制若干问题的决定》,之后,我国经济整体上出现加速发展的明显迹象,特别是"新兴第三产业"在国民经济发展中的战略作用明显增强,"文化产业"参与中国经济结构的调整和增长方式转型的作用开始突显。与此同时,文化部门本身也在市场化进程中不断进行政策性调整。改革开放伊始,国有文化事业单位放开经营活动,"双轨制"开始出现。其标志性事件是1978年财政部批准《人民日报》等新闻单位实行"事业单位,企业化管理",以及1979年9月30日,中央电视台播出了第一条外国商业广告。此外,在国有文化部门之外,文化市场也渐次开放。其标志性事件是:1987年,文化部、公安部、国家工商行政管理局发布了《关于改进舞会管理的通知》,正式认可营业性舞会等文化娱乐经营性活动。1988年,文化部、国家工商行政管理局发布《关于加强文化市场管理工作的通知》,正式确认"文化市场"的概念,同时明确了文化市场的管理范围、任务、原则和方针。

二、文化产业政策提出的国际因素

从国际因素看,文化产业化是我国抓住"入世"机会,迎接"入世"挑战的必然姿态。

2001年11月11日,我国加入世界贸易组织(WTO),我国政府遵循所签订的协议并逐步履行有关承诺。"入世"意味着中国的文化产业刚在起步阶段就要遵循优胜劣汰的原则参与全球化竞争,其艰难可想而知。比如,国际大型媒体集团的时代华纳,1997年营业额就达到250亿美元,贝塔斯曼(Bertelsman)集团营业额150亿美元,日本朝日新闻报业集团35亿美元。而我国的中央电视台不足6亿美元,《广州日报》不足3亿美元,上海最大的文广影视集团2001年总销售额也只达6亿美元。[①] 显而易见,中国文化集团的经营规模无法与世界强团抗争,需要迅速发展壮大。而发展壮大的唯一途径便是文化产业化,挣脱计划经济体制对文化发展的束缚,引入竞争机制和利益激励机制,激活其自身的生机与活力。为此,国家开展了轰轰烈烈的文化体制改革,绝大多数的原国有文化事业单位将被推向市场,上海杂技团的重生便是当前原国有文化事业单位走向市场后引入竞争机制,从而焕发生命力的代表性例子。

---

① 参见陆祖鹤:《文化产业发展战略》,社会科学文献出版社2006年版,第31页。

上海杂技团转制为公司"华丽转身"引创作泉涌[①]

从吃"皇粮"的国家院团到走市场的文化企业,文艺院团的转企改制难免经历一段阵痛。不过沪上文艺院团中首家完成"转企改制"的上海杂技团,却在一种水到渠成的气氛中悄然完成了这一华丽转身。"变身"为上海杂技团有限公司总经理的杂技团团长俞亦纲告诉记者,这是因为:"在剧团改制之前,团里内部早就改了。"

顺应环境　奋起创新

作为"世界杂技金牌的储藏库",中国有着一群技艺超群的杂技演员,但由于国内杂技演出市场的萎缩,许多人不得不到国际上"游走江湖",为国外的杂技节目"打工卖艺"。作为上海杂技团进行机制创新和体制改革的试水之作,2005年亮相的《时空之旅》突破了文艺院团事业体制上的束缚,以经营性文化公司的方式,成为一个真正的市场主体,连演一千五百余场的"成绩单"令国内同行刮目相看。

独立核算　职工参股

继"时空之旅"成功之后,上海杂技团又把剧团的另一个项目"欢乐马戏"推上了"风口浪尖"。先是于2007年1月1日起成立独立核算的"欢乐马戏"剧组,试运作一年后于2008年将员工吸纳为股东,让全剧组28名演职人员正式参股,成立上海欢乐马戏有限公司。"时空之旅"、"欢乐马戏"的成功让上海杂技团在"转企改制"的道路上越走越大胆,2008年起,团里又着手对另一台剧目《浦江情》的运作模式进行改革:组建项目部统一管理剧目的艺术质量和市场营销;调整了原来演职人员演出分配模式,将演职人员的收入与票房收入挂钩,各部门根据票房收入按一定比例发放,极大地调动了演职人员创作的积极性。2009年还推出了新的版本《浦江清——雕刻时光》作为国庆60周年的献礼剧目。

不同项目　区别对待

虽然上海杂技团属下现有的三个项目都先后进行了转制尝试,但方法却各不相同。"时空之旅"是多方合作的大项目,"欢乐马戏"是演职人员参股成立子

[①] 《上海杂技团转制为公司"华丽转身"引创作泉涌》,载《新民晚报》2009年7月23日。

公司,"雕刻时光"则是重新调整分配,采用项目管理模式。为什么要对不同的项目"区别对待"呢?俞亦纲表示这是因为不同项目有不同特点。之所以对"欢乐马戏"要"另眼相看"、让演职人员全体参股成立子公司,是因为马戏有它的特殊性。俞亦纲介绍说,马戏表演动物和演员有着特别密切的关系,特别是猛兽,一般都是由驯兽员从小养大的,演员的中途变换会直接影响节目正常上演,甚至造成节目停演。员工成为股东后,既是打工者又是投资者,不仅极大地提高了工作积极性,也有效遏制了驯兽演员流动的风险。另一方面老演员也可以毫无顾虑地传授驯兽技艺,因为他们的身份已不仅仅是演员,即使他们改当了老师,剧组的发展也一样和他们自身利益有关。《欢乐马戏》剧组的小丑演员张唯告诉记者:"在没有公司化前,我们演员都是等着团里派演出,演常规剧目。现在参股之后,大家不但会主动创排新节目,还关注市场动向,甚至演员会主动、自发地去跑市场。"

数字说话 效益可喜

上海杂技团这些年内部改制的效果如何,数字最能说明问题。首演于2005年的"时空之旅"在近4年的时间里在同一场地演出超过1500场,观众近150万人次,累积的票房超过1.5亿元。"欢乐马戏"成立股份制公司后的票房收入比改制前增长50%以上,演员收入同比增长20%以上。2009年,欢乐马戏有限公司第一季度的票房比2008年同期增长20%以上,效益良好。而演员们的艺术创作也是空前高涨,新动物训练达到前所未有的数量,新版《欢乐马戏》正呼之欲出。

起步最晚的"雕刻时光"如今也渐渐显现出改制后的新面貌,演职人员个个干劲十足。据介绍,上海杂技团还计划开拓新兴的魔术市场,组建魔术俱乐部,签约国内外优秀魔术师,打造一部"天天演"的梦幻魔术表演。

第二节 《文化产业振兴规划》解读

《文化产业振兴规划》在2009年高调出台,这一规划透出了哪些新信号?它的出台对于我国文化产业发展意味着什么?

一、《文化产业振兴规划》提出的时代背景

自2000年党和国家提出发展文化产业的政策以来,我国文化产业经历了一

个发展积累的前期过程。但由于起步晚,它在我国经济社会发展中应具有的战略地位,一直不够清晰。直到2009年,《文化产业振兴规划》终于出台,这标志着发展文化产业进入国家的战略层面。那么,为什么《文化产业振兴规划》在2009年出台?

第一,至2008年,我国着力发展文化产业的各项条件——人均GDP收入、知识产权保护制度和传播技术等趋于成熟。

发展文化产业需要准备三样东西,那就是钱、知识产权保护制度和技术。

按照世界各国的经验,当人均GDP超过3000美元时,文化消费会快速增长;接近或超过5000美元时,文化消费则会井喷。这也是为什么世界上文化资源丰富的国家那么多,但文化产业发达的国家总是那几个经济发达国家的原因。2008年我国人均GDP超过3000美元①,这为我国文化产业的爆发性成长准备了"钱"的条件。随着国民手中的闲钱越来越多,对文化消费的需求就越来越旺,面对未来如此庞大的文化消费市场的出现,假如我们自己的文化产业不发展,拿不出足够的文化精神食粮"喂养"我们的国民,入世之后国外的文化产品就会乘虚而入,其结果是:国外的文化产品在解决我们国民精神饥渴的同时,趁机改造其思想和价值观。多年来美国通过好莱坞产品的渗透、通过图书发行,营造了各国人民对美国生活方式的亲近感,进而接纳美国的其他产品就是很好的例证。因此,发展文化产业,已经成为必须的决心和行动。

文化产业要发展,知识产权保护制度一定要跟上。因为文化产业是内容产业,内容的无形性导致其最容易被复制、被盗版的必然性。而一旦盗版猖獗,文化产业链的上游——创作环节势必遭受重创,文化产业也就没有发展可言。但保护知识产权不仅是决心的问题,更是钱的问题。因为知识产权的维权成本很高,这也是为什么当今世界只有那些经济发达国家才有能力严厉打击盗版的原因。对于我国来说,改革开放三十多年以来积累的家底(特别是2008年国际金融危机背景下,我国外汇储备接近二万亿美元②)为我国政府加大知识产权保护力度提供了信心和经济后盾。

文化产业发展还需要传播技术的跟进。而当今新技术给文化产业带来重大发展机遇。比如2008年,移动多媒体出现了一个令人瞩目的变化,就是3G和广电CMMB的推出。这两种新技术代表了广电和通讯业汇流的最新趋势,这样一个发展态势将带动大量的硬件投资,也能带动终端的消费。

---

① 2008年,我国人均GDP为22640元人民币,根据2008年底1美元=6.8346元人民币的汇率,人均GDP约为3313美元,这是我国人均GDP首次超过3000美元。

② 据中国人民银行2010年1月15日发布的《2009年12月金融统计数据报告》披露,2009年中国外汇储备为23991.52亿美元。

第二,世界金融危机下,发展文化产业成为我国转变经济发展方式的首选之一。

2008年世界金融危机爆发,欧美国家纷纷倒下迫使我国转变经济发展方式。

金融危机爆发前,我国的经济发展方式表述为:以投资拉动经济增长,以出口为导向的经济发展方式,着力发展制造业,其基础是廉价的劳动力和原料,其代价是高耗能和环境的破坏。最经典的形容为:8000双袜子换一架波音飞机。其成果是:至金融危机爆发前,我国积攒了充足的外汇储备。

但是,金融危机爆发使得欧美国家"囊中羞涩",购买力下降,导致我国出口受阻。同时,多年来粗放式的经济发展方式造成的消极影响也促使我国痛定思痛。于是,借势金融危机,我国政府明智地提出调整经济结构,转变经济发展方式,着力发展技术含量高的高新技术产业和创意含量高的文化产业。正如《文化产业振兴规划》中指出的那样:"我国文化产业呈现出健康向上、蓬勃发展的良好态势,正成为推动社会主义文化大发展大繁荣的重要引擎和经济发展新的增长点。"

同时,历史证明,文化产业发展与经济发展并非完全同步,有时甚至"反经济周期"运行。上世纪30年代大萧条造就了好莱坞和迪士尼,1997年亚洲金融危机成就了风靡一时的"韩流"。据统计,2009年前五个月,我国文化产业逆势飘红,平均增幅达17%。文化产业的这种逆势增长特性,对保增长、促改革、调结构、惠民生具有重要意义。

二、《文化产业振兴规划》的基本内容及其之于我国文化产业发展的意义

中宣部文化体制改革办副主任高书生认为:"发展文化产业需要有一个宏观的产业规划,就好比法律中的'母法'。"①而《文化产业振兴规划》正是这样一个"母法"。

《文化产业振兴规划》描绘了未来文化产业的发展蓝图和相关举措。

(一)指导思想、基本原则和规划目标

《文化产业振兴规划》提出我国文化产业发展要遵循的指导思想是:全面贯彻党的十七大精神,坚持以邓小平理论和"三个代表"重要思想为指导,深入贯彻落实科学发展观,紧紧围绕《国家"十一五"时期文化发展规划纲要》确定的文化产业发展的各项目标任务和当前文化体制改革的重点,大力培育市场主体,加

---

① 《文化产业:"政策利好"如何变现》,http://news.xinhuanet.com/mrdx/2009-09/28/content_12121033.htm。

快转变文化产业发展方式,进一步解放和发展文化生产力,切实维护我国文化安全,推动文化产业又好又快发展,将文化产业培育成国民经济新的增长点。

文化产业作为一种经济行为,就必须按照经济规律和市场规律办事,同时,"文化"的产业又对文化产业作为精神产品的生产者提出了社会担当的要求。于是,社会责任和经济效益哪个为先,一直是困扰文化产业界的一大难题。《文化产业振兴规划》明确了这个难题的答案,那就是发展文化产业要坚持把社会效益放在首位,努力实现社会效益和经济效益的统一。

《文化产业振兴规划》提出了今后相当长一段时间内中国发展文化产业的总体目标,那就是:完成经营性文化单位转企改制,文化市场主体进一步完善,活力进一步增强,文化产业规模不断扩大,推动经济社会发展的功能和作用得到较好发挥。在具体的工作部署上,为落实目标的实现提出了以下八大重点任务和配套措施。

(二)八大重点任务和配套措施

1. 发展重点文化产业

以文化创意、影视制作、出版发行、印刷复制、广告、演艺娱乐、文化会展、数字内容和动漫等产业为重点,加大扶持力度,完善产业政策体系,实现跨越式发展。

文化产业内部各行业差别较大,不能一概而论。根据国家统计局于2004年3月出台的《文化及相关产业分类》,文化产业分为关联层、外围层、核心层。《文化产业振兴规划》第一次对成员庞大的文化产业内部行业作出了轻重缓急的安排。考虑到金融危机对文化产业的影响是逐层递减的,越到核心层,影响越小。所以,我们注意到,那些处于核心层面的电影、动漫游戏等内容生产行业都被放到了优先发展之列。同时,《文化产业振兴规划》首次明确了"文化创意"是文化产业中的一个属类,和影视、出版、动漫相并列。多年来,文化产业和文化创意产业之间的辨析一直让业内"头疼"。这一划分方法不仅解决了理论界的争论,而且为国家文化产业发展的统计口径、产业布局埋下了伏笔。

2. 实施重大项目带动战略

以文化企业为主体,加大政策扶持力度,充分调动社会各方面的力量,加快建设一批具有重大示范效应和产业拉动作用的重大文化产业项目。

由于我国文化产业处于起步阶段,文化企业以中小型企业为主,布局也比较分散,同质化竞争严重,在国际市场上犹如众多小舢板对抗人家的航空母舰。为此,国家实施重大项目带动战略,志在打造文化产业的集团军模式,增强我国文化企业的国际竞争力。

3. 在重点文化产业中选择一批成长性好、竞争力强的文化企业或企业集团,进行着重培育

我国文化产业不仅要做大,而且要做强。因此,需要选择一些优秀的企业种子进行优化培育,以培育一批有实力、有竞争力的骨干文化企业,增强我国文化产业的整体实力和国际竞争力。

4. 加快文化产业园区和基地建设

加强对文化产业园区和基地布局的统筹规划,坚持标准、突出特色、提高水平,促进各种资源合理配置和产业分工。

我国有着丰富的地方文化资源和各具特色的文化区域。在文化产业的区域化建设中,以文化产业园区作为基地,积聚各地的特色文化资源,有助于加快发展具有地域和民族特色的文化产业群。再辅之基础设施建设、土地使用、税收政策等方面的支持,从而建设成若干辐射全国的区域文化产品物流中心,形成一批文化创意、影视制作、出版发行、印刷复制、演艺娱乐和动漫等产业示范基地。

5. 扩大文化消费

不断适应当前城乡居民消费结构的新变化和审美的新需求,打造一批具有核心竞争力的知名文化品牌。

2008年,我国人均GDP超过了3000美元,按照国际标准计算,文化消费支出总量应该在4万亿元以上,而根据目前的统计预测,只有不到8000亿元。此外,我国文化产业占GDP的比重还没有超过3%,也就是说,全社会97%的产业部门都在生产物质产品,只有3%的产业部门在生产精神文化产品,这一过低的比例说明我国居民的文化消费潜力远未得到开发。同时,文化产品营销特别重视品牌的创立与维护,只有把品牌做响,才能把事业做大。

6. 建设现代文化市场体系

建立健全门类齐全的文化产品市场和文化生产要素市场,促进文化产品和生产要素的合理流动。重点建设传输快捷、覆盖广泛的文化传播渠道。

发展文化产业,就是要按照市场规律和经济规律办事,培育市场主体。现代文化市场体系的建立,首先要去行政化,打破不同领域、系统、行业间老死不相往来的局面。其次,通过并购重组推进广电网络的区域整合和跨地区经营,推进电影院线、数字电影院线的跨地区整合以及数字影院的建设和改造,推进国有出版发行企业以资本为纽带实行跨地区兼并重组,再鼓励非公有资本进入文化创意、影视制作、演艺娱乐、动漫等领域,将市场主体做大做强。再次,将属于文化产业的市场主体纳入文化类行业,比如艺术品一级市场的主体——画廊,在我国长期被归入商品零售业,导致其作为艺术品市场一级市场的主体性和基础性作用没有充分发挥。

7. 发展新兴文化业态

采用数字、网络等高新技术，大力推动文化产业升级。支持发展移动多媒体广播电视、网络广播影视、数字多媒体广播、手机广播电视，开发移动文化信息服务、数字娱乐产品等增值业务，为各种便携显示终端提供内容服务。

文化产业是科技应用最广泛、科技创新最活跃的产业之一。文化产品生产的各个环节都依赖技术支撑，包括书、报、刊、音像及电子等各类出版物的生产，广播电视节目的生产，美术及动漫和网络游戏的生产等。另一方面，数字化音乐、数字化影像更新了消费者的消费观念，除电视、电脑、手机等文化传播载体外，MP3、MP4、影碟机、数码相机和摄像机等数字娱乐消费品普及率也越来越高。最近几年崛起的网络游戏、互动电视、手机电视、IPTV（互联网传输电视）等网络文化产品，更是有着广阔的市场前景，成为提升我国文化产业国际竞争力的发展重点。与落后于国际水准的传统文化产业相比，我国的新兴文化业态处在与国际同步发展的水平，这不仅可以满足人们多方面、多层次、多样性的文化需求，而且可以把握文化产业升级的先机，提升我国文化产业的国际竞争力。

8. 扩大对外文化贸易，形成鼓励、支持文化产品和服务出口的长效机制

重点扶持具有民族特色的文化艺术、展览、电影、电视剧、动画片、网络游戏、出版物、民族音乐舞蹈和杂技等产品和服务的出口。

一个国家的对外文化贸易，不仅具有经济价值，而且具有外交、外宣功能，塑造国家形象，传播意识形态和价值观念。美国前总统里根曾经直言不讳地说政府要大力推动美国电影走向世界，因为好莱坞的电影走到哪里就把美国的价值观念和商业利益带到哪里。最早提出"软权力"论点的美国学者约瑟夫也曾指出，"软权力"受到电影和电视节目中文化内容的强烈影响。但是，我国目前在国际文化贸易领域的形势不容乐观。文化部部长蔡武表示，我国文化贸易逆差仍然较大，以演艺产品为例，我国引进和派出的文艺演出每场收入比约为10∶1，我国全部海外商业演出的年收入不到1亿美元，不及国外一个著名马戏团一年的海外演出收入。为扭转我国文化贸易逆差的现状，《文化产业振兴规划》将扩大文化对外贸易列为八大重点任务之一，并出台一系列支持文化产品和服务出口的优惠政策，支持搭建文化产品和服务出口的会展平台，鼓励民族优秀文化走出去。

为确保各项任务落到实处，《文化产业振兴规划》提出要降低准入门槛，积极吸收社会资本和外资进入政策允许的文化产业领域，参与国有文化企业股份制改造，形成公有制为主体、多种所有制共同发展的文化产业格局，要加大政府投入和税收、金融等政策支持，大力培养文化产业人才，完善法律体系，规范市场秩序，为规划实施和文化产业发展提供强有力的保障。

自《文化产业振兴规划》发布以来,国家相关部门积极落实相关政策,很多细化的举措在当前我国文化产业政策中得到体现。

第三节 当前我国文化产业政策概述

文化产业政策是国家为了促进本国的经济繁荣和文化的可持续发展,综合运用经济手段、法律手段和必要的行政手段,调整文化产业关系,规范文化产业活动而制定的政策。因此,从文化经济政策、文化法制政策和文化行政管理政策三个方面考察能比较全面反映我国文化产业政策的现状。

一、我国文化经济政策概述

文化经济政策是党和国家运用经济杠杆指导和调节文化领域的活动和经济利益而制定的一系列政策措施,是国家对文化领域进行宏观管理的一种方式。

我国文化产业发展仍处于起步阶段,相比其他产业,其投融资环境存在硬件建设周期长、无形知识产权成型期长、战略后备资源投资风险大等特点,因而常常造成市场失灵的情况。所以,要改善文化产业的投融资环境,推动文化产业市场机制的正常运作,更需要国家经济政策的介入。

(一)支持文化产业发展的财政政策

比照国际通行惯例,我国的文化产业属于文化的盈利部分,整个运转服从市场化的操作模式,但是由于我国的文化产业还在初步发展阶段,加上我国的文化产业单位大多数由事业管理转变而来,甚至有的还处于转变之中,因此,政府在投入环节也给予一定的财政扶持。总体目标是:在逐步增加财政对文化投入的基础上,安排一定数量的财政预算资金、文化事业建设费作为加快发展文化产业的引导资金,逐步建立起符合社会主义市场经济规律的文化投资机制。文化产业发展资金面向各类文化企业,采取资本金投入(参股)、无偿资助、贷款贴息等方式引导文化产业的投资方向,支持文化企业的发展。[①]

国家财政对文化产业的支持体现在三个方面:

一是通过加大对文化事业的投入间接地支持文化产业。从表面上看,文化事业是公共产品,与文化产业联系不大,但实际上对文化事业的投入也是对文化产业的间接性投资。对文化事业的投入既是对文化产业作出开源性的投资,也是对文化产业消费潜能的培养。在《国家"十二五"时期文化改革发展规划纲要》发布会上,中央宣传部副部长孙志军明确表示,国家将进一步加大财政对文

[①] 参见陈杰、闵锐武编著:《文化产业政策与法规》,中国海洋大学出版社2006年版,第58页。

化建设,特别是公共文化体系建设的投入力度。首先,财政投入增长幅度要高于财政一般性收入增长幅度;其次,要增加财政支出当中文化的占比。同时也提出要制定支持和保障公共文化服务体系建设的投入办法,要将主要公共文化服务项目、公益性文化服务活动纳入公共财政经常性支出预算,也就是说从财政管理体制上保证这些公共投入能够落实到位。明确提出中央、省、市三级要设立农村文化建设专项资金。明确提出要设立国家文化发展基金,要提高个体彩票公益金。①

二是从财政收入中按照一定比例提取资金成立专门基金支持文化产业发展。2011年7月6日,第一支国家级的文化产业投资基金——中国文化产业投资基金成立,该基金由财政部、中银国际控股有限公司、中国国际电视总公司及深圳国际文化产业博览交易会有限公司等联合发起,总规模200亿元,首期募集60亿元。目前,中国文化产业投资基金已相继投资中央重点新闻网站"新华网"、国家级大型出版发行机构"中国出版集团"等5家重量级文化企业。投资范围主要圈定在传统媒体、新媒体和文化关联行业三个领域。② 中国文化产业投资基金的运作还带动了民间和地方投资文化产业的热情,比如第一个在国家发改委获得备案通过的文化产业私募股权基金——华人文化产业投资基金。江苏、辽宁、黑龙江、宁夏等各省市地方也在纷纷设立或酝酿设立专项的文化产业发展基金或文化产业投资基金。

三是对重点文化项目或弱势但重要的文化产业行业予以财政上的奖励或贴补。文化主管部门分别设立各种文化专项资金,如优秀剧目创作演出专项资金、电影专项资金、出版基金、印刷基金、音像发展资金、文物保护资金等对重点文化项目予以财政支持。这些专项资金在财税、审计部门监督下用以扶持:(1)优秀的、民族的、传统的和高层次的文化艺术创作。(2)补充重大的节日文化活动和大型文化活动经费不足。(3)奖励作出突出贡献的文化工作者和集体。(4)抢救和保护遭到现代化冲击的传统原生态文化。

补贴政策主要面向在文化市场上处于竞争弱势但却优秀的民族的、传统的、高雅的文化部分。例如,入选我国"国家舞台艺术精品工程"前十佳的剧目,每场可获补贴8万至10万元;而由世界各国国家级院团上演并获国际公认的剧目,每场也将补贴8万元。各地也出台了此类财政支持项目,比如,浙江省宁波市政府从2002年起探索对高雅艺术演出实行政府补贴的办法,市财政每年拿出

---

① 参见孙志军:《"十二五"期间要设立国家文化发展基金》,http://www.cnstock.com/index/gdbb/201202/1845311.htm。

② 具体见中国文化产业投资基金官网。

50万元专项资金用于市文化广电新闻出版局所属剧场的高雅艺术演出补贴;2009年,佛山市拿出100万元财政资金,扶持和培育高雅艺术市场。其中,获得国家级奖项和相关认证的演出是补贴的主要对象。自2012年,上海市每年拿出500万资助实体书店。

(二)支持文化产业发展的税收政策

与管理文化事业不同,由于文化产业的市场属性,政府对其管理更多采取间接的形式,于是,税收政策上升为主要的干预手段。

国家支持文化产业的税收政策主要体现在以下三个方面:

一是财政部、国家税务总局等发文,明确了文化企业能够享受的税收优惠。

自2005年起,国家就出台了多项扶持文化产业的税收优惠政策。2009年在对原来政策进行修订、补充和完善的基础上,财政部、海关总署、国家税务总局联合发布《财政部、国家税务总局关于文化体制改革中经营性文化事业单位转制为企业的若干税收政策问题的通知》(财税[2009]34号),《财政部、海关总署、国家税务总局关于支持文化企业发展若干税收政策问题的通知》(财税[2009]31号)两个政策文件。自2009年1月1日至2013年12月31日期间对相关文化企业和企业活动提供财税优惠政策。①

1. 经营性文化事业单位转制为企业的税收优惠政策

(1)经营性文化事业单位转制为企业,自转制注册之日起免征企业所得税。

(2)由财政部门拨付事业经费的文化单位转制为企业,自转制注册之日起对其自用房产免征房产税。

(3)党报、党刊将其发行、印刷业务及相应的经营性资产剥离组建的文化企业,自注册之日起所取得的党报、党刊发行收入和印刷收入免征增值税。

(4)对经营性文化事业单位转制中资产评估增值涉及的企业所得税,以及资产划转或转让涉及的增值税、营业税、城建税等给予适当的优惠政策。

2. 支持文化企业发展的新税收优惠政策

(1)广播电影电视行政主管部门(包括中央、省、地市及县级)按照各自职能权限批准从事电影制片、发行、放映的电影集团公司(含成员企业)、电影制片厂及其他电影企业取得的销售电影拷贝收入、转让电影版权收入、电影发行收入以及在农村取得的电影放映收入免征增值税和营业税。

(2)2010年底前,广播电视运营服务企业按规定收取的有线数字电视基本收视维护费,经省级人民政府同意并报财政部、国家税务总局批准,免征营业税,

---

① "十二五"规划中明确提出2008到2013年原定的5年优化政策将继续后延5年,使得文化体制改革和文化事业发展能够持续向前推进。

期限不超过 3 年。

（3）出版、发行企业库存呆滞出版物，根据不同介质不同年限，可以作为财产损失在税前据实扣除。即出版、发行企业库存呆滞出版物，纸质图书超过五年（包括出版当年，下同）、音像制品、电子出版物和投影片（含缩微制品）超过两年、纸质期刊和挂历年画等超过一年的，可以作为财产损失在税前据实扣除。已作为财产损失税前扣除的呆滞出版物，以后年度处置的，其处置收入应纳入处置当年的应税收入。

（4）在文化产业支撑技术等领域，依据《关于印发〈高新技术企业认定管理办法〉的通知》（国科发火〔2008〕172 号）和《关于印发〈高新技术企业认定管理工作指引〉的通知》（国科发火〔2008〕362 号）的规定认定的高新技术企业，减按 15% 的税率征收企业所得税；文化企业开发新技术、新产品、新工艺发生的研究开发费用，允许按国家税法规定在计算应纳税所得额时加计 50% 的扣除。

（5）出口图书、报纸、期刊、音像制品、电子出版物、电影和电视完成片按规定享受增值税出口退税政策；为生产重点文化产品而进口国内不能生产的自用设备及配套件、备件等，按现行税收政策有关规定，免征进口关税。

（6）文化企业在境外演出从境外取得的收入免征营业税。

（7）对政府鼓励的新办文化企业，自工商注册登记之日起，免征 3 年企业所得税。该条所指的新办文化企业，是指 2004 年 1 月 1 日以后登记注册，从无到有设立的文化企业。

（8）音像制品、电子出版物适用 13% 的增值税税率。

二是将动漫产业纳入重点扶持的行业门类，给予一定的税收优惠。

由于动漫产业关联性强，发展动漫产业能带动包括漫画（图书、报刊）、动画（电影、电视、音像制品）、舞台剧、网络动漫、手机动漫等环节，而且相比其他产业门类，动漫产业与国际差距最小，最容易赶上去。更重要的是，动漫产业负有加强未成年人思想道德建设的重任。因此，动漫产业成为国家文化产业政策扶持的重中之重。2012 年 7 月 12 日，文化部发布了单列的《"十二五"时期国家动漫产业发展规划》，这是中国动漫产业受到特殊关照的又一例证。

2004 年，国家广电总局向全国印发《关于发展中国影视动漫画产业的若干意见》，这是迄今对国产动漫产业给予扶持的最重要政策提出各电视台应实行制播分离，以培养现代动画企业，建立起动漫产业链。据不完全统计，从 1999 年至 2009 年直接与动漫产业有关的线性的文化政策就有 66 条（其中不包括以文化产业为抬头的政策)。① 2006年,国务院办公厅转发了财政部、文化部等十部委出台的《关于推动我国动漫产业发展的若干意见》。自此,动漫产业开始受到各地政府和部门的重视并获得一系列财税政策支持。

为了降低动漫企业税收负担,解决中小动漫企业贷款融资难的问题,2008年12月18日,文化部、财政部、国家税务总局发布《动漫企业认定管理办法》,开展动漫企业、重点动漫产品和重点动漫企业的认定工作。《动漫企业认定管理办法》所称的动漫企业包括漫画创作企业;动画创作、制作企业;网络动漫(含手机动漫)创作、制作企业;动漫舞台剧(节)目制作、演出企业;动漫软件开发企业;动漫衍生产品研发、设计企业。动漫产品包括漫画、动画、网络动漫(含手机动漫)、动漫舞台剧(节)目、动漫软件、动漫衍生产品等。规定动漫企业自主开发生产的动漫产品收入占主营收入不得低于50%,经认定的动漫企业享有国家财税方面的优惠政策。

2009年,财政部、国家税务总局发布了《关于扶持动漫产业发展有关税收政策问题的通知》。根据该通知,在2010年12月31日前,对属于增值税一般纳税人的动漫企业销售其自主开发生产的动漫软件,按17%的税率征收增值税后,对其增值税实际税负超过3%的部分,实行即征即退政策。动漫软件出口免征增值税。经认定的动漫企业自主开发、生产动漫产品,可申请享受国家现行鼓励软件产业发展的所得税优惠政策。对动漫企业为开发动漫产品提供的动漫脚本编撰、形象设计、背景设计、动画设计、分镜、动画制作、摄制、描线、上色、画面合成、配音、配乐、音效合成、剪辑、字幕制作、压缩转码等劳务,在2010年12月31日前暂减按3%税率征收营业税。作为首批通过文化部、财政部、国家税务总局认定的百家动漫企业之一,北京卡酷动画卫星频道有限公司2009年即减免税负270余万元,直接为公司的发展创造了更加有利的条件。②

2011年5月,在文化部的积极推动下,经文化部会签,由财政部、国家税务总局、海关总署联合发布了《动漫企业进口动漫开发生产用品免征进口税收的暂行规定》,对处于发展初期的我国动漫企业进口相关动漫开发生产设备用品给予了有利的扶持,对经文化部、财政部、国家税务总局认定的动漫企业进口动漫开发生产用品,实施免征进口税收政策,免税税种包括进口关税及进口环节增值税。这是文化产业领域首次获得减免进口税收的优惠政策。

在中央和地方动漫产业扶持政策的支持下,我国动漫产业得以实现跨越

---

① 胡惠林主编:《我国文化产业政策文献研究综述 1999—2009》,上海人民出版社2010年版,第304页。

② 参见《动漫产业的春天正在到来 文化产业"十二五"规划中动漫游戏产业》,http://stock.sohu.com/20111117/n325909094.shtml。

式发展。据有关统计数字,1993—2003 年,我国国产动画片总产量仅为 4.6 万分钟,而到了 2009 年仅一年的产量就超过了 17 万分钟。[1] 但是,我国动漫产业在高产出的同时,真正能叫得出名的高质量作品却少之又少,如何运用财税政策杠杆,将动漫产业引导到质与量共赢的层次,是下一个阶段政策的着力点。

政策透视

对动漫产业补贴政策的反思[2]

2012 年 5 月底,国产动画电影《戚继光英雄传》的一段 3 分钟预告片的播出再次引发人们对我国动漫产业补贴政策的反思。这部被批评为"投资了千万元却做出了 Flash 水平"的动画电影,成为动漫业依靠补贴投机"跨越式发展"的注脚。

这部动画片出自浙江省余姚市的第一家动漫制作企业——河姆渡动漫文化发展有限公司。在政策方面,河姆渡动漫与其他文化企业一样,享受《余姚市扶持文化产业发展的实施办法(意见征求)》规定的政策。《余姚市扶持文化产业发展的实施办法(意见征求)》规定,文化产业园区入驻企业签约租期达到三年及以上且签约率 50% 以上的,将获得租金补助,即第一年补助 100%,第二年补助 70%,第三年补助 50%。从文化企业入驻之年起五年内,还按其实现销售(营业)收入、利润总额形成的地方财政贡献部分的 50% 给予奖励。

为入园的动画创作者提供数年免费或折扣的房租优惠,是各地政府财政扶持动漫产业的普遍做法之一。类似余姚市的入园优惠政策在全国各地比比皆是,其结果是形成了我国动漫产业建设中的"基地冲动"现象。截至 2010 年底,全国成立各级动漫产业基地超过 40 个。但是,杭州市文三路电子信息街区管委会副主任傅阳说到:"基地靠单纯的租金补贴和税收优惠,或许可以短期内吸引企业入驻,但是难以维系,企业在政策优惠到期后,往往会拔腿走人。""那些低价或者免费得到的园区土地,则会转而开发房地产。"

为本地创作的动画片在播出上提供每分钟从几百到几千元的奖励,是我国

---

[1] 参见祁述裕、王列生、傅才武主编:《中国文化政策研究报告》,社会科学文献出版社 2011 年版,第 102 页。
[2] 《动漫行业喂奶式补贴反被投机取巧者钻空子》,http://www.dongman.gov.cn/cygc/2012-07/23/content_58316.htm。

地方政府扶持动漫产业的第二种做法。以杭州市西湖区为例,该区内企业原创动画电影只要符合"一小时以上片长、在院线上映",即可从西湖区拿到50万元上映奖励,此外还有市级和中央级的奖励。而"即使上映一天,也算上映过了,如此就可申请各种补贴,参加官方各种评奖"。为了达到补贴标准,于是出现了很多24点后上映的动画片。播出标准还导致了中国动漫产业的一个怪现象,那就是电视台成了补贴政策的最终受益者。"现在的片子要在电视台播,反而要付费给电视台,今年以来,又更进一步了,还要给你(电视台相关负责人)私人好处。"上海城市动漫有限公司总经理刘军如是说。

结合我国地方政府对动漫产业的以上两种做法,可以了解到一部动画片的资金奖励情况如下(以上海市宝山科技园内的一家动漫企业的原创动画产品为例):

根据园区政策,在中央电视台播出,每分钟奖励企业1000元,最高额度是30万元;在省市级电视台播出,每分钟奖励500元,最高额度是20万元;在境外主流媒体播出,每分钟奖励1500元,最高额度是50万元。此外,获得国际性重大奖项的动漫游戏原创作品,一次性奖励100万元。

根据上海市政策,在中央电视台播出,可获每分钟800元奖励;在省级电视台播出,每分钟600元。收视率在上述两级电视台年度排名前十位的,也有适度追加奖励。上映一年内国内票房收入在500万元以上的,择优给予企业奖励,最高额度50万元;在网络、手机动漫(包括播出收入、产品授权收入)产品销售年收入15万元以上的,择优给予奖励,最高10万元。

在国家层面,还可以申请中国文化艺术政府奖动漫奖、国家动漫精品工程、国产影视动画扶持项目等,奖金数目不等。此外,针对动画的剧本创作,上海市还有额外资助,资助金额在2万元至40万元之间。

根据上述不完全统计,一部在中央电视台播出过的动画节目,每分钟基本补贴就近2000元。

除去这些固定奖励,还有很多针对企业不同性质、规模、发展阶段的政策优惠和补贴,灵活可控。

各地的政策不同,也催生出了相应的畸形产品。在2011年,国产动画片《高铁侠》(2011年)被指出全面抄袭日本动画片《铁胆火车侠》(1998年)。事后,自称该片制作方的沈阳非凡创意动画制作有限公司内部员工爆料称,公司此举是为了完成政府补贴的要求:要在2011年完成1万分钟的生产量,才可以获得相应补贴,于是采用了"按照经典老动画的剧情和分镜,直接改造成3D动画,动画人员只需要按照原动画抠动作"的捷径。

在第八届中国国际动漫游戏博览会的相关论坛上,多位业内人士表示,近几年的动漫产业是在政府的政策拉动下,被强行拔高,求量不求质的"大跃进"发展模式不利于动漫产业的真正成长。

三是对那些优秀的、面向特殊群体的文化产品的生产与服务采取差别税收或税收优惠政策。

中央和地方政府对文化企业的税收优惠扶持不是撒胡椒面,而是采取差别政策,即对不同的文化产品实行比较合理的、比较切合实际的不同税率或减税退税。比如,2011年12月7日发布的《财政部国家税务总局关于继续执行宣传文化增值税和营业税优惠政策的通知》明确,对于(1)中国共产党和各民主党派的各级组织的机关报纸和机关期刊,各级人大、政协、政府、工会、共青团、妇联、科协的机关报纸和机关期刊,新华社的机关报纸和机关期刊,军事部门的机关报纸和机关期刊;(2)专为少年儿童出版发行的报纸和期刊,中小学的学生课本;(3)专为老年人出版发行的报纸和期刊;(4)少数民族文字出版物;(5)盲文图书和盲文期刊;(6)经批准在内蒙古、广西、西藏、宁夏、新疆五个自治区内注册的出版单位出版的出版物,在出版环节执行增值税100%先征后退的政策,对少数民族文字出版物的印刷或制作业务执行增值税100%先征后退的政策。

总体上说,国家税收差别政策的倾斜对象主要是:(1)小众的民族文化和高雅文化,比如芭蕾舞剧、地方戏曲、交响乐等。(2)政府倡导的扶持老少边穷地区、为少年儿童及农民服务的文化。(3)重点扶持的文化产业,比如动漫产业。国家通过税收差别政策,将低俗文化和高雅文化、弱势文化地区文化群体和强势文化地区文化群体、重点扶持文化产业和一般扶持文化产业区别对待,从而培育健康的文化产业环境。

(三) 支持文化产业发展的金融政策

《文化产业振兴规划》颁布之后,2010年3月,中宣部、人民银行、财政部、文化部、广电总局、新闻出版总署、银监会、证监会、保监会9部门联合印发了《关于金融支持文化产业振兴和发展繁荣的指导意见》。这是近年来金融支持文化产业发展繁荣的第一个全面的金融政策,是金融系统贯彻落实党中央、国务院关于文化产业发展振兴的具体举措。

目前,金融支持文化产业的主要方式是银行贷款、风险投资和发行债券。其中,银行贷款是文化企业融资的主要来源,约占全部融资的92%。[1]

---

[1] 参见祁述裕、王列生、傅才武主编:《中国文化政策研究报告》,社会科学文献出版社2011年版,第216页。

长期以来,文化企业在获得商业银行的贷款上普遍困难,原因在于:文化产权的归属问题不易界定、转让困难,商誉和品牌等无形资产难以评估;企业固定资产少,难以办理抵押贷款;文化产品的开发周期长,经营风险较高。

针对文化企业资产"看得见,摸不着"的特征,为解决文化企业融资难问题,金融部门积极推动金融产品和服务方式创新,比较普遍的模式是版权质押贷款。2008年5月,北京银行以"版权+票房收益担保"方式先后向华谊兄弟影视公司《集结号》、《非诚勿扰》等影片制作提供总额为1亿元的贷款支持,这是国内第一单无专业担保公司担保的"版权质押"贷款。2009年3月,中国工商银行北京分行宣布对华谊兄弟传媒股份有限公司通过打包审批,核准发放项目贷款1.2亿元。贷款用于支持华谊兄弟公司2009—2010年4部电影的摄制与发行,这4部电影为吴镇宇的《追影》、陈国富与高书群的《风声》、徐克的《狄仁杰》与冯小刚的《唐山大地震》。这是当时国内金融机构发放的用于影视内容生产的最大一笔贷款。截至2009年9月,对华谊兄弟公司、保利博纳公司、海润影视公司、金典传媒公司等电影企业贷款总额达41.7亿元。[①] 2011年,国内原创动漫品牌"张小盒"获得中国银行300万元的贷款,这是国内首例动漫形象抵押贷款,也是金融支持文化产业的一个典型案例。[②]

资本市场也积极开拓对文化企业的支持渠道。自1992年5月上海东方明珠成为第一家文化上市企业以来,歌华有线、时代出版、广电网络等优质企业在A股主板市场进行了融资,奥飞动漫、天威视讯等在中小板市场进行了融资,华谊兄弟、蓝色光标、华谊嘉信等在创业板进行了融资。目前,中国A股市场约有30家文化类上市企业,总市值近2000亿元。[③]

二、我国文化行政管理政策概述

2009年,网络游戏《魔兽世界》的许可权纠纷[④]再次引发人们对文化大部制改革的关注。大部制,即大部门制,就是在政府部门设置中,将那些职能相近、业务雷同的事项相对集中,由一个部门统一管理,最大限度地避免行政职能交叉、政出多门、多头管理,从而达到提高行政效能、降低行政成本的目标。大部制改革,始见于党的十七大报告。报告在部署未来行政管理体制改革时指出,要"加

---

① 参见祁述裕、王列生、傅才武主编:《中国文化政策研究报告》,社会科学文献出版社2011年版,第219页。
② 参见白炜:《中小动漫企业获得"成长雨露"》,载《中国文化报》2011年9月14日第7版。
③ 参见《马德伦:文化产业发展中的金融服务问题》,http://finance.sina.com.cn/leadership/mroll/20100920/01168683705.shtml。
④ 参见傅才武、纪东东、姜文斌:《文化市场一体化进程与文化行业体制的结构性矛盾及其因应策略——基于〈魔兽世界〉网络游戏主管权两部委论争事件的分析》,载《江汉论坛》2010年第5期。

大机构整合力度,探索实行职能有机统一的大部门体制"。对于文化大部制,有关专家给出的答案也是非常明确的,"从国家大部制改革的方向和趋势来看,文化、广电和新闻出版合并管理是大势所趋"①。实行文化大部制,既是国家提高行政管理效率的要求,也是对当前数字化技术与网络冲击传统文化行政管理体制的回应。

随着我国社会主义计划经济转入社会主义市场经济,作为社会资源内容之一的文化资源的配置也更多地受制于市场。为适应建立市场经济体制的要求,我国政府在现行文化行政管理体制内进行了两个大动作:

一是谋划文化体制改革,将经营性文化事业单位通过转制或改制,转化为文化企业,然后推向市场。

文化体制改革正式启动于 2003 年 6 月,以中央召开的文化体制改革试点工作会议为标志。

文化体制改革的政策要点可以概括为两分法、一重点、三坚持。两分法:根据公益性和经营性两种不同功能,把现有国有文化事业单位划分为公益性事业单位和经营性事业单位两类,区别对待,采取不同的政策进行改革。一重点:通过转企改制,做大做强国有文化企业。三坚持:坚持党的喉舌性质不变;坚持党管干部不变;坚持正确的舆论导向不变。②

对于公益性文化事业单位,予以保留,而且将"增加投入、转换机制、增强活力、改善服务"作为公益性事业单位的发展方向的指导原则。予以保留的公益性事业单位有这样四类:一是承担党和国家喉舌功能的文化事业单位,如新华社、人民日报社、求是杂志社、省级党报社与党刊社等;二是传承民族文化遗产的文化事业单位,如京剧剧团、昆曲剧团等。三是向公众提供公益文化服务的公共图书馆、文物馆、博物馆、纪念馆。四是面向社区提供公共文化服务的文化馆(站)。

对于经营性文化事业单位,其改革的指导原则是"创新体制、转换机制、面向市场、增强活力"。经营性文化事业单位专职或改制的方式有两种:一种是整体转制,另一种是对重要媒体的经营性部分剥离转制,如电视台要把广告、节目制作、传输网络剥离出去,这些剥离出去的部分,可以引入社会资本,成立股份公司,联合经营。以上海文广新闻传媒集团为例,体制改革后的事业部分即上海广播电视台,主要肩负广播电视新闻宣传、频道频率管控、技术平台播出运营等职

---

① 祁述裕、王列生、傅才武主编:《中国文化政策研究报告》,社会科学文献出版社 2011 年版,第 17 页。

② 参见同上书,第 6 页。

责。企业部分为上海东方传媒集团有限公司(SMG),是在工商部门登记注册的企业法人。其核心业务涵盖少儿动漫、综艺娱乐、影视剧、财经、新媒体、电视购物、体育赛事、纪录片、生活时尚、大型活动等,涉及内容制作、投资运营等多个领域,并积极进行跨媒体、跨地域拓展,构建完整产业链。

为指导文化体制改革,有关部门出台了许多文件。其中,最重要的是《国务院办公厅关于印发文化体制改革中经营性文化事业单位转制为企业和支持文化企业发展两个规定的通知》。该文件为改企中的原文化事业单位提供税收优惠,帮助其逐步适应市场运作,增强其走向市场的信心。

二是相应地转变政府的文化宏观管理模式,从微观直接管理转到宏观间接管理。

随着文化市场化步伐的加快,政府的文化行政管理方式也随之发生转换,管理职能从以往的办文化转到了管文化,从管文化转到了服务文化。具体在管理模式、管理手段和管理内容上得以体现:

在管理模式上,以宏观调控为主。相对于计划经济体制下的"国家包办一切"模式,宏观管理的核心就是"简政放权"。宏观体现在以政策指导、法规调整、信息服务、检察监督为政府管理的主要内容,保证文化企业和文化经营者的经营行为和经营方向在国家政策、法律的规定范围内。特别是对经营型的文化企业,比如发行集团、文艺院团(除部分文化产品,如高雅的和传统稀有的文艺产品需要政府做单项补贴外)、文化娱乐企业等,它们是以盈利为主的,政府就放手让它们进入市场,只要基本方向正确,更多地通过市场实现对它们的管理。

在管理手段上,以间接管理为主。间接就是借鉴英国的"一臂间隔"模式,发展文化经纪机构、文化咨询评估机构、作家艺术家权益保护机构等文化中介组织和相关机构,规范文化行业组织的行为方式,把不属于政府管理的职能下放给文化中介机构和行业组织,使转变政府职能和发挥行业组织的作用统一起来。间接管理是社会主义市场经济条件下政府管理文化企业的基本准则,即政府通过调节文化市场实现对文化企业的管理。

在管理内容上,体现以"服务"为主,"管理"与"服务"相结合。在计划经济向社会主义市场经济转变的过程中,其市场经济体制的功能,要求政府的管理必须走向主要为企业服务的功能定位上,实现由管理经济向服务经济转变。在具体做法上,就是处处为文化企业着想,制定相关有利于文化企业发展的举措。比如 2006 年 5 月,广电总局公布实施了《电视剧拍摄制作备案公示管理暂行办法》,改"题材立项审批管理"为"电视剧拍摄备案公示管理",减少了行政审批环节,把题材选择和剧目制作的主动权交到制作公司手中,制作公司可以根据市场自行选择决定拍摄题材,通过市场竞争实现优胜劣汰。可以说,由审批改为备案是对市场经济条件下政府文化行政管理由管理为主向服务为主转变的最好诠释。

三、我国文化法制政策概述

文化法制建设是文化产业发展的重要保证,因为将文化推向市场,意味着文化的经营管理要服从市场经济的运行规律。而市场的趋利性会使文化产业在体现国家的文化意志、追求社会效益、弘扬高雅或民族优秀文化等方面受到削弱,这时候,运用法律手段弥补文化市场化的缺陷就必不可少。

长期以来,因为文化的意识形态属性,所以我国对文化领域的规管方式始终以政策推动为主。政策推动方式有制定成本低、速度快、见效快、修改完善的程序简单等优点,但是政策推动也易造成时效短、不稳定和人治色彩。相比之下,法制方式不仅是建设社会主义法治国家的需要,"就我国文化产业的长远发展而言,法律促进是更为重要、更为基础的方式,它有利于构建良好的制度基础,形成稳定的制度体系和规范化的发展秩序、提升政策的推动实效"。因此,"以法律促进为基础、以政策推动为补充,是未来促进我国文化产业发展的科学方式和必然选择"①。

党的十七届六中全会通过《中共中央关于深化文化体制改革推动社会主义文化大发展大繁荣若干问题的决定》,明确提出加快文化立法、提高文化建设法制化水平的要求,为加强文化法制建设提供了基本方向。

在党的文化法制建设方针指导下,我国文化法制工作大体在以下三个方面开展了积极的活动:

第一,法律层面的立法和修法。

针对我国法律层级上的文化法律偏少的事实,近年来我国加快了文化法律的立法步伐。在2006年发布的《国家"十一五"时期文化发展规划纲要》提出,要抓紧研究制定非物质文化遗产保护法、图书馆法、广播电视传输保障法、文化产业促进法、电影促进法和长城保护条例;2012年发布的《国家"十二五"时期文化改革发展纲要》再次提出,"加快文化立法,制定和完善公共文化服务保障、文化产业振兴、文化市场管理等方面法律法规,将文化建设的重大政策措施适时上升为法律法规"。上述列入立法规划的诸法,有的处于调研草拟中,有的进入立法程序,有的已经正式颁布,比如《非物质文化遗产法》。《非物质文化遗产法》的颁布,使得我国的文化法律在《著作权法》、《文物保护法》两部的基础上又

---

① 祁述裕、王列生、傅才武主编:《中国文化政策研究报告》,社会科学文献出版社2011年版,第15页。

增加了一部。

第二，法规和政策层面的立改废。

针对我国文化部门法规的重复立法甚至法规冲突的现象，近年来，国家明显加快了法规立改废的步伐。在重新梳理法规规章的过程中，对一些法规规章作了修改调整，一些部门规章则予以废止。以广电总局为例，2009年第58号令《关于废止部分广播影视规章和规范性文件的决定》一次就废止了4个规章和60个规范性文件。2010年第65号令《关于废止部分广播影视规章和规范性文件的决定》一次就废止了1个规章和154个规范性文件。

第三，文化市场领域实行统一综合执法。

文化法制建设，不仅体现在立法和修法，而且还要体现在执法环节。"立法如林，执法如零"的现象在我国的文化法制领域也不同程度地存在，对此，文化市场行政执法方面进行了管理体制创新，在文化市场领域实行统一综合执法。

针对文化市场管理中长期存在职能交叉、多层执法、多头执法和管理缺位等现象，2004年8月，我国启动文化市场综合执法改革，紧紧围绕转变政府职能、提高管理效能，积极推进副省级及以下城市组建统一的文化市场综合执法机构，加快构建科学有效的文化宏观管理体制。通过统一综合执法改革，原来分属不同文化管理部门的执法力量被整合起来，"五个指头"攥成了"一个拳头"，大大提高了文化市场的行政管理效率。2011年12月6日，文化部还发布了《文化市场综合行政执法管理办法》，使得文化市场执法有了统一的法律规范。

▶ 复习思考题

1. 解读《文化产业振兴规划》，并思考：

(1) 为什么《文化产业振兴规划》在2009年出台？

(2)《文化产业振兴规划》的提出对我国文化产业的发展意味着什么？

(3) 自《文化产业振兴规划》提出后，国家在知识产权保护上力度明显加大，为什么？

2. 研读国家广播电影电视总局印发的《关于发展我国影视动画产业的若干意见》并查阅相关资料，请思考：

(1) 文化产业门类那么多，为什么国家着重发展影视动画产业，其优势何在？

(2) 为支持发展动画产业，我国政府采取了哪些对策和措施？

(3) 我国很多国内有一定知名度的动画片，一到海外市场就败下阵来。有人认为这是国家扶持政策造成了国产动画片的先天软骨病。与其打造一个暖箱

"圈养",不如狠心放到国际市场"散养",在自生自灭的同台竞争环境中练就强健体魄。对此,你怎么看?

3. 为什么说文化产业化是我国抓住入世机遇,迎接入世挑战的唯一途径?
4. 简述我国文化经济政策、文化法制政策、文化行政管理政策的概况。

第三章 我国文化立法和文化产业法律环境

本章提要：结合当前国内外的形势，文化立法工作已迫在眉睫。这是建设社会主义法治国家目标的需要，是与国际接轨的需要，更是文化事业和文化产业健康发展的需要。从法的渊源看，我国文化法律体系构成包括宪法、法律、行政法规、地方性法规、行政规章，还包括中国共产党机关和政府有关部门颁布的一些关于文化管理部门的规范性文件。从现有文化法律体系的构建看，我国文化立法主要集中在文化管理类法律体系的构建上，这是以宪法为核心，以横向的文化管理一般法为基础，以纵向的各文化部类管理法规为主体构成的文化法律体系。由此，文化产业管理法律体系可以界定为：以宪法为核心，以横向的文化产业管理一般法为基础，以纵向的文化产业各行业门类管理法为主体的法律体系。我国文化产业的法律环境是指文化产业需要遵循的全部法律规范，它跨越各个法律部门，涉及多种法律和其他各类法律性文件，表现为一个相当庞大的法律群。

导入　　　　　　　　　　　　　　　　　　　>>>

"2004年3月，王兴东在全国政协十届二次会议上，提交了《加快电影立法步伐，全面促进电影产业法治化》的提案，他指出，多少年来，中国电影背负着沉重的政治包袱，从批判《武训传》到批判《清宫秘史》，从对电影《创业》的封杀和解救，到拨乱反正被禁10年的电影作品重见天日，电影曾经成了意识形态政治斗争的替罪羊。时至今日，中国电影仍是婆婆多、无形的禁律多，严重阻碍电影产业的发展，他强烈呼吁国家尽快制定出台电影法。"[1]

每当笔者提到上述这段文字，总有学生不解地问笔者两个问题：一是"为什

---

[1] 杨丽娅、姜静楠、胡春景：《中国电影业立法完善的法律思考——〈电影管理条例〉透析》，载《山东社会科学》2005年第3期。

么电影立法就能避免电影成为政治斗争替罪羊的悲剧"？二是"为什么电影立法就能破除电影产业发展的诸多阻碍"？第一个问题的回答涉及人治与法治的区别,第二个问题的回答涉及政策与法律法规的区别。简言之,有了电影法,就能少些人治色彩,还能在保护与扶持政策所不能及的地方促进电影产业的发展。

电影立法是整个文化领域立法的缩影,电影产业法律环境也是整个文化产业法律环境的缩影,从电影产业的话题出发,本章将探讨文化立法和文化法系建设的问题,并借以考察文化产业发展的法律环境。

第一节 我国的立法体制和文化立法探讨

一、我国的立法体制

我国宪法规定的立法体制为一级多层次的立法体制。宪法规定："全国人民代表大会和全国人民代表大会常务委员会行使国家立法权。"这就说明我国只有全国人大及其常委会是集中统一行使国家立法权的机关。又因为我国是单一制国家,其基本特征是单一的最高国家权力机关制定单一的宪法,最高权力机关的立法具有最高的法律效力,是制定其他一切具有法的效力的规范性文件的来源。因而,我国的立法体制是一级立法体制。但是,根据我国的国情,为了有效地管理国家各方面的事务,宪法又赋予不同层次的国家行政机关和地方国家权力机关法规创制权。我们称这种立法体制为一级多层次的立法体制。

在我国,国家立法权只能由最高权力机关即全国人民代表大会及其常务委员会行使,它制定的法律是其他各种法规的立法依据,作为国家的最高权力机关,它享有运用法律调整国家和社会生活中基本的、带全局性问题的权力。

我国的最高国家行政机关是国务院,它是最高国家权力机关的执行机关。宪法赋予国务院"根据宪法和法律,规定行政措施,制定行政法规"的职权。国务院所享有的这种行政法规创制权是从属于宪法和法律的,是从国家立法权中派生出来的权力。国务院制定的行政法规,都是执行宪法和法律的,是对宪法和法律的具体化。国务院各部、各委员会根据法律和国务院的行政法规、决定、命令,在本部门的权限内,发布命令、指示和规章。

宪法还赋予省、直辖市的人民代表大会和它们的常务委员会地方性法规的创制权。地方性法规的效力低于法律和行政法规。在民族自治地区,人民代表大会有权依照当地民族的政治、经济和文化的特点,制定自治条例和单行条例。

通常我们把由最高国家权力机关制定的规范性文件称做"法律";最高国家行政机关制定的,称做"行政法规";最高国家行政机关的工作部门(如文化部)

制定的,称做"行政规章";省级地方权力机关(人大及其常委会)制定的,称做"地方性法规"。

按照《立法法》的规定,宪法和基本法律、法律是我国法的主要形式。行政法规、地方性法规、行政规章等,是从属于法律的规范性文件,也是我国法律体系的组成部分,同样是体现了国家意志的具有强制力的社会规范,但它们的法律地位和法律效力要依次低于宪法和法律。下位阶的法若与上位阶的法发生抵触,由有关机关依法予以改变或者撤销。地方性法规与行政规章之间不一致,由有关机关依法作出裁决。

不同位阶的法在体现国家强制力方面也是有差别的。如设定行政处罚种类的权限,依照《行政处罚法》的规定,法律可以设定各种行政处罚,而且限制人身自由的行政处罚,只能由法律规定;行政法规可以设定除限制人身自由以外的行政处罚;地方性法规可以设定除限制人身自由、吊销企业营业执照以外的行政处罚;规章只能在法律、行政法规规定的行政处罚行为、种类和幅度的范围内作出具体规定,尚未制定法律、行政法规的,规章只能对违反行政管理秩序的行为设定警告或者一定数量罚款的行政处罚;其他的任何规范性文件都不得设定行政处罚。再如,设定行政许可的权限,依照《行政许可法》的规定[①],由法律设定;尚未制定法律的,行政法规可以设定;尚未制定法律、行政法规的,地方性法规可以设立行政许可;尚未制定法律、行政法规和地方性法规的,因行政管理的需要,确需立即实施行政许可的,省、自治区、直辖市人民政府规章可以设定临时性的行政许可,但有一定限制。《行政许可法》排除了国务院各部委制定的部门规章设立行政许可的权力,部门规章只可以在上位法设定的行政许可事项范围内,对实施该行政许可作出具体规定。

二、文化立法探讨

长期以来,由于文化领域的意识形态属性,我国在文化立法工作方面一贯坚持政策调控、立法谨慎的原则。所以,相对我国的经济立法、民事立法、科技立法而言,我国的文化立法处于初级阶段,文化法律法规也尚未形成一个完整合理的科学体系,现有文化法规的数量、层次与依法治国、建设社会主义法治国家的目标相比还有不小的差距。

但是,结合当前国内外的形势,文化立法工作已迫在眉睫。

首先,这是建设社会主义法治国家目标的需要。

据不完全统计,自 1949 年中华人民共和国成立至今,国家已经制定了有关

---

① 参见《行政许可法》第 12、13 条。

文化的法律、行政法规、部门规章及规范性文件九百余件。① 但是，其中属于由全国人大常委会制定的法律很少，到目前为止，只有《文物保护法》、《非物质文化遗产法》和《著作权法》三部，许多重要的、基本的法律如《出版法》、《传媒法》、《文化产业促进法》、《演出法》、《电视法》、《电影法》、《艺术品市场法》等都尚未制定出台。有的只是大量的行政法规和部门规章。

从狭义上讲，创制"行政法规"、"行政规章"和"地方性法规"的行为，不属于立法活动，而是属于执行宪法和法律的执法行为。

在民主社会，由立法机关立法，行政机关执法，是民主最基本的要求和体现。行政机关颁布的法规、规章和规范性文件，应该是为执法所需进行的对法律的具体化。但事实是，现在本来应由立法机关立法确立的公民的宪法权利和组织机构建设的文化领域内的那些事务，却由行政机关的行政法规、规章和规范性文件填补，为什么？很简单，就是执法者做了立法者的事，执法者既是规则的制定者，又是规则的执行者，民主性、公开性怎么保证？宪法赋予的公民文化权利如何保障？这也是法律与法规、规章的重要不同之处。

因此，通过全国人大立法，填补我国公民文化权利和文化组织机构建设方面的立法空白，已经成为我国社会主义民主与法制建设的一项十分紧迫而重要的任务。

其次，这是与国际接轨的需要。

加入WTO以后，我国文化法制建设面临着机遇与挑战并存的局面。机遇表现在：我国文化领域的商品国际贸易、服务国际贸易、与投资有关的贸易，将会随着WTO法律法规中一系列的原则，如非歧视原则、自由贸易原则、透明和可预见原则、公平竞争原则等在我国的实施和遵守而日益发展。挑战表现在：WTO法律规范中一系列的原则在我国的实施和遵守，要求我国政府将与商品国际贸易、服务国际贸易、与投资有关的文化活动管理，纳入公开透明的、与WTO规则不违背的法律法规之中。以WTO的基本原则——国民待遇原则为例，该原则规定，外国人在法律地位、诉讼程序以及投资等方面享有不低于本国人的待遇，从而消除给予外国人在货物贸易、服务贸易、投资、知识产权方面的歧视性待遇。而我国以行政法规或部门规章形式呈现的许多文化法规，由于计划经济时代的遗留问题和出于部门或行业利益的关照，其中许多条款内容都不符合国民待遇原则。这就要求我国政府必须对现行文化法律法规进行必要的修正，同时加快文化政策法律化的步伐，以适应客观形势的需要。

---

① 参见顾肖荣、徐澜波、张明坤：《上海文化立法规划和文化法律思想研究》，载《政治与法律》2003年第1期。

最后,文化领域特别是文化产业领域呼吁文化立法。

健全的文化产业法制环境是文化产业健康发展的制度保证。经过二十多年发展实践的我国文化产业正在呼唤一个稳定、公平、有力的文化产业法制体系。

长期以来,受制于计划经济体制模式的管理要求,我国文化法制的基本功能局限于约束性控制式管理、以所有制或其他非能力性要素区别对待各种民事主体进入文化市场,以及为了部门权力和利益而立法等方面。以民营书店为例,同样是书店,国有书店不必承担高额房租,能享受增值税先征后返的优惠,还有旱涝保收的中小学教材发行的利润,而民营书店却无法享受这些有利条件。推而广之,民营博物馆、民营剧团、民营影视节目制作商……都面临这样的一种不公平的竞争环境。而造成这种不公平的源头之一在于文化产业相关法律的缺失,代之以大量的行政法规和部门规章。因为行政法规或规章体现的只是政府相关管理部门的意志,出于部门权力和利益的考虑,非国有或非部属地位的民营企业的意志自然就难以得到体现了。

文化产业的蓬勃发展离不开民营主体的参与,但是,由于文化产业法制体系的不健全,不仅使得民营主体在市场进入门槛上,也包括民间资本和外来资本在投资、税收、市场管理等方面都面临法律地位、权益保护、退出机制等核心问题上处于不公平的环境。文化产业化,意味着按照市场规律自发地调节和引导文化资源配置以及文化产业的生存、发展秩序,而用行政手段代替法律手段干扰了文化产业的市场秩序,因此,文化产业发展要求公平的生存环境,这需要法律制度的保障。目前,随着文化体制改革深化,一批文艺团体面临转制,从事业单位转为企业。如果没有相关的法律依据、法律保障,转企工作将十分艰难;同时,走向市场后,对它们的管理缺乏法律依据。正如2008年全国艺术创作座谈会文化部副部长陈晓光表示的那样:"这些问题如果不解决,很难形成党委领导、政府管理、企事业单位依法运营的局面。甚至会导致市场准入和监管的混乱,最后损害的是整个文化事业。"[①]

相对于政策的变动性和人治性而言,法律手段具有效率高、手段公平、标准具体、界限明确的优点。从激励文化艺术创作的角度分析,只有文化立法才能让文化艺术创作者真正放开手脚,挣脱无形有形的束缚。当下,人们普遍认同的一点是:我国文化产业与世界文化产业大国相比,最薄弱的环节是创作,以电影产业为例,《阿凡达》的纳美人由我国的电影特技工作者制作完成,可见,在技术层面我国的电影工业已经达到国际水准,但是,没有好的创作却在制约我国的电影

---

① 《文化部副部长陈晓光:加快文化立法规范文化市场》,http://news.163.com/08/0425/08/4AC2HBJE000120GU.html。

产业,而创作之所以"缺钙"其实缺的正是立法的保障。巴金先生曾呼吁:"希望有一个'文艺法'来保护自己","这样一来,文艺工作者就可以'安全生产',避免事故了"①。

文化产业的健康发展不仅需要立法保障创作环节,创建一个公平的竞争环境,而且整个文化产业的运作环节也同样呼吁文化立法。

2009年12月14日至16日,全国政协教科文卫体委员会"文化产业促进法立法研讨会"在广西举行。会上,全国政协委员、电影导演尹力认为,中国电影业就是因为缺乏一部具体的法,导致了无论从民众的认识上还是从电影生产上都存在很多"误区"。如大家对电影分级的认识就普遍误读了,很多人一提"分级"马上会联想到这是不是要允许拍三级片。其实电影的分级制度,目的恰恰是为了保护包括青少年在内的普通观众的。没有分级制度,电影市场事实上是比较"乱"的。一方面,不良的电影从业者为吸引观众眼球,往往在镜头中夹带一些血腥的和不宜的"私货";另一方面,因为没有法条的约束,电影的审查者就可能以个人的审美好恶代替观众的审美好恶,从而导致电影制作方在人力、物力、财力上的损失和浪费。全国政协委员、文化部文化市场司副司长张新建对此有同样看法。他认为,文化产业立法的目的是要充分尊重文化市场的主体性和维护市场的尊严。以北京一地演出为例,北京的演出尽管比较热闹,但挣钱的演出却不多,这是为什么?张新建指出,有些政府出资搞的项目常常破坏了市场的规则。上海张江数字基地的代表希望通过产业立法解决文化企业面临的实际问题。他们用"发展上没有安全感"描述旗下网络运营商在拓展业务时的心态:"我们能做什么,不能做什么?——需要指导和规范。"上海盛大数字集团的代表也有同样诉求:"对于我们来说,哪些是可以做的,哪些是不可以做的?希望政府通过法律来明确。"②

由于文化产业是新兴产业,文化产业领域暂时缺乏相应的立法可以理解。但是,法制环境的不完善,政策的不确定性正在带来不少负面影响,进而影响了文化产业的发展进程。

只有加快文化立法,才能让文化事业和文化产业在法律的保障下自由生长,从而促进我国社会主义文化的大发展大繁荣。

---

① 巴金:《随想录》(第一集),人民文学出版社1986年版,第124页。
② 王小宁:《推动文化产业立法正当其时》,http://epaper.rmzxb.com.cn/2009/20091228/t20091228_294701.html。

第二节　我国文化法律渊源和现有文化法律体系

一、我国文化法律渊源

从法的渊源看,我国文化法律体系构成包括宪法、法律、行政法规、地方性法规、行政规章,还包括中国共产党机关和政府有关部门颁布的一些关于文化管理部门的规范性文件。其中,宪法对国家文化事业的发展作出方向性、纲领性的规定。法律是指由全国人大和人大常委会制定的法律,在文化领域,这类法律并不多。国务院及有关部门制定的行政法规和规章在文化事业和文化产业活动中起着主体性作用。地方性法规则起着区域性、补充性作用。法规性文件,往往在国家文化政策出现较大变化时,起着先导性作用,或者是对相关法律、法规作补充性规定。

（一）宪法

宪法是国家的根本大法,是由全国人民代表大会经过特定立法程序制定的,是制定普通法律的法律基础,是我国法律体系的基石。宪法不仅规定了国家的政治制度、经济制度、公民的基本权利和义务等根本问题,还为各种法律、法规、规章以及其他规范性文件提供了立法依据。

宪法关于国家基本制度和发展文化事业及保障公民享有从事文化活动的权利的规定,为文化法制建设提供了基本原则。宪法规定,"国家发展为人民服务、为社会主义服务的文学艺术事业、新闻广播电视事业、出版发行事业、图书馆博物馆文化馆和其他文化事业,开展群众性的文化活动";"国家保护名胜古迹、珍贵文物和其他重要历史文化遗产";宪法"保障公民享有进行科学研究、文学艺术创作和其他文化活动的权利,保障公民享有言论、出版、集会、结社、游行、示威的自由和宗教信仰的自由"。宪法的这些规定,既是建立文化法律体系的依据,又是文化法律体系的一部分。

（二）法律

法律特指由国家立法机关依照法定程序制定和颁布的规范性文件。法律可分为基本法律和一般法律两大类,前者由全国人民代表大会制定,后者由全国人民代表大会常务委员会制定,其法律地位与法律效力仅次于宪法。在称谓上一般称"中华人民共和国XX法"。

在这个层面上我国还没有适用于整个文化领域的《文化法》,因为文化法内容难以确定和立法技术上存在较大难度,制定一部文化基本法是不可行的。但是被列入《国家"十一五"时期文化发展规划纲要》的《文化产业促进法》的立法条件日趋成熟。根据《国家"十二五"时期文化改革发展规划纲要》,《公共图书馆法》、《广播电视传输保障法》、《电影产业促进法》等也正在抓紧研究制定中。

目前,文化领域属于全国人大制定的法律并不多,细数只有《著作权法》(1990年通过,2010年第二次修正)、《文物保护法》(1982年通过,2007年第二次修正)、《非物质文化遗产法》(2011年通过)。《文物保护法》是我国最重要的文化法律之一,它对文物的保护、利用和研究作出了全面规定。《非物质文化遗产法》从调整对象、调查、名录、传承传播到法律责任,对非物质文化遗产保护进行了详细的规定,使得将来的非物质文化遗产保护有法可依。文化产业的核心是版权,因此,《著作权法》是调整文化产业活动的一般法律。

（三）行政法规

行政法规是国务院为领导和管理国家各项行政工作,根据宪法和法律,并且按照《行政法规制定程序条例》的规定而制定的政治、经济、教育、科技、文化、外事等各类法规的总称。因此,在立法形式上,国务院制定的行政法规应开宗明义地列明其所依据的宪法条款和有关的法律规定。文化领域的行政法规有《公共文化体育设施条例》(2003年公布)、《文物保护法实施条例》(2002年公布,2011年修订)、《水下文物保护管理条例》(1989年公布,2011年修订)、《历史文化名城名镇名村保护条例》(2008年公布)、《长城保护条例》(2006年公布)、《著作权法实施条例》(2002年公布,2011年修订)、《著作权集体管理条例》(2004年公布,2011年修订)、《信息网络传播权保护条例》(2006年公布)、《广播电台电视台播放录音制品支付报酬暂行办法》(2009年公布)、《计算机软件保护条例》(2001年公布,2011年修订)。在艺术、演出、娱乐、电影、广播、电视、出版、互联网文化等方面,国务院制定了单项的行政法规,它们对保障公民享有的言论、出版、表达等民主权利,促进我国文化产业各行业门类法制环境的完善具有重要作用。这方面主要的法规有《传统工艺美术保护条例》(1997年公布)、《营业性演出管理条例》、《娱乐场所管理条例》(2006年公布)、《电影管理条例》、《广播电视管理条例》、《广播电视设施保护条例》(2000年公布)、《出版管理条例》、《音像制品管理条例》、《印刷业管理条例》(2001年公布)、《电信条例》(2000年公布)、《互联网信息服务管理办法》、《互联网上网服务营业场所管理条例》(2002年公布,2011年修订)等。

（四）地方性法规

从文化领域的立法可以看到各地对文化传统以及对文化事业和文化产业发展的重视程度,一些具有深厚文化根基和浓厚文化氛围的大城市及省份都比较重视文化领域的立法,如北京、上海、浙江、江苏、陕西等地。北京市制定了《传统工艺美术保护办法》、《网络广告管理暂行办法》、《明十三陵保护管理办法》、

《鼓励和吸引优秀体育文化人才来京创业工作的若干暂行规定》、《户外广告设置管理办法》等。上海市制定的文化法规有:《上海市文化娱乐市场管理条例》、《上海市文化娱乐市场管理条例实施细则》、《文化领域行政执法权综合行使暂行规定》等。近年来,在党和国家推动文化大发展大繁荣的号召下,各地纷纷加快了文化地方立法的节奏,文化立法项目涵盖了公共文化服务、物质文化遗产保护、非物质文化遗产保护、文化市场繁荣等多个方面,由于涉及的地方性法规实在难以尽述,在此恕不一一列举。

(五)部门规章

部门规章属于具体法规,主要是为执行上位法而制定的操作规范及准则,因此,虽操作性强但变动性大,时效性短。文化领域的文化、广播电视、出版版权和信息产业等各主管部门经常会废止一批规章、规范性文件。中共中央宣传部政策法规研究室在《宣传文化法规汇编》一书中对止于2012年1月的现行有效的法律、行政法规、部门规章和司法解释进行了收录(共158部),根据该书,现行文化艺术方面的部门规章共17部,举要有:《营业性演出管理条例实施细则》(2009年公布)、《美术品经营管理办法》(2004年公布)、《文化市场行政执法管理办法》(2006年)、《乡镇综合文化站管理办法》(2010年公布)、《博物馆管理办法》(2005年公布)、《文物藏品定级标准》(2001年公布)、《文物进出境审核管理办法》(2007年公布)、《世界文化遗产保护管理办法》(2006年公布)、《国家级非物质文化遗产保护与管理暂行办法》(2006年公布)、《国家级非物质文化遗产项目代表性传承人认定与管理暂行办法》(2008年公布);广播影视方面的部门规章共42部,举要有:《广播影视节(展)及节目交流活动管理规定》(2004年公布)、《广播电视节目制作经营管理规定》(2004年公布)、《电视剧内容管理规定》(2010年公布)、《广播电视广告播出管理办法》(2009年公布)、《中外合作制作电视剧管理规定》(2004年公布)以及2007年和2008年的两部补充规定、《广播电视编辑记者、播音员主持人资格管理暂行规定》(2004年公布)、《广播电台电视台审批管理规定》(2004年公布)、《电影企业经营资格准入暂行规定》(2004年公布以及2005年的补充规定)、《电影剧本(梗概)备案、电影片管理规定》(2006年公布)、《中外合作摄制电影片管理规定》(2004年公布)、《外商投资电影院暂行规定》(2003年公布以及2005年和2006年两部补充规定)、《电影片进出境洗印、后期制作审批管理办法》(2004年公布)等;新闻出版(著作权)方面共45部,举要有:《报刊转载、摘编法定许可付酬标准暂行规定》(1993年公布)、《录音法定许可付酬标准暂行规定》(1993年公布)、《作品自愿登记暂行办法》(1994年公布)、《会展知识产权保护办法》(2006年公布)、《出版文字作品报酬规定》(1999年公布)、《出版专业技术人员职业资格管理规定》(2008年公布)、《新闻出版行业标准化管理办法》(2001年公布)、《出版物市场管理规定》(2011年公布)、《图书出版管理规定》(2008年公布)、《图书质量管理规定》(2005年公布)、《图书质量保障体系》(1997年公布)、《期刊出版管理规定》(2005年公布)、《报纸出版管理规定》(2005年公布)、《电子出版物出版管理规定》(2008年公布)、《音像制品出版管理规定》(2004年公布)、《音像制品制作管理规定》(2008年公布)、《音像制品进口管理办法》(2011年公布)、《印刷业经营者资格条件暂行规定》(2001年公布)、《设立外商投资印刷企业暂行规定》(2002年公布)等;互联网方面共7部,举要有:《互联网出版管理暂行办法》(2002年公布)、《互联网等信息网络传播视听节目管理办法》(2004年公布)、《互联网著作权行政保护办法》(2005年公布)、《互联网新闻信息服务管理规定》(2005年公布)、《互联网视听节目服务管理办法》(2007年公布)、《网络游戏管理暂行办法》(2010年公布)、《互联网文化管理暂行规定》等。

二、现有文化法律体系

文化法律体系是根据宪法制定的调整国家文化管理和社会文化生活中发生的各种社会关系的法律规范的总称。

从立法的目的看,文化法律体系的组成可以分为三大类:第一类为公共文化事务法,其目的是确定国家在发展公共文化事业方面的责任,并为社会提供参与公共文化事务所需要的条件和环境,包括各种优惠政策和法律保障等,比如期待中的《公共图书馆法》、《博物馆法》、《艺术创作奖励条例》等;第二类为文化管理法,其目的是确定政府行使文化管理职能的权力和责任,规范文化行政行为,如登记、审查、处罚等行为,现有的文化法规以此类居多,比如《文化市场行政执法管理办法》等;第三类为行为法,其目的是确定文化生产和消费的基本经济关系,为社会提供公平竞争环境,比如国人正在疾呼的《艺术品鉴定法》和尚待改进的《著作权法》、《拍卖法》等。①

在现有文化立法中,文化管理方面的立法数量居多,而公共文化事务和规范文化行为方面的立法还很欠缺,宪法中确定的公民的文化权利、义务缺少具体化的法律规范加以保障。因此,目前我国的文化法律体系准确地说,应为"文化管理法律体系"。

从文化管理法律体系的构成看,我国文化管理法律体系包括文化活动和管理的宪法性文件、文化管理领域一般法和文化管理领域部门法。这是以宪法为

---

① 参见张希光:《中国文化产业的法律环境》,http://wenku.baidu.com/view/7f8fba1b964bcf84b9d57bc0.html。

核心,以横向的文化管理领域一般法为基础,以纵向的各文化管理部门法为主体构成的文化法律体系。由此,文化产业管理法律体系可以界定为:以宪法为核心,以横向的文化产业管理一般法为基础,以纵向的文化产业各行业门类管理法为主体的法律体系。文化产业管理一般法,是指适用于所有文化产业主体单位和文化活动的法律法规,如《文物保护法》及其保护条例和实施细则,《非物质文化遗产法》及其保护条例和实施细则、《水下文物保护管理条例》、《历史文化名城名镇名村保护条例》、《文化市场行政执法管理办法》等;文化产业各行业门类管理法主要是适用于某一文化行业门类的法律法规,如适用于出版发行业的法律法规、适用于影视业的法律法规、适用于演艺业的法律法规、适用于文物和艺术品业的法律法规、适用于网络文化业的法律法规、适用于文化中介服务业的法律法规、适用于广告业的法律法规、适用于会展业的法律法规和适用于娱乐旅游业的法律法规等。

三、我国文化法律体系建设的评价及展望

综观我国文化立法的演进过程,大体可以分为三个阶段:

第一个阶段是新中国成立至1978年十一届三中全会。这30年间,虽然有过文艺界的繁荣时期,但是由于所处的历史阶段的原因,我国的文化立法工作发展缓慢,一共只有三十余个文化法律法规和规范性文件,并且集中于文物保护方面,其他文化领域的法律法规很少。

第二个阶段是1979年至1996年前后,在这近二十年里,人民的文化生活极大丰富,文艺作品层出不穷,文化活动日见昌盛,相应的文化立法工作也迅猛发展,取得了令人瞩目的成就。从中央到地方,大量的文化法律法规和政府规章在这一阶段出现并不断修改完善,内容涉及文物管理、新闻出版、音像制品、广播电视、电影放映、演出市场、文化娱乐、工艺美术品、涉外交流活动等各个方面。可以说,一个初步的、尚不完善的文化法律体系在这段时间内建立起来。

第三个阶段是1996年前后至今。这个时期的国家文化立法工作有以下几个特点:(1) 由初步建立文化法律体系转为进一步整理完善文化法律体系,主要体现在大量旧法规的废止或者修订,大量实施细则的出台等方面。(2) 在"入世"和对外文化交流发展迅速的大背景下,制定了多项涉外文化行政法规和行政规章及规范性文件,并加强打击盗版和保护知识产权。(3) 针对新兴文化活动的管理进行立法,比如对网吧、电子出版物、城市艺术的管理等。[①] 通过上述

[①] 参见顾肖荣、徐澜波、张明坤:《上海文化立法规划和文化法律思想研究》,载《政治与法律》2003年第1期。

三个阶段的立法努力,国家在调整人们的社会文化关系和文化事业管理的一些重要方面,初步做到了"有法可依"、"有章可循"。

但是,考察数量众多的已有文化法律法规,可以看到,我国文化法律体系的"法含量"不高,真正有效的文化法律体系还是不完备的。已出台的"法"的层次主要集中在行政法规以下的效力。造成:(1)由于以行政法规、部门规章及规范性文件为主,使得现有文化法规偏重于管理、规范、义务和处罚等内容的规定,法律关系中应有的权利部分缺少与义务对等的分量。(2)由于行政法规、部门规章及规范性文件在立法过程中注重为本部门设定各种审批权、管理权、处罚权等,所以,立法过程缺乏相关利害关系的行业代表、人民群众的参与,没能充分体现立法应有的民主性。(3)由于行政法规、部门规章及规范性文件的出台机构可能是存在利益冲突的平级行政管理部门,结果造成法规内容的重复或冲突现象。

围绕《国家"十二五"时期文化发展改革规划纲要》中明确提出的"建立健全文化法律法规体系,加快文化立法,制定和完善公共文化服务保障、文化产业振兴、文化市场管理等方面法律法规,将文化建设的重大政策措施适时上升为法律法规"的目标,对于我国的文化法律体系建设而言,首先要提升现有文化法律法规的位阶,其次是尽快制定统帅公共文化事业领域的基本法和文化产业领域的基本法,给大量的单行文化法规找一个有归属感的上位法,最后是加强文化法制理论研究,尽快解决文化领域中政策与法律法规的界限问题。

>> **延伸阅读**

《文化产业促进法》的六大立法难点[①]

《文化产业促进法》被列入《国家"十一五"时期文化发展规划纲要》"抓紧研究制定"的法律之一,为什么目前为止还没有进入立法程序?归纳起来有以下六大难点:

(1)是政策推动还是法律促进这一推动和促进文化产业发展的方式选择上存在不同认识。

(2)立足于现行法律的修改完善还是制定新法这一思路选择上存在不同认识。

---

① 祁述裕、王列生、傅才武主编:《中国文化政策研究报告》,社会科学文献出版社2011年版,第14—17页。

（3）是单一性的《文化产业促进法》还是分门类的部门产业促进法这一促进法立法体系上存在不同认识。

（4）在上位法缺失问题上存在不同认识。

（5）受到国家宏观文化管理体制改革不明朗的制约。

（6）法律制定环节面临一些实际困难,如文化产业概念的界定,包括行业门类的确定;《文化产业促进法》的法律性质;《文化产业促进法》要解决的核心问题和重要问题;《文化产业促进法》与其他相关法律的关系等。

第三节　我国文化产业的法律环境

整个文化领域包括公益性文化事业和经营性文化产业两部分。上述文化法律体系着眼整个文化领域内部的法制建构,本节内容则主要关注文化产业发展的法律环境,它是文化产业得以健康有序发展的法制保证。

但是,法律环境是有分层的。就民法商法、刑法、行政法、经济法、劳动法以及国际法而言,法律环境对文化产业及对其他行业是一样的,没有专门的文化合同法、文化税法、文化刑法、文化行政法或文化劳动法等,因此,这一类法可以称为文化产业的"普适性法律"。相对于普适性法律,有些法律近乎文化产业的专属性法律,比如,《著作权法》创造的是一种为本质上就是版权产业的文化产业带来重要利益的特殊法律环境,它使得文化产品不被非法复制,从而保证了行业利润。《文物保护法》和《非物质文化遗产法》为避免文化产业对文化资源的非理性开发竖起了铁栅栏,它创造的是发展"绿色"文化产业的必要法律环境。随着文化立法工作的不断开展,此类法律将越来越多。鉴于《著作权法》、《文物保护法》、《非物质文化遗产法》之于文化产业的近乎专属性法律的地位,这一类法可以称为文化产业的"专属性法律"。专属性法律于后面章节讲述,本章对文化产业的普适性法律作一概述。

一、民法商法视域下的文化产业

文化企业与一般企业的共同之处在于两者都是企业法人,不同之处在于文化企业的进入门槛较之一般企业更高、更严格。因此,所有文化企业的设立首先要求具备一般企业的进入条件。在我国,这些条件的法律规定主要依据《民法通则》和《企业法》。因此,《民法通则》和《企业法》中的有关规定同样适用于文化企业的设立。

我国现行法律将法人分为：企业法人、机关法人、事业法人、社会团体法人。企业法人是指以从事生产、流通、科技等活动为内容，以获取利益和增加积累、创造社会财富为目的的一种营利性的社会组织。① 《民法通则》第3章第2节对企业法人作了如下规定：全民所有制企业、集体所有制企业有符合国家规定的资金数额，有组织章程、组织机构和场所，能够独立承担民事责任，经主管机关核准登记，取得法人资格；企业法人应当在核准登记的经营范围内从事经营。《企业法》第16条规定："设立企业，必须依照法律和国务院规定，报请政府或者政府主管部门审核批准。经工商行政管理部门核准登记，发给营业执照，企业取得法人资格。"第17条规定："设立企业必须具备以下条件：（1）产品为社会所需要；（2）有能源、原材料、交通运输的必要条件；（3）有自己的名称和生产经营场所；（4）有符合国家规定的资金；（5）有自己的组织机构；（6）有明确的经营范围；（7）法律、法规规定的其他条件。"

上述《民法通则》和《企业法》有关企业法人的设立条件的相关规定是文化企业和一般企业都必须遵守的，概括起来，都要求审批，都要求有固定的工作场所、一定的资金、自己的机构和明确的经营范围等。这些条件的更细化的要求体现在文化产业各行业的企业准入门槛设置上。同时，由于文化企业的社会责任所在，国家对于文化企业的进入条件要求更为严格，主要体现在行政许可制度上。简单地说，就是每一家文化企业在取得法人资格之前，都必须先获得一张行业许可证。

《民法通则》是我国调整平等主体之间人身关系与财产关系的一部基本法律。文化产业领域中发生的一系列社会关系，都要按《民法通则》规定的原则处理。民法与商法共同调整商品经济关系，它们关于市场主体资格、权利、义务和行为的一般原则的规定，为文化产品交换的存在和运作奠定了法律基础。以合同法为例，国内和国际间的文化贸易活动离不开合同，演艺经纪离不开合同、著作权授权离不开合同、融资离不开合同，就连一张电影票其实建立的也是经营者和消费者之间的合同约定……我国没有专门的文艺合同法，文化领域涉及合同的条款都散见在各类一般合同法中，由此可见合同法的重要性。②

二、刑法视域下的文化产业

《刑法》的若干禁止性规范，是文化产业活动不可逾越的底线，为惩罚文化产业领域中发生的违法犯罪活动提供依据，并对传播精神垃圾的犯罪行为进行

---

① 参见申卫星：《民法学》，北京大学出版社2003年版，第85页。
② 参见张今主编：《中国文化产业合同案例精选与评析》，知识产权出版社2011年版。

惩治。现行《刑法》中有三十多种罪名与文化经营活动有关。①

警示案例

这已经不是模仿秀了

2000年6月,相貌和嗓音与著名女歌手田震相似,其本人也具备相当的演唱实力的刘畅在山西沁水县电影院举行"田震演唱会",冒充田震为歌迷演唱,现场两千多名被蒙在鼓里的观众为"田震"的精彩演出不时爆发出阵阵掌声,演出前,180元、120元、50元不等的各类门票销售一空,门票总收入达5万多元。后来,刘畅以及演唱会的组织者等5人被司法机关以诈骗罪追究刑事责任。②

三、行政法视域下的文化产业

由于文化领域的意识形态敏感性,我国行政机关对文化领域活动的管理实行事先控制的许可制度。所以,行政许可在文化产业领域的运用非常广泛,行政许可法也成为调整我国文化产业领域国家行政机关和公民、法人之间管理和被管理关系的主要法律依据。同时,有权利就必须有救济,在行政许可领域,对于政府管理部门非法侵犯公民、法人的合法文化权利的具体行政行为,作为被管理者的申请人、被许可人可以依据《行政复议法》和《行政诉讼法》等救济途径寻求法律的保护。

我国文化产业的大部分行业在从事文化经营活动中,都应当按照有关行政法规的规定,取得有关行政部门的许可、批准、审批(以下统称许可)。

(一)演出许可

设立文艺表演团体、演出场所、演出经纪机构等营业性演出单位,应当取得文化行政部门的许可,并向工商行政管理部门申请注册登记,取得营业执照后

---

① 它们是煽动分裂国家罪;生产、销售伪劣产品罪;报注册资本罪;走私文物罪;走私淫秽物品罪;侵犯著作权罪;销售侵权复制品罪;侵犯商业秘密罪;诋毁商誉罪;虚假广告罪;合同诈骗罪;非法经营罪;强迫交易罪;侮辱、诽谤罪;出版物刊载歧视、侮辱少数民族的内容罪;妨碍公务罪;伪造、变造、买卖国家机关公文证件、印章罪;伪造单位印章罪;寻衅滋事罪;传授犯罪方法罪;赌博罪;故意损毁珍贵文物罪;故意损毁名胜古迹罪;非法出售、赠送珍贵文物罪;倒卖文物罪;制作、复制、出版、贩卖、传播淫秽物品牟利罪;传播淫秽物品罪;组织播放淫秽音像制品罪;组织淫秽表演罪;组织、协助、强迫他人卖淫罪;窝藏罪;包庇罪;引诱、容留、介绍他人卖淫罪;行贿罪;介绍贿赂罪;滥用职权罪;玩忽职守罪等。
② 杨勇涛:《"模仿秀"是盗版还是克隆》,载《上海法治报》2001年7月4日。

（国家核拨经费的文艺表演团体除外），方可从事营业性演出活动。演出经纪机构承办组台演出，在每次演出前均应当取得文化行政部门的许可。

(二) 出版许可

设立报社、期刊社、图书出版社、音像出版社、电子出版物出版社等出版单位以及出版物进口经营单位；从事报纸、期刊、图书的全国性连锁经营业务、总发行业务；出版物进口经营单位在境内举办境外出版物展览，均应当取得国家新闻出版总署的许可。从事出版物印刷或者复制业务和报纸、图书、期刊的批发、零售业务，应当取得省级或者县级人民政府出版行政部门的许可。从事音像制品的全国性连锁经营业务，应当取得文化部的许可。从事音像制品的批发业务，应当取得省级人民政府文化行政部门的许可。从事音像制品的零售、出租业务，应当取得县级人民政府文化行政部门的许可。从事出版经营活动还应当取得工商行政管理部门颁发的营业执照，其中，从事出版物印刷或者复制业务还应当取得公安机关的相应许可。

(三) 广播电台电视台许可

广播电台、电视台由广播电视行政部门、教育行政部门（教育台）设立。需要取得国家广播电影电视管理总局许可的事项如下：设立广播电台、电视台；设立电视剧制作单位；举办国际性、全国性的广播电视节目交流、交易活动。

(四) 电影许可

国家对电影摄制、进口、出口、发行、放映和电影片公映实行许可制度。需要取得国家广播电影电视管理总局许可的事项如下：设立电影制片单位；电影制片单位以外的单位独立从事电影摄制业务；电影制片单位与境外电影制片者合作摄制电影片；电影底片、样片的冲洗及后期制作需要在境外完成的；电影洗印单位接受委托洗印加工境外的电影底片、样片和电影拷贝的；举办中外电影展、国际电影节，提供电影片参加境外电影展、电影节等；设立跨省、自治区、直辖市的电影发行单位。

四、经济法视域下的文化产业

经济法是调整因国家从社会整体利益出发的市场干预和调控所产生的社会经济关系的法律规范的总称。文化产品交换与一般商品的交换相比，有其特殊性，它以追求社会效益为首要目标。因此，许多重要的经济法是保障文化产品正常流通的法律调控手段，如《反垄断法》和《反不正当竞争法》可以维护竞争秩序，《税法》可以规范文化市场中的财税活动。

文化产业的税收环境

1994年我国进行了财税体制改革,实行分税制体制,改革了国有企业的利润分配制度,建立了新型税制体制,建立了以增值税为主体、消费税和营业税为补充的流转税制;统一了内资企业所得税;建立了统一的个人所得税制;扩大了资源税的征收范围;开征了土地资源税;确立了税收基本规范。

文化单位的产业化、市场化,使过去一直依赖国家拨款的文化单位有了营业收入,于是就必须向国家纳税。但国家对具有公益性的文化单位,对国家需要扶持的文化产业的收入实行税收优惠政策。

(一) 税法对文化产业和文化企业的界定

文化产业,是以"文化创意"为核心,通过技术的介入和产业化的方式制造、营销不同形态的文化产品的行业。国家统计局将以下8类列为"文化产业"的范围:

(1) 新闻服务;
(2) 出版发行和版权服务;
(3) 广播、电视、电影服务;
(4) 文化艺术服务;
(5) 网络文化服务;
(6) 文化休闲娱乐服务;
(7) 其他文化服务;
(8) 文化用品、设备及相关文化产品的服务。

文化企业一般是指经营文化产业的组织。根据财税[2009]31号第9条的规定,所谓的文化企业是指从事新闻出版、广播影视和文化艺术的企业。具体的文化企业范围主要有以下18种:

(1) 文艺表演团体;
(2) 文化、艺术、演出经纪企业;
(3) 从事新闻出版、广播影视和文化艺术展览的企业;
(4) 从事演出活动的剧场(院)、音乐厅等专业演出场所;
(5) 经国家文化行政主管部门许可设立的文物商店;
(6) 从事动画、漫画创作、出版和生产以及动画片制作、发行的企业;
(7) 从事广播电视(含付费和数字广播电视)节目制作、发行的企业,从事广播影视节目及电影出口贸易的企业;

(8) 从事电影(含数字电影)制作、洗印、发行、放映的企业;

(9) 从事付费广播电视频道经营、节目集成播出推广以及接入服务推广的企业;

(10) 从事广播电影电视有线、无线、卫星传输的企业;

(11) 从事移动电视、手机电视、网络电视、视频点播等视听节目业务的企业;

(12) 从事与文化艺术、广播影视、出版物相关的知识产权自主开发和转让的企业;从事著作权代理、贸易的企业;

(13) 经国家行政主管部门许可从事网络图书、网络报纸、网络期刊、网络音像制品、网络电子出版物、网络游戏软件、网络美术作品、网络视听产品开发和运营的企业,以互联网为手段的出版物销售企业;

(14) 从事出版物、影视、剧目作品、音乐、美术作品及其他文化资源数字化加工的企业;

(15) 图书、报纸、期刊、音像制品、电子出版物出版企业;

(16) 出版物物流配送企业,经国家行政主管部门许可设立的全国或区域出版物发行连锁经营企业、出版物进出口贸易企业、建立在县及县以下以零售为主的出版物发行企业;

(17) 经新闻出版行政主管部门许可设立的只读类光盘复制企业、可录类光盘生产企业;

(18) 采用数字化印刷技术、电脑直接制版技术(CTP)、高速全自动多色印刷机、高速书刊装订联动线等高新技术和装备的图书、报纸、期刊、音像制品、电子出版物印刷企业。

(二) 增值税

增值税是以应税商品或劳务的增值额为计税依据而征收的商品税。即一定时期内销售货物或提供劳务实现的商品销售额或经营收入额扣除物质成本后的余额。现在主要适用的税法是2008年修订的《增值税暂行条例》和《增值税暂行条例实施细则》。根据规定,我国增值税的基本税率为17%,但销售、进口图书、报纸、杂志的增值税税率为13%。公共图书馆向社会收购古旧图书,因转让著作所有权而发生的销售电影母片、录像带母带、录音磁带母带的业务免征增值税。

(三) 营业税

营业税是以应税商品或劳务的营业收入额为计税依据而征收的流转税。目前我国适用的税法主要是2008年修订的《营业税暂行条例》和《营业税暂行条例实施细则》。

(1) 营业税税率为5%的有:代理业、旅游业、广告业、其他服务业(美术、录音、录像)和转让无形资产(著作权),著作包括文学著作、图形作品(画册、影集)、音像著作(电影母片、录像带母带)。

(2) 营业税税率为3%的有:文化体育业、游览场所。

(3) 营业税适用5%—20%浮动税率的有:娱乐业,娱乐业包括歌厅、舞厅、卡拉OK歌舞厅、音乐茶座、台球、高尔夫球、保龄球、游艺。

(4) 免征营业税的有:纪念馆、博物馆、文化馆、美术馆、展览馆、书画院、图书馆、文物保护单位举办文化活动的门票收入、学校和其他教育机构提供的教育劳务。

(四) 企业所得税

企业所得税是指对一国境内的所有企业在一定时期内的生产经营所得和其他收入所得等收入,进行法定生产成本、费用和损失等扣除后的余额征收的一种所得税。目前,我国适用的税法主要是2007年3月16日颁发的《企业所得税法》。根据规定,企业所得税的税率为25%,部分非居民企业适用税率为20%。该法的颁布,结束了我国内外资企业的"异税"时代。

(五) 个人所得税

个人所得税是以个人(自然人)取得的应税所得为征税对象的一种税。目前适用的税法主要是2007年修订的《个人所得税法》和2008年发布的《个人所得税法实施细则》以及2011年《全国人民代表大会常务委员会关于修改〈中华人民共和国个人所得税法〉的决定》。个人所得税的征税对象是个人取得的应税所得,包括现金、实物和有价证券。个人将其所得通过中国境内的社会团体、国家机关向教育和其他社会公益事业以及遭受严重自然灾害地区、贫困地区的捐赠,捐赠额未超过纳税义务人申报的应纳税所得额30%的部分,可以从其应纳税所得额中扣除。

在《税法》所列十一项应纳税个人所得中,与文化产业领域从业人员关系密切的有工资、薪金;劳务报酬所得;特许权使用费所得及稿酬所得。

(六) 文化事业建设费

文化事业建设费是国务院为进一步完善文化经济政策,拓展文化事业资金投入渠道而对广告、娱乐行业开征的一种规费。文化事业建设费按缴费人应当缴纳娱乐业、广告业营业税的营业额和规定的费率计算应缴费额,费率为3%。其征收依据是财政部、国家税务总局税字[1997]95号文《关于印发〈文化事业建设费征收管理暂行办法〉的通知》。

财政部2012年8月29日发布通知,明确原适用《财政部国家税务总局关于印发〈文化事业建设费征收管理暂行办法〉的通知》(财税字[1997]95号)缴纳文化事业建设费的提供广告服务的单位和个人,以及试点地区试点后成立的提供广告服务的单位和个人,纳入营改增试点范围,要求缴纳文化事业建设费的单位和个人按照提供增值税应税服务取得的销售额和3%的费率计算应缴费额,并由国家税务局在征收增值税时一并征收。

(七) 文化捐赠减免税

根据财政部、中宣部《关于进一步支持文化事业发展的若干经济政策》(财税[2007]24号)文件精神,社会力量通过国家批准成立的非营利性的公益组织或国家机关对宣传文化事业的公益性捐赠,经税务机关审核后,纳税人缴纳企业所得税时,在年度应纳税所得额10%以内的部分,可在计算应纳税所得额时予以扣除;纳税人缴纳个人所得税时,捐赠额未超过纳税人申报的应纳税所得额30%的部分,可从其应纳税所得额中扣除。此政策还规定了公益性捐赠的范围:

(1) 对国家重点交响乐团、芭蕾舞团、歌剧团、京剧团和其他民族艺术表演团体的捐赠;

(2) 对公益性的图书馆、博物馆、科技馆、美术馆、革命历史纪念馆的捐赠;

(3) 对重点文物保护单位的捐赠;

(4) 对文化行政管理部门所属的非生产经营性的文化馆或群众艺术馆接受的社会公益性活动、项目和文化设施等方面的捐赠。

五、社会法视域下的文化产业

社会法着眼解决经济规划、环境保护、就业、社会保障等社会性的问题。《劳动法》调整因维护劳动权利、救助待业者而产生的各种社会关系,它在保障文化产业从业者的劳动权利和社会权利方面,具有十分重要的作用。《消费者权益保护法》不仅保护消费者的权益,同时有利于促使文化产品的生产者和文化服务的提供者提高产品质量和服务质量。《未成年人保护法》督促文化内容的健康绿色,积极向上。尤其当文化产品和服务的目标群体是未成年人时,该法对文化产品和服务的经营方起到了很好的规制作用。跟未成年人一样,妇女也是文化产品和服务的特殊目标群体,《妇女权益保障法》同样是规制文化产品和服务的经营者的活动的一把利器。

六、国际法视域下的文化产业

全球化程度的日益深化正在加速文化产品和文化服务的跨国流通,一个全球性的文化贸易市场正在形成,我国也正在加入这个国际化进程。于是,国际法作为处理国际文化贸易活动的重要法律依据也突显了它的重要性,包括追索那些流失海外的我国文化瑰宝。比如,文化产品国际在线贸易属于货物贸易还是服务贸易?国际明星跨国演出的纳税问题、艺术品国际流转中的进出口法律规制问题、跨国文化贸易引发争议时的法律适用问题等,都是文化产业运营活动中不可回避的现实问题,问题的解决须置于国际法视野之下。

▶ 复习思考题

1. 请结合文化产业健康发展的需要,谈谈文化立法的急迫性。
2. 概述我国文化法律的渊源。
3. 结合当前热点案例,谈谈我国文化产业的法律环境。

第四章 著作权法

本章提要： 发展文化产业必须保护著作权，这是由著作权内容的非物质性所决定的。著作权又称版权，是指作者及其他著作权人对文学、艺术和科学作品依法享有的各项专有权利。著作权的客体是指受著作权法保护的文学、艺术和科学作品。著作权的主体就是对作品享有著作权的人，包括作者及其他依法享有著作权的公民、法人或者其他组织。著作权的内容是指著作权人享有的专有权利的总和，是著作权法中最为核心的部分。我国《著作权法》第10条规定了著作权的权利内容，包括人身权和财产权两大部分，共十七项权利。为肯定作品的传播者和作品之外劳动成果的创作者为作品的制作、传播和营销过程中作出的某些有价值的非物质劳动，著作权法创设了邻接权。为了防止著作权人过度垄断作品的传播和使用，以致成为公众获取知识的障碍，著作权法对著作权人的财产权利进行限制。在我国，著作权的限制有两类：合理使用和法定许可。根据我国《著作权法》的规定，侵犯著作权的行为主要包括侵犯著作权和侵犯邻接权两个方面，其相应的法律责任包括民事责任、行政责任和刑事责任。著作权人对其合法权利的管理方式大体可以分为两种，即个人管理和集体管理。作为有效行使权力的著作权所有者方和便捷取得使用许可的著作权使用方之间的桥梁，著作权集体管理组织应运而生。在我国，2004年国务院颁布了《著作权集体管理组织条例》，首次将著作权集体管理这一活动纳入法律的规范范围，详细地规定了其设立、组织机构、管理活动以及法律责任。

导入 >>>

2007年10月31日，北京天星际影视文化传播有限公司获得了一笔一年期的600万元的贷款，用于古装神话电视连续剧《宝莲灯前传》的制作。这是我国首笔拿版权做抵押拿到的银行贷款。

为什么无形的版权可以用做抵押物？因为它有价值,它是一种法律意义上受保护的财产。

无形的版权内容是文化产业的重要原料,将无形的版权内容进行开发、生产、包装和经营,构成文化产业的核心——版权产业。

但是,相比有形的一般产品,载有无形版权内容的文化产品没有消费的排他性,它可以被无限地复制,比如,我们班50位同学,每人一袋大米,必须老老实实地采购50袋米;但是,如果每人一张唱片,必须老老实实地购买50张吗？答案是否定的。大家只需买一张就行了,因为经过几乎无成本的复制,转眼之间50位同学人手一张,而且只要愿意,短时间内,全中国甚至全世界就可以人手一张。那么,唱片公司的唱片卖给谁去？这就是一般产品——大米和文化产品——唱片之间的区别,因此,必须有一种强制力保证文化产品不被无偿地复制,这是文化产业发展的前提。

为了让无形的知识内容具有的价值能够兑现,为了阻止未经许可地复制知识内容的行为,从而激励知识内容的创作者创作更多有创意的作品,推动人类文化的进步和繁荣,著作权法应运而生,所以,有人说,著作权法是文化产业的保护神。

第一节 著作权和著作权法

一、著作权的定义和特征

(一) 著作权的定义

著作权,是指作者及其他著作权人对文学、艺术和科学作品依法享有的各项专有权利。著作权包括人身权利(又称精神权利)和财产权利(又称经济权利)。著作人身权是指作者基于创作作品而产生的与作者人身权利紧密相关的权利。著作财产权是指著作权人对作品的使用权和因作品而获得报酬的权利。广义的著作权还包括邻接权。它是指作品的传播者就其传播作品的过程中付出的创造性劳动和投资所享有的权利。

著作权又称"版权",这两个术语从词源看是存在很大差别的。"版权"(copyright)是英美法系(普通法法系)的概念,最初意思就是"复制权",版权的侧重点在于保护作者的经济权利。"著作权"(auther's right)是大陆法系(民法法系)的概念,与英美法系的版权法相比,大陆法系的著作权法将作品更多地视为作者人格的延伸和精神的反映,因此,大陆法系的著作权法更为注重保护作者的人身权利。但是,随着两大法系的主要国家均加入了《保护文学艺术作品伯尔尼公约》(简称《伯尔尼公约》)以及两大法系之间的相互借鉴和融合,"著作权"和"版权"在概念上差别也在缩小。

我国自清末从日本引进"著作权"的概念后,在正式立法中一直使用"著作权",我国现行立法名称也是《著作权法》。

(二)著作权的特征

著作权是知识产权的一部分,①因此,具有知识产权共有的特征,即非物质性、时间性和地域性。

1. 非物质性

著作权的非物质性,是指著作权的客体是物质载体所"承载"或"体现"的非物质成果,而不是物质载体本身。这一特点决定了著作权的客体不可能像物一样进行占有和公示,自然增加了其保护的难度。

2. 时间性

著作权的时间性是指著作权有一定的有效期限。例如,我国《著作权法》第21条规定,著作权的主体是公民,其作品的发表权和财产权的保护期为作者终生及其死亡后50年,截止于作者死亡后第50年的12月31日;如果是合作作品,截止于最后死亡的作者死亡后第50年的12月31日。保护期的设置是为了防止过度保护妨碍公众根据前人的非物质成果进行新的创作和创造发明。但是,对于进入公有领域的作品,人们在使用时仍然要尊重作者的人身权利,不得随意更改署名、篡改和剽窃。

▶▶知识问答

问:2012年4月10日,3D版《泰坦尼克号》亮相国内院线,细心的观众发现,影片某场景里出现的名画已经由毕加索的《亚威农少女》变成了德加的作品。这是为什么?

答:3D版《泰坦尼克号》是一部全新制作的影片,导演卡梅隆与作品版权方在重新签署使用毕加索作品协议时,双方未能达成协议。

提示:

① 根据1993年欧盟通过的新版权法,版权保护期为作者死后70年,1998年美国通过了《版权保护期延长法》,将版权保护期一律延长20年,个人作品为作者的有生之年加死后70年,法人作品为首次发表后的95年。

② 毕加索于1973年去世,其家人继续持有其作品的版权,直至2043年。德加逝世于1917年,他的作品版权目前属于公开性。

---

① 传统知识产权可大致分为著作权、专利权、商标权。

3. 地域性

著作权的地域性是指，除非有国际条约、双边或多边协定的特定规定，否则著作权的效力只限于本国境内。这一点与所有权形成鲜明对比。这是因为著作权是法定权利，同时也是一国公共政策的产物，必须通过法律的强制规定才能存在，其权利范围和内容也完全取决于本国法律的规定。例如，在1992年中国加入《伯尔尼公约》之前，一名中国人在英国被人抢劫，他完全可以要求英国警方抓住劫匪，找回被劫的财物。这是因为所有权的保护一般并不受地域性的限制。但是，如果1992年之前有人在英国未经许可将中国人的作品翻译成英文并出版发行，中国作家在英国是无法获得保护的。

二、著作权法

著作权法是指规定有关著作权以及相关权益的取得、行使和保护的法律规范的总和。

1910年，清政府颁布了中国历史上第一部著作权法《大清著作权律》，但并没有来得及真正实施清政府就垮台了。1915年和1928年北洋政府和南京国民党政府也曾分别颁布过《著作权法》。

新中国第一部《著作权法》于1990年9月7日获得通过，2001年和2010年，我国对《著作权法》进行了两次修正，增加了受保护的作品种类和著作权人的专有权利，调整了"法定许可"的范围，增加了对技术措施和权利管理信息的法律保护，从而提高了我国著作权保护水平。《著作权法》的第三次修订工作已于2011年7月13日正式拉开帷幕，目前修改草案第二稿正在公开征求社会各界意见（止于2012年7月31日）。

除了《著作权法》，涉及著作权方面的法律还有《刑法》、《民法通则》中的有关规定；国务院的行政法规有《著作权法实施条例》（2011年）、《计算机软件保护条例》（2002年）、《著作权集体管理条例》（2005年）、《信息网络传播权保护条例》（2006年）；部门规章有国家版权局发布的《著作权行政处罚实施办法》（2003年）；司法解释有《最高院关于审理著作权民事纠纷案件适用法律若干问题的解释》（2002年）、《最高人民法院、最高人民检察院关于办理侵犯知识产权刑事案件具体应用法律若干问题的解释》（2007年）等。《著作权法》和与此相关的一系列著作权方面法规的颁布标志着我国初步建立了现代著作权制度。

此外，我国还分别于1992年加入了《伯尔尼公约》、《世界版权公约》，1993年加入了《保护录音制品制作者防止未经授权复制其制品公约》，2001年12月11日我国成为世界贸易组织成员国，《与贸易有关的知识产权协议》（简称TRIPs）已对我国生效。我国著作权制度逐步与国际接轨。需指出的是，我国公民在我国境内不可以直接寻求这些公约和协议的保护,因为这些公约和协议提供的是著作权的跨国保护或曰国际保护,它保护的是外国人,即只有有关外国人才可以在我国主张条约所赋予的利益。不过,外国人在我国主张著作权利益时,首先应根据我国《著作权法》,只有当我国《著作权法》与国际公约不一致时,才可以依据公约获得保护。

第二节　著作权的客体

著作权的客体,即著作权法的保护对象,是指受著作权法保护的文学、艺术和科学作品。《著作权法实施条例》第2条对"作品"所下的定义是:"著作权法所称作品,是指文学、艺术和科学领域内具有独创性并能以某种有形形式复制的智力成果。"

一、作品应具备的条件

从对"作品"定义的理解,可以概括出作品应具备的条件:

(一) 具有独创性

这是作品最重要的特征或条件。

其一,独创性的"独"是指劳动成果系劳动者独立完成,而非抄袭得来。这里有这样两种情况:

(1) 只要进行了独立创作,即使碰巧与他人作品一模一样,仍然符合"独"的要求。最高人民法院《关于审理著作权民事纠纷案件适用法律若干问题的解释》第15条因此承认:"由不同作者就同一题材创作的作品,作品的表达系独立完成并且有创作性的,应当认定作者各自享有独立著作权。"

相关案例

《千手观音》版权所属纠纷

2005年春晚之后,《千手观音》进行了版权注册,作者为张继钢。张继刚表示,其创作灵感来自在山西的一次采风,其后四年又在全国各地对名山大川、风景名胜中的观音形象进行了观摩研究。但是,2005年3月,原甘肃省艺术学校校长、现任北京师范大学艺术系兼职教授的国家一级编导高金荣以《千手观音》的题目、主题和画面都来自她的创作为由,要起诉张继钢。高金荣详细解释了她所创作的《千手观音》的来龙去脉:"这个舞蹈原创于甘肃省艺术学校,1979年我在敦煌莫高窟看见了千手观音的石像,当时就萌发了要创作《千手观音》这个舞蹈的想法。后来这支舞蹈被我创作出并在甘肃省电视台春节联欢晚会上首演,当时名称为《敦煌手姿》。1997年,甘肃敦煌女子舞团成立,我在该团重新排练。1998年,接受舞史学家王克芬先生的建议,改名为《千手观音》。"

该案最终的结果是———张继钢拥有"张版"《千手观音》,高金荣拥有"高版"《千手观音》。①

---

(2)假如成果是在他人已有作品基础上进行再创作,只要其与原作品之间存在着可以被客观识别的,并非太过细微的差异,该差异部分仍然符合"独"的要求。例如,杜尚给达·芬奇的《蒙娜丽莎》加上两撇胡子,成就了达达派艺术的经典作品——《带胡子的蒙娜丽莎》;又如,在写实油画的创作中,艺术家将摄影作品用油画再现出来,只要对着照片进行绘画的结果与照片本身存在显著视觉差异,就构成一部新的演绎作品。

写实绘画构成原摄影作品的演绎作品,因为摄影和绘画两种不同创作手段之间的差异使得面对同一画面的摄影作品和油画作品在视觉上存在"可以被客观识别的,并非太过细微的差异"。

但是,如果在同一介质上对原作品进行精确临摹,达到了足以以假乱真的地步,是否创作出了作品呢?

对于这一问题,我国著作权法专家有不同的看法。一种观点认为:临摹原已存在的、享有著作权的绘画作品,不但要具备一定的技巧,而且要在自己的"再现品"中增加自己的创作性劳动,所以这种临摹的结果,实际上是"再创作"出新的美术作品。② 另一种观点认为:虽然对艺术作品进行精确临摹需要高度技巧、艺术品味与判断力,但由于精确临摹并没有产生可以被客观识别的、"源自于临摹者"的成果,因此,临摹作品只是对原作品的重复和翻版,当然,如果临摹艺术作品的结果与原作品在视觉上差异明显,而且差异部分达到了"独创性"中"创"的要求,那么,临摹的结果就是作品(演绎作品)。不过,此时用"临摹"这个词可能不是很恰当。③

其二,独创性的"创"是指劳动成果包含一定的创造性,即智力含量,并非简单地通过额头流汗而完成。

---

① 《舞蹈知识产权纠纷案例之〈千手观音〉》,http://wudao.fenghuang798.com/2011/wddt_05_0422/14938.html。
② 参见郑成思:《版权法》,中国人民大学出版社1997年版,第161页。
③ 参见王迁:《著作权法学》,北京大学出版社2007年版,第10页。

如果仅仅按照事先既定的规程机械式地完成一种工作,即使劳动者必须具备某种技能和知识,这种劳动也会由于没有给劳动者留下智力创造的空间和个性发挥的余地而不能被称为"创作",其劳动成果也不能成为作品。例如,由于汉字与盲文之间存在一一对应关系,任何懂盲文的人只要不犯错误,其将汉字改成的盲文都是相同的。因此,这类工作属于"额头流汗",劳动成果缺乏智力含量而不能形成作品。但是,同样将这篇汉字稿翻译成英文,却属于创作性劳动,翻译的结果是作品。因为面对同一篇汉字稿,不同的翻译者会根据自己对原作的理解,作出个性化的选择、判断甚至再创作。

(二)具有能够被他人客观感知的外在表达

只有具备一定的客观外在表达形式,才能被公众阅读、欣赏或感知。尚未以一定的客观形式表现出来的构思、念头或者腹稿,即使具有重大的科学和艺术价值,也无法由《著作权法》加以保护。因此,像北宋画家文同的那种"胸有成竹"的境界并不为著作权法所关注。

作品的可感知性是作品受著作权法保护的必要条件,也是作品的重要法律特征。

(三)具有可复制性

作品只有具备可复制性,才有被侵权的可能,因而才需要专门法律的保护。

作品的可复制性是可感知性的进一步延伸,是构成作品受著作权法保护的条件之一。复制包括对作品进行形式不变的复制,如翻录、印刷、复印等,也包括对作品形式变化性的复制,如将画布上油画作品纹在人体上。

二、不受著作权法保护的对象

为了进一步明确著作权法保护的客体,有必要再了解一下那些不受著作权法保护的客体有哪些?

(一)思想

在建立版权制度的国家,通常强调版权只保护"思想的表达",而不保护思想本身。这就是国际版权理论中常见的"思想/表达两分法"。这个原则在《TRIPs协议》和WCT的《世界知识产权组织版权条约》里都有相应的规定。为什么著作权法不保护思想?从深层原因上看,这是与民主社会对思想自由的珍视紧密相连的。[①] 同时,思想是创作的基石,如果思想获得排他性的垄断,又怎么鼓励创作呢?据此,著作权法不保护抽象的思想、思路、观念、理论、构思、创意、概念、工艺、系统、操作方法、技术方案,而只保护以文字、音乐、美术等各种有

---

① 参见王迁:《知识产权法教程》,中国人民大学出版社2007年版,第50页。

形的方式对思想的具体表达。

>> 相关支招

文化产业又称创意产业,创意常常是一个项目中最具商业价值的核心,创意人该如何呵护自己的创意呢?目前,至少可以采取以下措施:

(1) 将思想成果形成文字,及时进行版权登记,以登记的形式确定权属。

(2) 如果创意要交付他人执行,至少需要拿走创意书的人出具收条,并对执行创意的收益分配方式进行约定。共同的创意人之间也应当及时签订协议,明确权利义务关系。合同式的字据,不仅可以预防纠纷,还可以在纠纷发生时"定纷止争"。

在创作过程中,如果没有法律要求必须公示的,创作者可以对其采取保密措施,进行商业秘密式的保护,其核心在于保密。一旦公之于众,则不再成为商业秘密。[①]

(二) 事实及对事实无独创性的汇编

除了思想,人类创作的基石还有事实,两者都是人类创作的材料来源,著作权法鼓励作者垄断其作品中的独创性部分,但不鼓励作者垄断其作品创作的材料部分。因为事实材料是人人共享的创作资源,如果著作权法允许作者禁止他人使用作品中的思想和事实,将严重阻碍思想和信息的传播以及文艺创作,这显然违背了著作权法的终极目标——促进文艺创作的发展。

事实是客观存在和发生的事情,它只可能由作者第一个发现、报告或描述出来,但不可能由作者创作出来,因此不可能是具有"独创性"的作品,自然不属于受著作权法保护的范围。此类事实包括人口统计数据、科学事实、历史事实、新闻事实等,它们从产生那刻起就进入了著作权法意义上的公共领域,任何人都可以自由使用。

对事实无独创性的汇编难以获得著作权法保护,因为这种汇编付出的劳动只是"额头流汗",缺乏足够的智力含量。当然,额头流汗式的劳动毕竟也是劳动,虽然得不到著作权法的保护,但并不意味着不能获得任何其他法律的保护,事实上,反不正当竞争法、合同法和近年来出现的数据库保护立法都可以在某种程度上对于在手机和编排实施方面付出的辛劳提供一定程度的保护。

[①] 徐东:《知识产权——故事背后的法律》,法律出版社2007年版,第24—25页。

事实中的很大部分是大众传媒领域的时事新闻。为此,我国《著作权法》第5条第2项规定:著作权法不适用时事新闻。时事新闻是指通过报纸、期刊、广播电台、电视台等媒体报道的单纯事实消息。另外,新闻信息直接涉及国家、社会公众、国际社会乃至全人类的经济、政治、文化和社会生活,因而要求广泛而迅速地传播,不应控制,所以法律不给予著作权保护。但如果作者在新闻报道中加入了自己的观点或形象描写,如新闻综述、新闻评论、报告文学等则适用著作权法保护。

（三）被法律禁止出版、传播的作品

任何在文艺科学领域内符合独创性要求的智力劳动成果都是著作权法意义上的作品。但是,并不是作品就一定受著作权法保护。在我国,依法禁止出版、传播的作品主要是指内容反动、淫秽的作品。因为这违背了我国《著作权法》的立法目的即"鼓励有益于社会主义精神文明、物质文明建设的作品的创作和传播,促进社会主义文化和科学事业的发展与繁荣"。

（四）官方正式文件

法律、法规,国家机关的决议、决定、命令和其他具有立法、行政、司法性质的文件以及官方正式译文都不适用著作权法保护。因为官方文件涉及社会公众和国家整体利益,属于全社会成员公有的信息资源,国家要尽可能快而广地使这些作品传播到公众手里,以规范公民的社会行为,维护正常的社会秩序。

（五）公有领域的作品

作品如果因超过保护期等原因进入了公有领域,则成为人人皆可得而用之的公共财产,不能再为任何人所垄断。但是,其著作权的精神权利部分,包括发表权、署名权、修改权和保护作品完整权等应永远得到尊重。

（六）竞技体育活动

传统著作权法不仅保护具有独创性的表达,而且还保护对思想、观念或情感具有一定美感的表达。竞技体育活动展现的是运动力量和技巧,虽然有时会闪现美感的瞬间,但由于其并非以展示文学艺术或科学美感为目标,那些美感的瞬间也只是在展示身体力量和竞技技巧过程中附带产生的,因此,不能构成著作权法意义上的作品。

但在体育竞技活动中,有一类竞赛比较特殊,那就是运动竞赛表演,典型的运动竞赛表演有:花样游泳、花样滑冰、体育舞蹈、艺术体操等。它们不同于其他竞技比赛,一方面它们是一种竞赛,其主要目的在于取得优异成绩以便从比赛选手中胜出,但另一方面,它们具有极强的可观赏性,即使不参加比赛,它们仍然可以独立出来成为一种艺术表演,其表演的方式凝结了运动员和其他人员的智力劳动成果,具有知识产权的属性,受到著作权法的保护。

三、作品的分类

依据我国《著作权法》第 3 条、第 6 条以及《著作权法实施条例》第 4 条的规定,作品可划分为以下几类:

(一)文字作品

文字作品是指小说、诗词、散文、论文等以文字形式表现的作品。文字作品的范围要比文学作品广,那些没有上升到"文学"水准,但有独创性的文字组合如产品说明书、节目预告单、楼书、科技论文、广告词等也属于文字作品。

相关案例

作品标题受著作权法保护吗?

案件背景介绍:

2001 年 3 月,著名电影《五朵金花》的编剧赵季康和王公浦于云南省昆明市中级人民法院对云南省曲靖卷烟厂提起诉讼。原告诉称,被告云南省曲靖卷烟厂未经其允许,使用并注册"五朵金花"商标,侵犯了其作为剧本作者的著作权,要求被告立即停止侵权、赔礼道歉。被告辩称,"五朵金花"一词不具有独创性,并非《著作权法》所称的"作品",其注册使用"五朵金花"商标的行为并未侵犯被告的著作权。

法院判决节选:

剧本《五朵金花》虽是一部完整的文学作品,但"五朵金花"一词作为该作品的名称,仅仅是《五朵金花》这部完整作品所具备的全部要素之一,并非《著作权法》所保护的"作品",因此,作品名称不能单独受《著作权法》保护。综上,被告使用并注册"五朵金花"商标的行为,不视为违反《著作权法》,不构成侵权。[①]

提示:

类似的案例还有歌曲名称《娃哈哈》与商标"娃哈哈"的纠纷。在我国,作品标题一般不受著作权法的保护。因为它缺乏最起码的长度和必要的深度,无法充分地表达和反映作者的思想感情或研究成果,以及与此相适应的智力创造性。

北京市高级人民法院京高法发【1996】460 号《关于审理著作权纠纷案件若干问题的解答》在阐述作品中人物的称谓是否有著作权时指出,"作品必须表达一定的思想、情感,传达一定的信息。简单的某一个人物的称谓如果没有其他材

---

① 蒋凯:《中国音乐著作权管理与诉讼》,知识产权出版社 2008 年版,第 14 页。

料配合,是难于表达出什么思想、情感,传达出信息的,人们也难于看出它所包含的意义,因此,一般情况下不宜作为作品给予保护。但是,人物的称谓具有独创性的,则可以构成作品,产生著作权"①。从上述北京市高级人民法院的意见可以推断,字数多少不是认定作品的首要依据,关键还是要看该部分文字能否表达出一定的思想、情感,传达一定的信息,而且该表达是否具有独创性。比如,寥寥几个字的广告语"只溶在口,不溶在手"、"科技以人为本"、"钻石恒久远,一颗永流传"、"just do it"等,虽然很短,但都是经过作者创造性的智力劳动独立创作出来的,构思精巧,语言凝练,理应认定为作品。

(二) 口述作品

口述作品是指即兴的演说、授课、法庭辩论等以口头语言形式表现的作品。我国《著作权法》虽然保护口述作品,但口述作品的创作者如果没有将其口述作品固定下来,形成作品的复制件,如对即兴演讲的录音或文字记录稿等,一般也难以对他人未经许可使用其口述作品的行为提起诉讼。

(三) 音乐、戏剧、曲艺、舞蹈和杂技艺术作品

音乐作品是指歌曲、交响乐等能够演唱或者演奏的带词或不带词的作品。

戏剧作品是指话剧、歌剧、地方戏等供舞台演出的作品,曲艺作品是指以相声、快板、大鼓、评书等说唱为主要形式表演的作品。两者受到著作权法保护的部分不是上演的那台戏,而是依据的剧本或底本。

舞蹈作品是指通过人体连续的动作、姿态、表情等表现思想情感的作品,同样,著作权法意义上的舞蹈作品是指被表演的舞蹈动作的设计。杂技艺术作品是指杂技、魔术、马戏等通过形体动作和技巧表现的作品,跟舞蹈作品一样,杂技艺术作品指的是对杂技艺术作品的设计与创作。需要指出的是,舞蹈或杂技表演中的常规动作、造型等因缺乏独创性,不能构成获得保护的作品。

(四) 美术、建筑作品

美术作品是指绘画、书法、雕塑等以线条、色彩或者其他有审美意义的平面或者立体的造型艺术作品。这里的"审美意义"并没有严格的标准,只要创作者将其对美学的独特观点在物质载体之上以可视方式表现出来,符合最低限度创造性的要求,就能形成美术作品。②

建筑作品是指以建筑物或构筑物形式表现的有审美意义的作品。这里的

---

① 张鲁民、陈锦川主编:《著作权审判实务与判例》,中国方正出版社2001年版,第326页。
② 参见王迁:《知识产权法教程》,中国人民大学出版社2007年版,第83页。

"审美意义"是指具有独创性的艺术美感,而且这美感能与建筑物的实用功能相分离。因此,属于作品的建筑应具有新颖性、独创性和可复制性,是建筑艺术作品。建筑作品包含两方面的内容:一个是建筑物本身,当然必须是外观或者装饰、设计上含有独创性成分的建筑物;另一个就是这个建筑的设计图和它的模型。

(五)摄影作品

根据我国《著作权法实施条例》的定义,摄影作品是指借助器械在感光材料或者其他介质上记录客观物体形象的艺术作品。"艺术作品"一词体现了对摄影作品的审美要求。任何摄影照片都是借助了照相机这一机械设备拍摄完成的,但从摄影照片升级为摄影作品,必然融入了拍摄者的个性选择、艺术观念和独特的表达手法,从而达到了著作权法中对于独创性的要求。

(六)电影作品和以类似摄制电影的方法创作的作品

电影作品和以类似摄制电影的方法创作的作品(以下简称"影视作品")是指摄制在一定介质之上,由一系列有伴音或无伴音的画面组成,并借助适当装置放映或者以其他方式传播的作品。

跟摄影作品一样,影视作品也是借助拍摄机械和其他一些电影技术设备拍摄和制作完成的。但同样的剧本,在不同的影视制作团队里,会出来不同的影视效果,为什么?因为在影视拍摄和制作过程中,深深地烙上了创作者的审美痕迹。每一部影视作品都包含了编剧、导演、摄像师、演员、配音师、后期制作人员等全体艺术家的智力创造,符合独创性的要求。

▶▶知识问答

问:幻灯片是影视作品吗?

答:电影是由上下相关的一系列画面构成的,在通过机器设备进行播放时,能够给观众以画面中的人或事物在运动的感觉。因此,运动感是构成电影作品的关键要素,而幻灯片在放映时无法给人以运动的感觉,因此,不能成为著作权意义上的电影作品。

▶▶知识问答

问:MV 的背景画面是否是以类似摄制电影的方法创作的作品?

答:卡拉 OK 厅营业性播放音乐电视(MV),必须付给词曲作者报酬,因为词曲作者拥有表演权。对于这点,大家能够达成一致。但是,卡拉 OK 厅是否还要付给制作MV的音像公司报酬呢？这要取决于对MV的背景画面的作品性质的认定。即MV的背景画面是否是以类似摄制电影的方法创作的作品？

如果是，那么支付报酬。因为影视作品的制作者享有"放映权"。如果不是，那么无需支付。因为如果仅仅是录像制品，拍摄制作MV的音像公司作为"录像制品制作者"对其MV仅享有复制权、发行权、出租权和信息网络传播权这四项权利，而不享有"放映权"。

在实际生活中，有的MV画面精良，类似一部微电影，体现了制作者的构思，有的MV画面粗糙，制作手法简单，甚至是将现成的素材流汗拼装一下而已。那么如何判断呢？标准还是看其是否达到了独创性的要求。如果是，那么可以被认定为影视作品，如果不是，那么只能属于录像制品。

（七）工程设计图、产品设计图、地图、示意图等图形作品和模型作品

根据《著作权法实施条例》的定义，图形作品是指"为施工、生产绘制的工程设计图、产品设计图，以及反映地理现象、说明事物原理或者结构的地图、示意图等作品"。模型作品是指为展示、试验或者观测等用途，根据物体的形状和结构，按照一定比例制成的立体作品，如地理沙盘模型、动植物模型和产品模型等。两类作品的共同特征是：属于科学领域，首要的功能要求是实用。著作权法的基本原则是不保护任何技术方案和使用功能，那为什么还要将两类作品列入著作权保护的对象呢？对此需要指出的是，著作权法保护这类设计图是因为图形本身所具有的美感，而绝非其中的实用性功能。[①] 以人体解剖图为例，人体骨骼和器官的数量、位置是不能随意改动的客观事实，但是不同的绘制者可以用不同的颜色标注某一器官，可以将美术创作手法应用在对器官特征的强调和说明上。在著作权法的保护范围内，绘制者只能阻止他人未经许可使用图中的个性成分，而不能禁止他人借鉴其中反映的客观事实。

（八）计算机软件

计算机软件是指计算机程序及其有关文档，对计算机软件的保护请详见《计算机软件保护条例》。

（九）法律、行政法规规定的其他作品，是指需要法律或行政法规履行规定的作品

《著作权法》第6条规定："民间文学艺术作品的著作权保护办法由国务院另行规定。"民间文学艺术作品，是指在某个民族或地区内，作者不明，但广泛流

---

① 参见王迁：《知识产权法教程》，中国人民大学出版社2007年版，第91页。

传并保存和发展的,反映该民族区域独特传统的文学、艺术作品。如民间故事、传说、舞蹈、音乐、诗歌、绘画、服饰、仪式、工艺品等。我国《著作权法》保护民间文学艺术作品,其具体办法由国务院另行规定。

黑龙江省饶河县四排赫哲族乡人民政府就《乌苏里船歌》起诉郭颂、中央电视台等侵犯民间文学艺术作品著作权纠纷案简介

案情:《想情郎》和《狩猎的哥哥回来了》是世代流传在乌苏里江流域赫哲族中的民间曲调。1962年,郭颂等在当地采风并创作完成了《乌苏里船歌》音乐作品。1999年11月2日,央视直播"99南宁国际民歌艺术节"时,主持人在郭颂演唱完《乌苏里船歌》后说这首歌为郭颂创作而不是赫哲族民歌,而郭颂也在出版物上把自己的署名方式定为作曲。

原告主张:《想情郎》和《狩猎的哥哥回来了》是赫哲乡人民在长期劳动和生活中逐渐产生的反映赫哲族民族特点、精神风貌和文化特征的民歌;该歌曲曲调属于著作权法规定的民间文学艺术作品,应当受到我国著作权法的保护,赫哲族人民依法享有署名权等精神权利和获得报酬权等经济权利;《乌苏里船歌》是赫哲族民歌,被告郭颂对外宣称该歌曲是原创作品,侵犯了上述民间文学艺术作品的著作权。

法院认为:

关于《想情郎》和《狩猎的哥哥回来了》能否作为民间文学艺术作品予以保护,法院认为,该两首民间音乐曲调属于赫哲族传统的一种民间文学艺术作品形式,作为我国各民族优秀的文化遗产资源,应受我国法律保护。

关于原告赫哲族乡政府是否有权以自己的名义提起诉讼,法院认为:赫哲族世代传承的民间曲调,是赫哲族民间文学艺术的组成部分,也是赫哲族每一个群体和每一个成员共同创作并拥有的精神文化财富;原告作为一个民族乡政府是依据我国宪法和特别法的规定,在少数民族聚居区内设立的乡级地方国家政权,该民族乡政府既是赫哲族部分群体的政治代表,也是赫哲族部分群体公共利益的代表;在赫哲族民间文学艺术可能受到侵害时,为维护本区域内的赫哲族公众的权益,在不违反法律禁止性规定的前提下,赫哲族乡政府可以以自己的名义提起诉讼。

关于《乌苏里船歌》音乐作品的曲调是否是根据赫哲族民间曲调改编的问题,法院认为:《乌苏里船歌》的主曲调是郭颂等人在赫哲族民间曲调《想情郎》

的基础上,进行了艺术的再创作,改编完成的作品;任何人利用民间文学艺术进行再创作,需要说明所创作的新作品的出处,这是我国民法通则中的公平原则和著作权法中保护民间文学艺术作品的法律原则的具体体现和最低要求。

综上,一审法院作出判决:郭颂等以任何方式再使用音乐作品《乌苏里船歌》时,应当注明"根据赫哲族民间曲调改编";郭颂等在《法制日报》上发表音乐作品《乌苏里船歌》系根据赫哲族民间曲调改编的声明。2003年,北京市高级人民法院终审维持了一审判决。①

《乌苏里船歌》案是我国首例直接涉及民间文学艺术作品保护的案件。案件引发了广泛争议,但至少案件确立了民间文学艺术保护的以下原则:民间文学艺术作品著作权由产生、传承该作品的特定区域民族群体共同享有;依法成立的民族区域政府有权代表该区域民族群体作为诉讼主体主张权利;对民间文学艺术作品进行改编等再度创作,无须经过许可,也无须支付相关费用,但不论以任何方式使用均需标注创作和传承该民间文学艺术作品民族群体的名称;对于不当利用民间文学艺术作品的侵权行为给创作和传承该民间文学艺术作品民族群体精神权益造成损害的,可以适当消除影响、赔礼道歉的方式承担法律责任。

第三节 著作权的主体和著作权的归属

著作权的主体就是对作品享有著作权的人。著作权的归属是指作品著作权应当由谁所享有。

一、著作权主体概述

按照《著作权法》第9条的规定:"著作权人包括:(1)作者;(2)其他依照本法享有著作权的公民、法人或者其他组织。"由此,我们可以将著作权人分为以下几类:

(一)自然人作者

著作权最基本的权利主体是自然人。这里是指创作文学、艺术和科学作品的自然人,而为他人创作进行组织工作、提供咨询意见或物质条件或者进行其他辅助活动的人不是作者,为他人创作提供线索、材料,而没有参加创作的人也不是作者。

---

① 蒋志培主编:《著作权新型疑难案件审判实务》,法律出版社2007年版,第168—169页。

但作者和"著作权主体"又不能完全画等号,因为作者之外的其他人根据合同或法律的直接规定也可以成为著作权人。

首先,有一类著作权人是通过继承、赠予、遗赠、受让(通过许可或转让两种方式)等获得著作权的。通过这些方式获得著作权的著作权人称继受主体。需要注意的是,根据我国《著作权法》的规定,著作权的继受主体不能享有完整的著作权,原因在于著作权中的人身权利是不能转让的。

▶▶ 背景揭秘

"张爱玲热"的背后

1995年至1996年间,内地出版界掀起了一阵"张爱玲热"。因为1995年9月8日,张爱玲在美国洛杉矶一家公寓去世。而张爱玲并无亲生子嗣,她的母亲、姑姑、姑父及弟弟张子静都已先后离世,有权利获取张爱玲版权的直系亲属都已亡故,内地出版社认为,按照惯例在她去世后作品将进入公有领域,于是,急吼吼地上演了张爱玲作品出版潮。没想到,张爱玲遗嘱将全部遗产交由多年来一直关照她的宋淇夫妇,而宋淇夫妇又将张爱玲版权部分的事宜授权台湾皇冠文学出版社有限公司独家代理,结果,内地出版社的侵权行为后来遭遇皇冠公司的几度维权。

其次,还有一类特殊情况是:作者并不享有著作权或只享有有限的著作权。最高人民法院《关于审理著作权民事纠纷案件适用法律若干问题的解释》第13条规定:"由他人执笔,本人审阅定稿并以本人名义发表的报告、讲话等作品,著作权归报告人或者讲话人享有。著作权人可以支付执笔人适当的报酬。"这意味着真正动手从事创作的作者不享有任何著作权,甚至没有署名权。

中国著作权"天字第一号大案"简介

《我的前半生》一书原来是由末代皇帝爱新觉罗·溥仪在抚顺战犯管理所关押期间口述,他的弟弟溥杰执笔完成的。后来,群众出版社指派当时在该社工作的文化干部李文达与溥仪一起对《我的前半生》进行修改。李文达在确立的新主题思想下"另起炉灶，重新创作"，亲自到溥仪过去生活过的地方进行调查，澄清了原书中许多讹误的史实，终于完成了修改稿。在上世纪80年代，李文达以合作作者的身份对外宣传《我的前半生》，溥仪的遗孀李淑贤认为这本书的著作权仅属于溥仪一人所有，因此对李文达提起了诉讼。经过北京市中院和高院二审，以及最高人民法院批复，最终认定自传体作品《我的前半生》的著作权应归特定人物溥仪享有。

该案曾经被称为中国著作权"天字第一号大案"。

（二）视为作者的法人或者其他组织

《著作权法》第11条规定："由法人或者其他组织主持，代表法人或者其他组织意志创作，并由法人或者其他组织承担责任的作品，法人或者其他组织视为作者。"例如，由于我国行政法规规定只有单位才可以申报制作电影、电视剧，所以，电影、电视剧的著作权人就一定是法人。

（三）国家

在特殊情况下，国家也可以成为著作权的主体。国家成为著作权主体主要有以下三种情况：（1）公民、法人或者其他组织将著作权中的财产权赠予国家；（2）公民死亡时，没有继承人或受遗赠人，或继承人放弃继承权的，著作权中的财产权归国家所有；（3）法人或者其他组织终止，没有权利义务承受人的，著作权中的财产权归国家所有。

（四）外国人

外国人的作品只要符合以下三项条件之一就可以在我国获得著作权保护：（1）外国人的作品首次在中国出版，或者在中国境外出版后30天内在中国境内出版；（2）其所属国或者经常居住国与中国签订了相互保护著作权的协议或共同参加了保护著作权的国际条约，包括《伯尔尼公约》、《世界版权条约》和TRIPs协议；（3）外国人的作品首次在上述中国参加的国际条约的缔约国首先出版，或者在非缔约国首次出版后30天内在缔约国出版。

二、特殊作品的著作权归属问题

通常情况下，著作权归属作者。《著作权法》第11条第4款规定："如无相反证明，在作品上署名的公民、法人或者其他组织为作者。"这是判断著作权归属的一般原则。但是，有些作品在创作和传播过程中，会涉及多个主体，这样就有著作权的归属问题。

（一）演绎作品的著作权归属

演绎作品，是指改编、翻译、注释、整理已有作品而产生的作品。演绎作品的构成包含两方面条件:一是保留了原作品的基本表达,如果新作品只有在思想、观念和创意上与原作品相似,则新作品不是原作品的演绎作品,而是一部独立的作品。二是对原作品的演绎达到了独创性的要求,如果连最基本的独创性要求都没有达到,那演绎后的结果只能被视为对原作品的复制。

对于演绎作品著作权的归属与行使,我国《著作权法》第12条规定:"改编、翻译、注释、整理已有作品而产生的作品,其著作权由改编、翻译、注释、整理人享有,但行使著作权时不得侵犯原作品的著作权。"

一部演绎作品实际上同时包含了原作者和演绎作者的智力创造,因此,使用演绎作品应当取得原作者和演绎作者的双重许可。例如,将一部真人版的电视剧改编成动画版,需要同时取得原作著作权人和真人版电视剧著作权人的双重许可。

(二) 合作作品的著作权归属

合作作品是指两个以上的作者合作创作的作品。合作作品的著作权由合作作者共同享有。当合作作品可分割使用时,作者对各自创作的部分可以单独享有著作权。最普遍的例子是合作歌曲的词作者和曲作者可以单独享有词部分的著作权和曲部分的著作权。但合作作品有机结合无法分割时,其著作权由各合作作者共同享有,通过协商一致行使;不能协商一致,又无正当理由的,任何一方不得阻止他方行使除转让以外的其他权利,但是所得收益应当合理分配给所有合作作者。需要指出的是,《著作权法实施条例》第14条规定:合作作者之一死亡后,对其合作作品享有的财产权利无人继承又无人受遗赠的,由其他合作作者享有,这是《著作权法实施条例》作出的不同于《继承法》一般原则的特殊规定。

(三) 汇编作品的著作权归属

汇编作品是指根据特定要求对若干作品、作品的片段或者不构成作品的事实、数据或其他材料进行选择、汇集和编排而产生的新作品。汇编作品的著作权归汇编人享有,但行使著作权时,不得侵犯原作品的著作权。例如,某出版社编辑们经过有关作者的许可之后汇编了《贺岁电影剧本精选》,该精选因体现了出版社具有创造性的选择而成为汇编作品,但出版社未经过各电影剧本作者的同意,是无权自行许可电影公司将精选的各剧本拍摄成电影的,否则构成侵权。因为各剧本的摄制电影权仍然掌握在作者手中。当然,如果有出版社未经该出版社的许可,出版了一本同样的《贺岁电影剧本精选》,则侵犯了该出版社对这部汇编作品的著作权。

(四) 影视作品的著作权归属

我国《著作权法》规定,影视作品的作者有编剧、导演、摄影、作词、作曲等。由于影视作品是将众多作者和表演者以及其他创作活动和技术活动凝结在一起的复杂的集合体,大多数作者的创作不可分割地融进同一个表现形式中,除去音乐、剧本、美术等作品外,每个作者的创作成果都无法从影视作品整体中分割出来获得独自的表现形式,因而这些作者都无法单独行使其著作权。因此,我国《著作权法》第15条规定,电影作品和以类似摄制电影的方法创作的作品的著作权由制片者享有,但编剧、导演、摄影、作词、作曲等作者享有署名权,并有权按照与制片者签订的合同获得报酬。电影作品和以类似摄制电影的方法创作的作品中的剧本、音乐等可以单独使用的作品的作者有权单独行使其著作权。

(五)职务作品的著作权归属

职务作品是指公民为完成法人或者其他组织工作任务所创作的作品。我国《著作权法》第16条对职务作品的著作权归属作了明确划分。

第一,一般情况下,职务作品的著作权由作者享有,但法人或者其他组织有权在其业务范围内优先使用。作品完成两年内,未经单位同意,作者不得许可第三人以与单位使用的相同方式使用该作品。《著作权法实施条例》第12条规定:"职务作品完成两年内,经单位同意,作者许可第三人以与单位使用的相同方式使用作品。所获报酬,由作者与单位按约定的比例分配。作品完成两年的期限,自作者向单位交付作品之日起计算。"

第二,有两种情况,职务作品的作者只享有署名权,著作权的其他权利由法人或者其他组织享有,法人或者其他组织可以给予作者奖励:(1)主要是利用法人或者其他组织的物质技术条件创作,并由法人或者其他组织承担责任的工程设计图、产品设计图、地图、计算机软件等职务作品。这里的"物质技术条件",是指该法人或者该组织为公民完成创作专门提供的资金、设备或者资料。(2)法律、行政法规规定或者合同约定著作权由法人或者其他组织享有的职务作品。

(六)委托作品的著作权归属

委托作品是指受人委托创作的作品。鉴于委托作品基于委托合同而产生,它与职务作品基于法律或者劳动合同而产生是有区别的。我国《著作权法》第17条规定:"受委托创作的作品,著作权的归属由委托人和受托人通过合同约定。合同未作明确约定或者没有订立合同的,著作权属于受托人。"那么,假如在没有合同约定的情况下,新婚夫妇展示自己的婚纱照,还必须经过摄影作品著作权人(通常是摄影师,如果摄影师属于影楼的雇员,那么该摄影作品属于职务作品,此时作品著作权人为影楼)的许可,甚至再支付额外报酬?根据相关司法解释,如果委托作品著作权归属于受托人,则委托人在约定的使用范围内享有使用作品的权利;双方没有约定使用作品范围的,委托人可以在委托创作的特定的目的范围内免费使用该作品。因此,新婚夫妇展示自己的婚纱照,无须经过摄影作品著作权人的许可,也无须再支付额外费用。但如果将婚纱照成册出版,则需要经过摄影作品著作权人的许可。作为出版社来说,此种情况下出版婚纱照,不仅需要取得摄影作品著作权人的许可,还要取得新婚夫妇的肖像权使用许可。当然,摄影作品著作权人如果想要将婚纱照作为典范放置在橱窗里,也需要取得新婚夫妇的肖像权使用许可。

(七)美术作品原件的著作权归属

就美术作品而言,它涉及两类权利:一类是美术作品原件所有人对美术作品原件的所有权,这是一种物权,它包括占有、使用、收益和处分美术作品原件的权利;另一类是美术作品的创作人对于美术作品的著作权。这是两类不同的权利。我国《著作权法》第 18 条规定,美术等作品原件所有权的转移,不视为作品著作权的转移;但美术作品原件的展览权由原件所有人享有。

▶▶ **知识问答**

问:当艺术家将自己创作的一件美术作品赠给美术馆后,美术馆是否可以许可他人在网站、宣传品、设计产品以及影视作品中使用有关这幅画的图像?

答:不可以,除非艺术家在赠书上特别注明,将艺术作品的著作权也一并赠予。

一件美术作品原件包含两种权属——美术作品原件的物权和美术作品的著作权,除非艺术家赠书上特别注明,一般的赠予行为被认为只是原件物权的赠予,而他人在网站、宣传品、设计产品以及影视作品中使用有关这幅画的图像,属于著作权的开发与经营行为,因此,美术作品著作权的开发方首先应该取得美术作品著作权所有人(即艺术家)的许可,当然,如果开发过程中需要使用原件本身,还需要征得美术馆方的同意。

第四节 著作权的内容

著作权的内容是指著作权人享有的专有权利的总和,是著作权法中最为核心的部分。我国《著作权法》第 10 条规定了著作权的权利内容,包括人身权和财产权两大部分。

一、人身权

人身权是作者基于作品依法享有的以人身利益为内容的权利。著作权中的人身权利,也称精神权利,只有作者才能享有,而且永远受到保护,没有时间限制。

我国《著作权法》规定了四项人身权,即发表权、署名权、修改权和保护作品完整权。

(一) 发表权

发表权是指作者决定作品是否公之于众的权利。大陆法系的著作权法理论认为,作品就像是作者的儿子,那"发表"就是将"儿子"分娩。因此,发表权属于一次性权利,一旦将作品公之于众,这项权利也就用尽了。与自然分娩不同的是,作者有权决定其作品是否发表、何时发表以及以何种形式发表。发表的形式有很多,包括出版发行、广播、上映、口述、演出、展示和网络传播等。

《小团圆》是张爱玲生前在遗嘱中指明要"销毁"的作品,但这部小说最后还是由台湾皇冠出版社有限公司出版面世了,以致它的出版引发了多方争议。这种情况要是发生在大陆该怎么办？我国《著作权法实施条例》第17条规定:"作者生前未发表的作品,如果作者未明确表示不发表,作者死亡后五十年内,其发表权可由继承人或者受遗赠人行使;没有继承人又无人受遗赠的,由作品原件的合法所有人行使。"这条规定还含有这样的意思,如果作者明确表示不发表,无论是继承人、受遗赠人还是作品原件合法所有人都不能将作品发表,这体现了对作者精神权利的尊重。

发表权明确了只有作者本人才有权决定自己的思想是否公诸于世,包括那些原件不在作者手中的作品,比如写给他人的信件,包括情书。

(二) 署名权

署名权是指作者在自己创作的作品上署名的权利,以表明自己与特定作品之间的关系。作者享有署名权,意味着作者有权决定在作品上是署真名、笔名、假名还是暂时不署名,任何人不得干涉。如果作者投稿时署了笔名,编辑就不能擅自标出作者的真名,更不能不署作者的笔名。作者也有权禁止任何未参加创作的人在自己作品上署名的行为。如果作品署名发表,则其他任何人以出版、广播、表演、翻译、改编等方式使用这一作品时,都应当说明作者姓名,否则就构成侵权。

相关案例

案情简介:《女性大世界》杂志社与摄影家章某签订了一份摄影作品许可使用合同,双方在合同中载明:杂志社拟于2002年4月在《女性大世界》期刊上使用上述图片,并应注明作者姓名……合同签订后,杂志社如约在2004年4月下半月的《女性大世界》第126—131页中将章某的摄影作品与另一作者李某的摄影作品一同刊载,署名为章某、李某,但未对二人各自的作品分别加以注明。章某发现后,诉至法院,请求对侵犯其独立发表权的行为在期刊上予以纠正,并赔礼道歉。

法院作出判决如下:自本判决生效之日起2个月内,被告云南《女性大世界》杂志社在《女性大世界》杂志上刊登更正声明,明确为原告章某的作品独立署名。

提示:在本案中,杂志社在刊登章某的作品时,未经许可将章某独立创作的作品与其他作者的作品混合使用,将章某与其他作者一并署名,并未对二人各自的作品分别加以注明,容易引起读者误以为是署名者二人的合作作品,不仅侵害了章某的署名权,也侵害了另一作者李某的署名权,应当在该杂志上刊登更正声明,为两位作者的作品独立署名。①

(三) 修改权

修改权是指修改或者授权他人修改其作品的权利。所谓"修改",是对作品内容作局部的变更以及文字、用语的修正。② 修改可以在作品发表前进行,也可以在作品发表以后进行,但在后一种情况下,作者应适当承担因修改作品给有关部门造成的损失。

修改权的行使,一般由作者自己进行,也可以授权他人修改自己的作品。未经作者授权许可,任何人不得擅自修改其作品,否则构成侵权。

(四) 保护作品完整权

保护作品完整权,是指保护作品不受歪曲、篡改的权利。保护作品完整权,包括保护作品的内容、表现形式和作品形象的完整。保护作品内容的完整,要求他人在使用作品时,不得作歪曲性、贬损性的使用,不得断章取义、篡改作者的思想观点;保护作品表现形式的完整,是指作者有权禁止他人剽窃、割裂文章,以维护文章形式的和谐统一;保护作品形象的完整,是指他人在评价作品时,不得随意吹捧或者贬损作品形象,以保护作品的社会评价水平不受伤害、不被降低。③ 这项权利的重要意义在于维护作者的名誉和声望,因此,多数国家还将"可能对作者的声誉造成损害"作为侵犯保护作品完整权的要件。④ 在法国,极端重视作

---

① 张今主编:《中国文化产业合同案例精选与评析》,知识产权出版社2011年版,第8—10页。
② 参见胡康生主编:《中华人民共和国著作权法释义》,法律出版社2002年版,第43页。
③ 参见黄宪容主编:《出版法规及其应用》,苏州大学出版社2005年版,第61页。
④ 参见王迁:《知识产权法教程》,中国人民大学出版社2007年版,第108页。

品人身权的保护,例如,广告商不能将为了宗教目的而创作的音乐作品用于商业广告之中;未经许可为早期的无声电影配音也被判定侵犯了作品完整权,法国甚至对电视台在播放作品过程中插播广告的行为进行了限制。

> **警示案例**
>
> ### 风流版《沙家浜》的下场
>
> 浙江的《江南》文学杂志刊载"风流版"《沙家浜》,将女主角阿庆嫂由抗日英雄变成了一个"荡妇"。此作一面世,即引起了轩然大波。当年的红军老战士义愤填膺,认为是对当年抗日军民、抗日英雄形象的亵渎和人格玷污。拥有沪剧《芦荡火种》(京剧由其改编)著作权的文牧先生的夫人筱惠琴女士对小说的内容表示非常气愤,并表示保留法律追诉权。①

(五)其他著作人身权

我国《著作权法》规定了上述四种著作人身权。在对著作人身权保护水平较高的一些大陆法系国家还规定了收回作品权、接触作品权和追续权。

1. 收回作品权

假如作者对自己已经转让或许可出去的权利作品中所表达的思想感情出现悔意,以致想要阻止作品在市场上的进一步流通,怎么办?一些大陆法系国家规定了收回作品权。

其基本含义是:即使作者已经转让了经济权利或许可他人行使,如因其所表达的思想感情发生了变化而希望修改作品或不希望原作品继续流传,可以收回已转让或许可的权利。但是,由于收回作品权的行使必然会影响先前合法获得权利者的利益,因此,作者在行使此项权利时必须进行合理补偿。

2. 接触作品权

画家将自己的画作原件出售或赠予后,他人只获得了该美术作品原件的物权,著作权依然在画家手里。但是,假如他人阻止画家与画作接触,从而使得画家无法行使包括复制权在内的任何经济权利,怎么办?部分大陆法系国家规定了接触作品权。

其含义是:即使作品原件或复制件已为他人合法取得,作者为了有效行使其

---

① 钮鸣鸣:《"风流版"沙家浜震惊文化界》,http://www.people.com.cn/GB/wenyu/66/133/20030303/934936.html。

著作权,仍然有权接触该作品原件或复制件。但作者对作品原件或复制件的接触应当尽量避免对合法占有人造成不便。

3. 追续权

对视觉艺术作品而言,其最有价值的是原件。但是,假如艺术家早年低价出手后,其作品原件的价值却越拍越高,而根据"发行权一次用尽原则",作者对再次出售的原件丧失了控制权,因而也不能分享后来增值的那部分利益,怎么办?为了纠正这种对艺术家不公平的现象,欧盟国家规定了追续权。

根据 2001 年通过的《追续权指令》,欧盟成员国应当为绘画、拼装画、油画、素描、雕版画、版画、石版画、雕刻、编织画、照片以及陶瓷、玻璃造型等原创视觉艺术作品的作者规定追续权,使之能够在其首次销售作品之后,按转售价金的法定比例收取版税。但适用对象仅限于由作者亲手制作的原件或由作者编号、签名的有限数量的复制件。

二、财产权

财产权,是指作者享有的使用作品而获得报酬的权利,与人身权利不同,它可以给作者带来经济回报,从而刺激创作热情,促进文学、艺术和科技的进步和发展。这是国家立法保护著作财产权的宗旨,也是文化产业生存、发展和壮大的法律支撑。

我国《著作权法》共规定了 13 种财产权利,它可以通过转让或者许可他人使用来行使,这是财产权利与人身权利的又一区别。

(一) 复制权

复制权是著作财产权中最为核心的权利。因为作品被盗版的主要前提是被复制。所以,只要能够有效地控制复制权,就能基本维护著作权人的经济利益。我国《著作权法》将复制权定义为"以印刷、复印、拓印、录音、录像、翻录、翻拍等方式将作品制作一份或者多份的权利"。

要构成著作权法上的"复制行为",应当满足以下两个要件:

1. 该行为应当在有形物质载体之上再现作品

在有形物质载体之上再现作品,是复制行为与其他再现作品行为,如表演、广播和放映等行为最根本的区别。如果再现作品的行为并不借助有形物质载体,则该行为不可能是著作权法意义上的复制。如将某本武林秘籍刻在人体的皮肤上是复制行为,但过目不忘将某本武林秘籍记在脑子里就不构成复制,因为记忆是一种精神方面的活动,并非是在有形物质载体上再现作品的行为。

2. 该行为应当使作品被相对稳定和持久地"固定"在有形物质载体之上,形成作品的有形复制件因为"将作品制作一份或者多份",前提是将作品原件相对稳定持久地固定在有形物质载体之上。所以,在一幅画前面摆放一面镜子以让镜面映出这幅画的全貌,并不是对美术作品的"复制"。因为镜子实际上只是暂时照出了这幅画,而没有真正把这幅画"固定"在镜子上。因为一旦将这幅画拿开,"镜中花"也就消失了。那么,电视台对演唱会的现场直播是不是复制行为呢?不是,因为电视台对演唱会的现场直播虽然也使音乐作品和歌手的声音通过电视机得以再现,但是被演唱的音乐作品只是通过电视机扬声器被即时地播放,并没有被"固定"在电视机中。如同拿掉镜子"镜中花"消失一样,只要歌星在现场停止演唱,电视机中也不会有作品传出了。

根据复制行为涉及的载体类型,大致可将复制行为分为以下几类:

(1)"从平面到平面"的复制。例如,将画家用画笔绘制的平面美术作品——2010年上海世博会吉祥物"海宝"用照相机翻拍。

(2)"从平面到立体"的复制,主要是指按照美术作品或设计图制作立体艺术品,以及根据建筑设计图建造建筑作品的行为。例如,根据画家用画笔绘制的平面美术作品——2010年上海世博会吉祥物"海宝"制作成立体的"海宝"毛绒玩具。

(3)"从立体到平面"的复制。例如,在一些立体艺术品的展览会,组织者是不允许参观者拍摄的,如果未经许可拍摄,就可能构成对复制权的侵犯。但是,雕刻、雕塑和建筑作品等三维作品往往存在于公共场合,如果一概限制公众对这些作品进行从立体到平面的复制,即拍摄或临摹,对公众而言不大公平。因此,许多国家都对这类公众场合的立体艺术品和建筑物的复制权加以一定的限制。我国《著作权法》的相关规定有:"对设置或者陈列在室外公共场所的艺术作品进行临摹、绘画、摄影和录像"可以不经著作权人许可。[①]

(4)"从立体到立体"的复制。比如,同比例缩小或放大立体艺术品。

(5)"从无载体到有载体"的复制。比如,将演讲者的口述作品用录音笔录制下来。

(6)数字环境中的复制行为包括:

① 将作品以各种技术手段固定在芯片、光盘、硬盘和软件磁盘媒介之上。

② 将作品上传至网络服务器。

③ 将歌曲从网络服务器或他人计算机中下载到本地计算机,而不是在线试听。

④ 通过网络向其他计算机用户发送作品。

---

① 参见王迁:《知识产权法教程》,中国人民大学出版社2007年版,第125页。

（二）发行权

发行权即以出售或者赠予方式向公众提供作品的原件或者复制件的权利。

构成著作权法意义上的发行行为，应当符合以下条件：

首先，该行为应当面向"公众"提供作品的原件或复印件。非公开地提供作品原件或复制件则不构成发行。因此，发行又被称为"公开发行"。可以表现为出版社出版发行一种书、书店出售一种书或影像带、音像公司录制发行一歌集、画廊印制散发美术作品介绍小册子，以及拍卖行公开拍卖美术作品原件等。

但发行不等同于公开面世，只有导致公众获得或得以获得作品有形复印件的行为才能构成发行行为，这是构成发行行为的第二个条件。因此，像公开朗诵诗歌、演唱歌曲、展览油画，或通过无线、有线系统向公众传送作品并非发行行为，因为它们虽然公开面世了，但却不能使公众获得作品的原件或者复印件，只能让观众感受作品的内容。这是"发行"行为区别于"表演"、"广播"和展览等行为的关键所在。

发行权一次用尽原则

"发行权一次用尽原则"又称"首次销售原则"或"权利穷竭原则"，是著作权法中一条限制版权人专有权利的重要原则。它的含义是：作品原件和经授权合法制作的作品复制件经著作权人许可，首次向公众销售与赠予之后，著作权人就无法控制该特定原件或复制件的再次流转了，也就是说，合法获得该作品原件或复制件所有权的人可以不经著作权人许可将其再次出售或赠予。

正是由于"发行权一次用尽原则"的存在，旧书店或旧唱片店可以将用过的正版书籍和唱片再次出售，而无需经过著作权人的许可。

（三）出租权

出租权即有偿许可他人临时使用电影作品和以类似摄制电影的方法创作的作品、计算机软件的权利，计算机不是出租的主要标的的除外。通过著作权法的出租权定义可以知晓，向公众出租影视作品和计算机软件是需要经过著作权人许可的。不过，对于计算机软件而言，如果软件并非出租的主要标的，而是作为被出租物中的一个次要附属，则该出租行为无需经过著作权人的许可。例如，向公众出租冰柜，而冰柜必然装有固化了计算机软件的电脑芯片，由于该软件并非出租的主要标的，因此，该出租行为无需取得著作权人的许可。

(四) 表演权

表演权是指公开表演作品,以及用各种手段公开播送作品的表演的权利。据此,表演权可分为现场表演和机械表演。

1. 现场表演

它指的是人直接或借助技术设备以声音、表情、动作公开再现作品的行为,如朗诵诗歌、演奏音乐、上演戏剧、表演舞蹈等。

2. 机械表演

它指的是借助机器设备将前述表演进行录制,并将录制的表演公开传播的行为。例如,在夜总会、歌舞厅、迪斯科舞厅;酒吧、咖啡厅、餐厅;商场和超级市场;宾馆、航空和铁路等场所播放背景音乐的行为就是典型的机械表演。

(五) 放映权

它是指通过放映机、幻灯机等技术设备公开再现美术、摄影、电影和以类似摄制电影的方法创作的作品等的权利。放映权的设立意味着公开播放电影等作品的行为应当经过著作权人的许可并支付报酬。在我国现实生活中,大家认为在电影院和放映厅等经营场所放映需要取得许可并支付报酬,但没有意识到在宾馆、餐厅等公共场所和学校、工厂、机关等半公开场所播放电影也需要取得许可并支付报酬。

(六) 广播权

它是指以无线方式公开广播或者传播作品,以有线传播或者转播的方式向公众传播广播的作品,以及通过扩音器或者其他传送符号、声音、图像的类似工具向公众传播广播的作品的权利。据此,广播权控制三种对作品的广播行为,分别为:无线广播、有线转播和公开播放广播。

无线广播:我国《著作权法》第43条规定:"广播电台、电视台播放已经出版的录音制品,可以不经著作权人许可,但应当支付报酬。当事人另有约定的除外。具体办法由国务院规定。"2009年11月7日,国务院据此颁布了《广播电台电视台播放录音制品支付报酬暂行办法》。

有线转播:今天六部分有线电视台已经不是单纯地将接收到的无线广播节目通过有线系统加以转播,而是直接播送作品。那么,有线电视台是否可以不受广播权的限制了呢?答案是肯定的。另外,著作权人的权利如何保障呢?我国《著作权法》第10条第1款第17项"应当由著作权人享有的其他权利"应当包含著作权人实施这种有线广播行为的专有权利。[1]

公开播放广播:是指在接收到包含作品的广播节目之后,通过扩音器、电视

---

[1] 参见胡康生主编:《中华人民共和国著作权法释义》,法律出版社2002年版,第63—64页。

机等设备或手段将其向公众播放。如电器商场的电视机专柜通过电视机屏幕使消费者鉴赏电视台正在播出的作品,从而作出选购。这类行为应当向广播作品的著作权人支付报酬。然而,目前我国的著作权保护还没进展到这一层次。

(七) 展览权

它是指公开陈列美术作品、摄影作品的原件或者复制件的权利。

我国著作权法的展览权仅适用于美术作品和摄影作品。展览的形式不仅指直接展示,还包括以电视、幻灯或其他设备固定作品中的某一个画面。需要指出的是,我国《著作权法》第18条规定:"美术等作品原件所有权的转移,不视为作品著作权的转移,但美术作品原件的展览权由原件所有人享有。"这是对"展览权"规定的一个重要例外。

(八) 信息网络传播权

它是指以有线或无线的信息传输网络向公众提供作品,使公众可以在其个人选定的时间和地点获得作品的权利。

网络出现以前,传统的传播方式都是单向的,时间和地点都由传播者指定,观众只能被动接受。但是,网络的出现改变了传播模式,一部作品被人进行"数字化"后上传至向公众开放的网络服务器上,则只要作品本身没有被删除以及网络服务器保持开机和联网状态,任何用户即可自己选定时间和地点在任何一台联网的计算机上点击下载作品文件在线收看或收听。网络传播打破了受众只能被动接受信息的传统传播方式的束缚,也向《著作权法》的规定发起挑战。为了应对网络环境下的新变化,我国2001年修订的《著作权法》赋予作者信息网络传播权。

(九) 摄制权

它是指以摄制电影或者以类似摄制电影的方法将作品固定在载体上的权利。最常见的是将小说拍成电影、电视剧。

(十) 改编权

它是指改变原作品,创作出具有独创性的新作品的权利。一般是指在保留原作品基本表达的情况下,将原作品由一种类型改变成另一种类型。如将小说改编成剧本或连环画、将电视剧改编成 Flash 版等。

(十一) 翻译权

它是将作品从一种语言文字转换成另一种语言文字的权利。如将国外的作品译成中文,或将中文的作品译成外文,但翻译不包括由普通话译成中国某地区的方言或将方言译成普通话,因为它们在书面上都用汉字。

(十二) 汇编权

它是指将作品或者作品的片段通过选择或者编排汇集成新作品的权利。汇编并不改变作品本身,只是为一个主题将作品汇编。

(十三)应当由著作权人享有的其他权利。

这是为未来将出现的新的作品使用方式预留的空间。

▶▶ 异域观察

美国的转让终止权介绍

美国版权法在1976年的修订版中为作者规定了一项新的权利——转让终止权。其基本含义是:授予著作者或其继承人在一定期限后重获作品的版权。其依据的理论是当作者最初将版权转让时,由于作品没有接受市场的检验,对版权所拥有的价值并不清楚,这就不利于作者与出版人和唱片公司等接受转让方议价。

终止"窗口"从转让后的35年开始计算,有5年的缓冲期,让接受转让方对自己因版权终止造成的影响进行消除。但是,该权利不适用雇佣作品(即职务作品)。

美国的转让终止权与欧盟的追续权带给我们的思考

案例1: 梵高,荷兰印象派的代表人物,在他穷困潦倒的37年生命里,共创作了800幅油画和700幅素描,但却只卖出一幅作品,价格仅合80美元,最后在贫困窘迫中死去。在1989年,他的两幅作品《向日葵》和《蓝色鸢尾花》分别以3200万美元和5390万美元卖出。1990年5月,梵高的一幅油画《加歇医生》售价高达8250万美元。

案例2: 张晓刚的《天安门》5000美元出手,后来在第一次拍卖会上230万美元成交。

案例3: 刘小东的《三峡移民》2004年100多万出手,2006年在北京保利2200多万成交(俏江南张兰拍得)。现在据说已升至4000多万。

上述三个案例揭示了艺术市场中的一个不公平现象:有些艺术作品的初售价与市场反应价差距巨大,而这其中的差价全到了"画商"的手中,而不是画家本人或其后人。

艺术作品的市场预期难以预测,造成了作者与收藏家和艺术品商人之间的分配不公。此类情况在内容产业中普遍存在,尤其在视觉艺术作品市场情况更甚。因此，为了保障作者能够分享由自己作品所带来的经济利益，从作品原件的流转收益中得到一定比例的补充报酬，由法国带头，欧盟于2001年规定了作者的追续权(如前所述)，而美国则规定了作者的终止转让权。

欧盟的追续权只针对原创视觉艺术作品，而且由于转让版税的提高推高了原创视觉艺术作品的拍卖价，结果导致法国失去了艺术品市场的吸引力。相比之下，美国版权法中规定的版权转让终止权针对所有的版权作品，由于美国拒不设置追续权，结果成了当今世界艺术品市场的领头羊。双方的不同选择导致巴黎成为艺术家的乐园，而纽约成了艺术商的福地。当然，两者之所以有不同选择，源于大陆法系和英美法系的不同的著作权文化背景。

目前，中国的著作权法对于创作者在转让版权时的议价弱势缺乏相关的保障条款，创作者只能通过与买方订立合同的方式"以防不测"，但合同对版权的再多次转让行为缺乏溯及力。

中国是否设置追续权，牵涉到国家是注重保护艺术家的创作热情还是扶持国家的艺术市场，参考美国版权制度，笔者以为增设版权转让终止权是个既能保护原创者利益又兼顾艺术市场培养的切实可行的办法。①

第五节　邻　接　权

在文化产业中，作品的创作只是文化产业链的源头而不是全部，之后，还要经过生产、传播和销售等环节，文化产品才最终到达终端。因此，表演者、录音录像制品制作者和广播组织在其中发挥的重要作用也不可忽视，他们在传播作品和再创作作品过程中贡献了自己的智力和艺术价值。试想，同样是一首提琴曲《梁祝》，由小提琴演奏家俞丽娜来表演和由普通小提琴演奏员来表演为什么效果不一样？同样的一首歌曲，由专业的录制人员和一般人来录制为什么效果不一样？同样的一部作品，不同的版本为什么会有不同的版式设计？

这说明，作品的传播者和作品之外劳动成果的创作者为作品的"修成正果"进行了某些有价值的非物质劳动。

但是，一方面他们的这些劳动无法达到多数国家对于作品"独创性"的要求。另一方面，随着录音技术、电影摄制技术和无线广播技术的迅猛发展，他们的劳动成果面临着被轻易复制和蚕食的危险，结果导致他们的积极性降低。以

---

① 黄虚峰：《美国版权法与音乐产业》，法律出版社2012年版，第187页。

唱片公司为例,一张正版唱片的制作成本包含了支付给音乐著作权人和歌手的报酬、录制唱片的人力和设备上的投入,而未经许可复制这张唱片只需一点录制成本而已。

于是立法者们在著作权法中创设了邻接权以解决这个困境。邻接权的定义也据此理解为:不构成作品的特定文化产品的创造者对该文化产品所享有的排他性权利。

在我国《著作权法》中,邻接权特指表演者对其表演活动、录音录像制品制作者对其制作的录音录像制品、广播组织对其播出的广播信号以及出版者对其版式设计所享有的专有权利。

一、表演者权

表演者权是指表演者对其表演活动所享有的专有权利。

(一)主体

我国《著作权法实施条例》第 5 条规定,表演者是指演员、演出单位或者其他表演文学、艺术作品的人。理解关于表演者主体的界定,要把握以下三点:

(1)无论作品是否过了著作权保护期,表演作品的表演者都对其作品享有表演者权。比如吴承恩的《西游记》已过了著作权保护期,但是,著名演员六小龄童对其塑造的孙悟空依然享有表演者权。

(2)如果被表演的不是著作权法意义上的作品,那么从事表演活动的人就不是著作权法意义上的"表演者"。例如武术表演、体操表演、技巧表演等展现技巧而不展现美感的表演活动中的人。

(3)根据我国著作权法的界定,演出单位也可以是表演者。这种情形下,演出组织者与有关著作权人建立著作权许可使用法律关系,直接表演的演员虽然表演他人作品,但并不需要直接与著作权人订立许可合同,因而不成为许可使用法律关系的主体。曾经发生的沙宝亮演唱电视剧《金粉世家》的插曲《暗香》引发的纠纷,就是因为虽然曲作者予以许可,而词作者未表示许可而引起的。不过此案中演唱者是演出组织者的签约歌手,受组织者安排演唱,不应承担法律责任,所以法院判决由演出组织者赔偿词作者人民币 12000 元。[①]

(二)客体

表演者权的客体是表演活动。也就是"表演者通过自己对作品的理解和解释,以声音、动作、表情等将作品的内容传达出来,或者借助一定的工具如乐器、

---

① 参见魏永征、李丹林、主编:《影视法导论——电影电视节目制作人须知》,复旦大学出版社 2005 年版,第 204 页。

道具等将作品的内容传达出来"。需要指出的是,如果表演者多次进行了表演,则无论每次表演的内容是否相同,表演者对每一次表演都享有表演者权。①

（三）内容

根据我国《著作权法》的规定,表演者享有以下权利：表明表演者身份；保护表演形象不受歪曲；许可他人从现场直播或公开传送其现场表演,并获得报酬；许可他人录音录像,并获得报酬；②许可他人复制、发行录有其表演的录音录像制品,并获得报酬；许可他人通过信息网络向公众传播其表演,并获得报酬。

二、录音录像制作者权

录音录像制作者权简称"录制者权",是指录音、录像制品的制作者对其制作的录音、录像制品享有的专有权利。

（一）主体

主体即首次制作录音录像制品的人。

（二）客体

客体即录音制品和录像制品。我国《著作权法实施条例》对录音制品的定义为"任何对表演的声音和其他声音的录制品"。这里的"其他声音"比如自然界的声音和婴儿的声音等。对录像制品的定义为"电影作品和以类似摄制电影的方法创作的作品以外的任何有伴音或者无伴音的连续相关形象、图像的录制品"。

（三）内容

录音录像制作者对其制作的录音录像制品,享有许可他人复制、发行、出租、通过信息网络向公众传播并获得报酬的权利；此外,录像制作者还享有许可电视台播放权。

三、广播组织权

广播组织权是指广播组织就自己播放的节目信号享有的专有权利。

（一）主体

主体即广播组织。不仅指广播电台,还包括电视台、卫星广播组织、有线广播组织等。

（二）客体

客体即广播组织播放的节目信号,而非广播组织制作的广播、电视节目。这

---

① 参见王迁：《知识产权法教程》,中国人民大学出版社2007年版,第215页。
② 亦称"首次固定权"。

意味着无论该节目是否为广播组织自己制作,只要是广播组织合法播放的,广播组织对节目信号都享有广播组织权,因为被播放的非自制节目都是广播组织支付了高额费用购买转播权而来,当然,对于广播组织播放自制节目而言,广播组织既可以作为制片人享有著作权,同时又作为广播组织享有广播组织权。

(三) 内容

我国《著作权法》第44条规定:广播电台、电视台有权禁止未经其许可的下列行为:(1)将其播放的广播、电视转播;(2)将其播放的广播、电视录制在音像载体上以及复制音像载体。

四、其他邻接权——版式设计

目前,我国《著作权法》在以上三种传统的邻接权之外,还创设了另一种邻接权——版式设计权。《著作权法》第36条规定:"出版者有权许可或者禁止他人使用其出版的图书、期刊的版式设计。前款规定的权利的保护期为十年,截止于使用该版式设计的图书、期刊首次出版后第十年的12月31日。"

版式设计与装帧设计的区别:

版式设计:是指对印刷品的版面格式的设计,包括对版心、排式、用字、行距、标点等版面布局因素的安排。版式设计权的使用针对的是同一种出版物。

装帧设计:是指对出版物外观的装饰设计,如封面的色彩、图形等。许多装帧设计可以作为美术作品受到保护,如果出版物因销量较大而变得知名,那装帧设计还可以作为知名商品特有的装潢受到《反不正当竞争法》的保护。

相关案例

外语教学与研究出版社诉外文出版社案

原告外语教学与研究出版社(简称外研社)诉称:外研社于2002年2月出版发行《牛津英汉双解小词典(新版)》,于2003年12月出版发行《牛津现代英汉双解词典(新版)》,于2004年9月出版发行《牛津英汉汉英小词典(新版)》,并对三本词典采用了基本相同的封面、书脊设计,具备自己独特的风格,因词典广受欢迎及大量销售,其封面也为读者所熟识。外文出版社(简称外文社)于2005年出版发行的《现代新英汉双解词典》(简称《新英汉词典》),使用了与外研社上述三本词典极为近似的封面,只是个别颜色略有变化。外研社认为外文社的上述行为构成对其版式设计的侵犯。

法院审理后认为:出版者对其出版的图书、期刊的版式设计享有专有使用权。版式设计是对印刷品的版面格式的设计,包括版心、排式、用字、行距、标点等版面布局因素的安排。但书的封面、书脊等属于印刷物的装帧设计,并非版式设计,不属于我国著作权法所保护的版式设计范畴。因此,外研社提出其对《牛津英汉小词典》、《牛津英汉汉英小词典》、《牛津现代词典》三本词典的封面和书脊享有版式设计专有使用权的主张不能成立。最后,法院认定外研社的上述词典系知名商品,其封面设计均有别于其他图书,系上述系列词典特有的装潢,而外文出版社的使用会导致相关消费者在购买时容易产生混淆和误认,其行为构成不正当竞争。①

第六节 著作权的限制

著作权法的终极追求不是奖励创作者,而是通过奖励创作者,以鼓励和刺激更多的人投身到文学、艺术和科学领域的创作源头,从而促使更多原创性的作品得以产生和传播。因此,"创造性作品是要受到鼓励和奖励的,但私人动机必须最终服务于促进公众广泛获得文学、音乐和其他艺术(作品)的(目标)"。②

为了防止著作权人过度垄断作品的传播和使用,以致成为公众获取知识的障碍,著作权法对著作权人的财产权利进行限制。在我国,著作权的限制有两类:合理使用和法定许可。两者的不同在于:根据合理使用规定对作品进行的使用既不需要经过著作权人许可,也不需要支付报酬。根据法定许可使用作品者无须经过著作权人的许可,但应当支付报酬。

一、合理使用

合理使用,是指在法律规定的条件下,可以不经著作权人许可,不向其支付报酬,基于正当的目的而使用他人有著作权作品的行为。

国际社会判断合理使用的公认标准来自"三步检验标准"③。据此,我国《著作权法实施条例》第 21 条明确规定:"依照著作权法有关规定。使用可以不经著作权人许可的已经发表的作品的,不得影响该作品的正常使用,也不得不合理地损害著作权人的合法利益。"这是目前我国法院在作出相关判断时必须依据

---

① 王迁:《知识产权法教程》,中国人民大学出版社 2007 年版,第 230 页。
② 转引自王迁:《知识产权法教程》,中国人民大学出版社 2007 年版,第 237 页。
③ 即(1)该规定只能在特殊情况下作出;(2)与作品的正常利用不相冲突,(3)没有物理损害权利人合法权益。

的最终标准。

由此，可以总结出合理使用应遵循的几大原则：

（1）合理使用必须有法律依据。

（2）合理使用的作品必须是已经发表的作品。

（3）合理使用必须出于正当目的，并非以营利为目的。

（4）合理使用必须说明作者姓名、作品名称和作品的出处。

（5）合理使用不得侵犯著作权人的其他权益，如不得对作品进行歪曲、篡改等。

我国《著作权法》第 22 条规定了合理使用的 12 种情况。

（1）为个人学习、研究或者欣赏，使用他人已经发表的作品。

此条款的表述中包含了"合理使用"的三个条件：一是主体上限于使用者本人（包括家庭），排除单位或团体使用；二是使用目的是为了学习、研究或欣赏，而不是以营利为目的；三是使用目的是他人已经发表的作品。

那么，个人是否可以为了学习、研究或欣赏而复制整部书籍、整张光盘，以及大量从网上下载盗版音乐或电影呢？需要指出的是，不能认为只要是"为个人学习、研究或者欣赏"而进行的复制，不问被复制作品的来源、复制的方式和数量等，都构成"合理使用"，"三步检验标准"仍然是最终的判断标准。

（2）为介绍、评论某一作品或者说明某一问题，在作品中适当引用他人已经发表的作品。

该条款表述中的关键词在于"适当"两字。一般来说，引用不能超过一定的量，引用的量越大，侵权的可能性就越大。但是，也会出现另外两种情况：一是引用的量不大，却是原作品的灵魂所在；二是引用的量较大，但却是为一个不同于原作品的核心思想服务。

（3）为报道时事新闻，在报纸、期刊、广播电台、电视台等媒体中不可避免地再现或者引用已经发表的作品。

该条款的设置是为了保障公民对时事新闻的知情权。但也存在一个再现或者引用的"度"的衡量问题。

（4）报纸、期刊、广播电台、电视台等媒体刊登或者播放其他报纸、期刊、广播电台、电视台等媒体已经发表的关于政治、经济、宗教问题的时事性文章，但作者声明不许刊登、播放的除外。

该条款的表述属于穷尽式列举，限于政治、经济、宗教三个方面的内容，这三类以外的内容，如理论的、历史的、艺术的等类文章都不属合理使用的范围。合理使用的方式是其他新闻媒介可以刊登或者播放，如果不是新闻媒介，不能对这些时事性文章作合理使用。

(5) 报纸、期刊、广播电台、电视台等媒体刊登或者播放在公众集会上发表的讲话,但作者声明不许刊登、播放的除外。

该条款的设置理由跟上一种基本相同,都是为了让公众了解当前政治生活中的事件和观点为公民参政议政创造条件。因此,此处的"公众集会"一般是指公众可以自由出入的场所的集会,包括政治性集会或庆典活动性集会,而不包括学术性讲座、诗歌朗诵、科学报告等进行的场所。

(6) 为学校课堂教学或者科学研究,翻译或者少量复制已经发表的作品,供教学或者科研人员使用,但不得出版发行。

该条款的衡量标准之一是"非营利目的",如果出于营利目的,就属于侵权行为。标准之二是"使用的量",如果大量复制使得学校和科研机构不再购买正版作品,导致著作权人的合法利益受损,则不应被视为"合理使用"。

(7) 国家机关为执行公务在合理范围内使用已经发表的作品。

最能说明该条款设置的必要性的例子是:公安机关张贴或在网络中分发通缉令时要使用的犯罪嫌疑人的照片或者画像,即使该照片或画像是受到著作权保护的作品,相信所有的人都认可公安机关的使用是"合理"的。

(8) 图书馆、档案馆、纪念馆、博物馆、美术馆等为陈列或者保存版本的需要,复制本馆收藏的作品。

该条款表述中的两个关键点在于:一是"为陈列或者保存版本需要"。如果将复制品用来流通、借阅,甚至出租、出售,就会造成侵权行为的发生。二是"本馆收藏的作品"。

(9) 免费表演已经发表的作品,该表演未向公众收取费用,也未向表演者支付报酬。

从该条款的表述中可以推断,这里的表演仅指现场表演,而不包括机械表演。

构成这种"合理使用"有严格的条件限制:一是不向公众收取费用,包括直接的和间接的。比如,酒吧并未向歌手支付任何费用,也没有向前来就餐者直接收取餐费之外的额外费用,该表演也不属于合理使用的"免费表演"。原因是这种营利性场所的表演是一种招徕顾客的手段,而且顾客所支付的餐费或服务费中已经隐含了欣赏音乐的费用。二是不给表演者任何报酬。这里的报酬包括给表演者的车马费、出场费或实物对价。

(10) 对设置或者陈列在室外公共场所的艺术作品进行临摹、绘画、摄影、录像。

最高人民法院《关于审理著作权民事纠纷案件适用法律若干问题的解释》第 18 条指出"室外公共场所的艺术作品",是指设置或者陈列在室外社会公众活动场所的雕塑、绘画、书法等艺术作品。这类作品已经成为公共文化生活的一部分,应当给予公众较多的使用自由,于是,有必要对著作权人的权利进行适当限制。

(11) 将中国公民、法人或者其他组织已经发表的以汉语言文字创作的作品翻译成少数民族语言文字作品在国内出版发行。

该条款的设置是为了增加少数民族获得信息和受教育的机会,以促进少数民族社会经济的发展。但本条款的合理使用范围限定于将中国公民或组织的汉文字作品翻译成少数民族语言文字在中国境内出版发行以及通过网络向中国境内少数民族提供。

(12) 将已经发表的作品改成盲文出版。

此条款的设置目的与上一种相似,即为了增进盲人的福利,使盲人能够像一般人一样获得信息和阅读作品。但是,本条并没有将改成盲文的作品限定为中国公民或组织以汉语发表的作品,这是因为各国对盲人的公共政策基本是相同的。《伯尔尼公约》因此明确允许各国在著作权立法中规定例外,以保障盲人的利益。

二、法定许可

法定许可是指使用者依照法律的明确规定,不经著作权人同意而使用享有著作权的作品,但必须向著作权人支付报酬的制度。我国《著作权法》一共规定了五种"法定许可"。《信息网络传播权保护条例》又增加了一种"法定许可"和一种"准法定许可"。

(一) 教科书编写出版法定许可

《著作权法》第 23 条规定:"为实施九年制义务教育和国家教育规划而编写出版教科书,除作者事先声明不许使用的外,可以不经著作权人许可,在教科书中汇编已经发表的作品片段或者短小的文字作品、音乐作品或者单幅的美术作品、摄影作品,但应当按照规定支付报酬,指明作者姓名、作品名称,并且不得侵犯著作权人依照本法享有的其他权利。"

(二) 报刊转载法定许可

《著作权法》第 32 条第 2 款规定:"作品刊登后,除著作权人声明不得转载、摘编的外,其他报刊可以转载或者作为文摘、资料刊登,但应当按照规定向著作权人支付报酬。"需要强调的是,这条法定许可适用于报刊之间的相互转载,并不适用于书籍之间和报刊与书籍之间。

为了保障著作权人依法获得报酬的权利,国家版权局授权中国文字著作权协会承担教科书和报刊转载文字作品等"法定许可"著作权使用费的收转工作。

（三）制作录音制品的法定许可

《著作权法》第 40 条第 3 款规定："录音制作者使用他人已经合法录制为录音制品的音乐作品制作录音制品，可以不经著作权人许可，但应当按照规定支付报酬；著作权人声明不许使用的不得使用。"

此法定许可的立法目的是为了防止唱片公司对音乐作品的独家垄断。

需要注意的是："制作录音制品的法定许可"指使用于已经被合法录制为录音制品的音乐作品。如果音乐作品尚未被合法录制为录音制品，如仅在网络中传播，就不能未经音乐作品著作权人许可而制作录音制品。如果音乐作品作为配乐被电影作品所使用，对这部电影的制作和出版不能视为"已经将音乐作品合法录制为录音制品"。因为电影中的配乐只是电影作品的一部分，电影录像带、VCD、DVD 等也不是"录音制品"。

更重要的是：此"法定许可"也只是对音乐作品著作权人"机械复制权"的许可，并不包括对表演者和录音制品制作者享有的"复制权"和"发行权"的许可。如果直接翻录他人制作的录音制品，或在翻录的基础上以技术手段进行加工和编辑、制作新的制品出版，将同时构成对表演者和前一录音制品制作者"复制权"和"发行权"的侵犯。因此，"制作录音制品的法定许可"实际上只允许使用词曲本身。根据法定许可制作录音制品者，必须自己聘用乐队、与歌手（表演者）签约，并将歌手的演唱录制下来制成录音制品。[①]

（四）广播电台、电视台播放已发表作品的法定许可

《著作权法》第 42 条第 2 款规定："广播电台、电视台播放他人已发表的作品，可以不经著作权人许可，但应当支付报酬。"

需要指出的是，"播放作品的法定许可"不适用于电视台播放电影作品。因为《著作权法》第 45 条明确规定：电视台播放他人的电影作品和以类似摄制电影的方法创作的作品，应当取得制片者许可。

（五）广播电台、电视台播放已经出版的录音制品法定许可

《著作权法》第 43 条规定："广播电台、电视台播放已经出版的录音制品，可以不经著作权人许可，但应当支付报酬。当事人另有约定的除外。"2009 年 11 月 7 日，国务院据此颁布了《广播电台电视台播放录音制品支付报酬暂行办法》。

（六）制作和提供课件法定许可

2005 年通过的《信息网络传播权保护条例》第 8 条规定：为通过信息网络实施九年制义务教育或者国家教育规划，可以不经著作权人许可，使用其已经发表

[①] 参见王迁：《知识产权法教程》，中国人民大学出版社 2007 年版，第 267 页。

作品的片段或者短小的文字作品、音乐作品或者单幅的美术作品、摄影作品制作课件，由制作课件或者依法取得课件的远程教育机构通过信息网络向注册学生提供，但应当向著作权人支付报酬。该条款实际上是"教科书编写出版法定许可"在网络环境中的延伸。

（七）通过网络向农村提供特定作品的准法定许可

《信息网络传播权保护条例》第9条规定："为扶助贫困，通过信息网络向农村地区的公众免费提供中国公民、法人或者其他组织已经发表的种植养殖、防病治病、防灾减灾等与扶助贫困有关的作品和适应基本文化需求的作品，网络服务提供者应当在提供前公告拟提供的作品及其作者、拟支付报酬的标准。自公告之日起30日内，著作权人不同意提供的，网络服务提供者不得提供其作品；自公告之日起满30日，著作权人没有异议的，网络服务提供者可以提供其作品，并按照公告的标准向著作权人支付报酬。网络服务提供者提供著作权人的作品后，著作权人不同意提供的，网络服务提供者应当立即删除著作权人的作品，并按照公告的标准向著作权人支付提供作品期间的报酬。依照前款规定提供作品的，不得直接或者间接获得经济利益。"

第七节　侵犯著作权的行为及其法律责任

根据我国《著作权法》的规定，侵犯著作权的行为主要包括侵犯著作权和侵犯邻接权两个方面，其相应的法律责任包括民事责任、行政责任和刑事责任。

一、侵犯著作权行为

（一）侵犯著作权行为的概念及特征

所谓侵犯著作权，是指未经作者或其他著作权人的许可，又无法律上的根据，擅自使用了著作权人受著作权保护的作品，因而对著作权人的人身权和财产权造成损害的行为。

侵犯著作权的行为，表现出如下特征：

（1）受侵害的主体是对作品依法享有著作权的著作权人，包括作品的作者和其他著作权人。

（2）侵害行为所涉及的对象是受著作权法保护的作品，包括文学、艺术和科学领域内具有独创性并能以某种物质形式固定下来的智力创作成果。

（3）侵害行为表现为非法使用了他人的作品，这里的"非法使用"，是指既没有得到著作权人的授权，也没有法律上的根据。

（二）侵犯著作权行为的主要表现

我国《著作权法》第46条、47条以及《著作权法实施条例》规定的违法行为主要有两类，一是侵犯著作权的行为，二是侵犯邻接权的行为。

1. 侵犯著作权的行为

侵犯著作权的行为包括以下几种：

（1）未经著作权人许可，发表其作品的；

（2）未经合作作者许可，将与他人合作创作的作品当做自己单独创作的作品发表的；

（3）没有参加创作，为谋取个人名利，在他人作品上署名的，歪曲、篡改他人作品的；

（4）剽窃他人作品的；

（5）未经著作权人许可，以展览、摄制电影和以类似摄制电影的方法使用作品，或者以改编、翻译、注释等方式使用作品的，《著作权法》另有规定的除外；

（6）使用他人作品，应当支付报酬而未支付的；

（7）未经电影作品和以类似摄制电影的方法创作的作品、计算机软件、录音录像制品的著作权人或者与著作权有关的权利人许可，出租其作品或者录音录像制品的，《著作权法》另有规定的除外；

（8）未经著作权人许可，复制、发行、表演、放映、广播、汇编、通过信息网络向公众传播其作品的，《著作权法》另有规定的除外；

（9）制作、出售假冒他人署名的作品的。

2. 侵犯邻接权的行为

侵犯邻接权的行为主要有以下几种：

（1）未经出版者许可，使用其出版的图书、期刊的版式设计的；

（2）未经表演者许可，从现场直播或者公开传送其现场表演，或者录制其表演的；

（3）其他侵犯著作权以及与著作权有关的权益的行为；

（4）出版他人享有专有出版权的图书的；

（5）未经表演者许可，复制、发行录有其表演的录音录像制品，或者通过信息网络向公众传播其表演的，《著作权法》另有规定的除外；

（6）未经录音录像制作者许可，复制、发行、通过信息网络向公众传播其制作的录音录像制品的，《著作权法》另有规定的除外；

（7）未经许可，播放或者复制广播、电视的，《著作权法》另有规定的除外；

（8）未经著作权人或者与著作权有关的权利人许可，故意避开或者破坏权利人为其作品、录音录像制品等采取的保护著作权或者与著作权有关的权利的

技术措施的,法律、行政法规另有规定的除外;

(9)未经著作权人或者与著作权有关的权利人许可,故意删除或者改变作品、录音录像制品等的权利管理电子信息的,法律、行政法规另有规定的除外。

二、侵犯著作权的法律责任

根据《著作权法》及相关法律法规的规定,侵犯著作权的侵权人依法应承担法律责任。一般情况下,侵权人应承担停止侵权、赔礼道歉或支付损害赔偿等民事责任,但如果侵权行为同时损害了公共利益,还可能承担行政责任,严重损害公共利益的侵权行为还可能导致刑事责任。

(一)民事责任

1. 停止侵害

停止侵害是指责令侵权人立即停止正在实施的侵犯他人著作权的行为。采用这一责任形式,无论侵权人主观上是否有侵权动机,只要在客观上有侵权行为即可。责令停止侵害,对于及时制止侵权行为的继续进行,挽回损失和防止损害的扩大有重要意义。停止侵权的具体做法可以是停止出版、发行,封存处理,中止正在传播的侵权作品的扩散等。

2. 消除影响和赔礼道歉

这主要是针对侵犯著作权的行为给权利人造成的人身权利的侵害而适用的非财产性的责任方式,以弥补侵权行为给著作权人造成的人身权利的损害。消除影响,是指侵权人在多大范围内对受害人的名誉造成了损害,就要在同样大的范围内消除损害带来的影响。赔礼道歉,是抚慰受害人精神创伤的一种方式。例如,报刊登载他人作品时因疏忽大意未能正确署名的,应当通过在显著位置登载声明而加以更正;篡改、歪曲他人作品的,应当根据作者声誉受损的程度和范围,以适当的方式向作者赔礼道歉。在高度重视人身权利的法国,法院曾要求施工单位完成一名艺术家设计的雕塑,以避免未完成的雕塑损害艺术家的声誉。

3. 赔偿损失

赔偿损失是指具有过错的侵权人侵犯了著作权,导致著作权人蒙受损失时,侵权人应承担的民事责任。

我国《著作权法》第48条规定,侵犯著作权或者与著作权有关的权利的,侵权人应当:(1)按照权利人的实际损失给予赔偿;(2)实际损失难以计算的,可以按照侵权人的违法所得给予赔偿,赔偿数额还应当包括权利人为制止侵权行为所支付的合理开支;①(3)权利人的实际损失或者侵权人的违法所得不能确定的,由人民法院根据侵权行为的情节,判决给予50万元以下的赔偿。

需要指出的是,上述三种计算赔偿额的方式有明确的先后顺序,只有按照前一种方式无法计算时,才能适用后一种方式。

（二）行政责任

行政责任是国家著作权行政管理部门对于某些侵犯他人著作权的行为所给予的行政处罚。需要指出的是,世界上绝大多数国家都规定了民事责任和刑事责任,而没有规定行政责任。其原因主要是知识产权是私权,动用以全体纳税人的税金支撑的国家行政力量维护权利人的私利似有失社会公平。只有当知识产权侵权严重威胁到了社会公共利益,以致达到了构成刑事犯罪的程度,才需要国家动用司法力量加以干预。但鉴于我国知识产权侵权现象较为严重和普遍,加上我国有依靠行政力量解决社会问题的传统,现阶段保留行政责任也是需要的。

著作权行政管理部门行使行政处罚权的范围只是《著作权法》第47条所规定的八种侵权行为,即:

(1) 未经著作权人许可,复制、发行、表演、放映、广播、汇编、通过信息网络向公众传播其作品的;

(2) 出版他人享有专有出版权的图书的;

(3) 未经表演者许可,复制、发行录有其表演的录音录像制品,或者通过信息网络向公众传播其表演的;

(4) 未经录音录像制作者许可,复制、发行、通过信息网络向公众传播其制作的录音录像制品的,本法另有规定的除外;

(5) 未经许可,播放或者复制广播、电视节目的,本法另有规定的除外;

(6) 未经著作权人或者与著作权有关的权利人许可,故意避开或者破坏权利人为其作品、录音录像制品等采取的保护著作权或者与著作权有关的权利的技术措施的;

(7) 未经著作权人或者与著作权有关的权利人许可,故意删除或者改变作品、录音录像制品等的权利管理电子信息的;

(8) 制作、出售假冒他人署名的作品的。

著作权行政管理部门可以对违法行为给予以下行政处罚:

(1) 责令停止侵权行为。

---

① 根据《著作权司法解释》第26条的规定,"合理开支"包括权利人或者委托代理人对侵权行为进行调查、取证的合理费用。同时法院根据当事人的诉讼请求和具体案情,可以将符合国家有关部门规定的律师费用计算在赔偿范围内。在实践中,权利人为进行调查取证而支出的公证费、审计费、交通住宿费、诉讼材料印制费等,只要在合理的必要的范围内,法院一般都将其纳入"合理开支"之中。

（2）没收违法所得。由于侵权行为的目的一般是为了盈利，对其侵权行为所带来的经济收益予以没收，可以起到阻止侵权人达到其侵权的目的。

（3）没收、销毁侵权复制品。没收侵权复制品还包括没收主要用于制作侵权复制品的材料、工具、设备等。其目的是为了从根子上断绝侵权人实施侵权行为的物质基础和条件。

（4）罚款。这是对侵权人经济上的处罚，根据《著作权法实施条例》第36条的规定，有《著作权法》第47条所列侵权行为，同时损害社会公共利益的，著作权行政管理部门可以处非法经营额3倍以下的罚款；非法经营额难以计算的，可以处10万元以下的罚款。

著作权行政管理部门实施行政处罚，应当适用《行政处罚法》规定的一般程序。除此之外，《著作权行政处罚实施办法》还从立案、调查取证、作出处理决定、进行处罚等几个方面对处罚程序作出了较详细的规定。如对于个人处以2万元以上，对单位处以10万元以上的罚款的，当事人有要求听证的权利。当事人对地方著作权行政管理部门的行政处罚不服的，可以向该部门的本级人民政府或者其上一级著作权行政管理部门申请行政复议。如对国家版权局的行政处罚不服的，可以向国家版权局申请行政复议。当事人对行政处罚或者行政复议决定不服的，可以依法提起行政诉讼。

（三）刑事责任

1997年，我国修订《刑法》时，将侵犯著作权的犯罪写进了《刑法》，在《刑法》分则第三章"破坏社会主义市场经济秩序罪"中增加了"侵犯知识产权犯罪"，作为第7节。其中第217条规定了"侵犯著作权罪"，第218条规定了"销售侵权复制品罪"。1998年12月7日，为依法惩治非法出版物犯罪活动，根据刑法的有关规定，最高人民法院出台了《关于审理非法出版物刑事案件具体应用法律若干问题的解释》。2004年12月21日，最高人民法院、最高人民检察院发布了《关于办理侵犯知识产权刑事案件具体应用法律若干问题的解释》。这些法律法规为追究侵犯著作权行为的刑事责任提供了法律依据。

1. 侵犯著作权罪

侵犯著作权罪，是指以营利为目的，侵犯他人著作权，违法所得数额较大或者有其他严重情节的行为。其犯罪主体可以是个人，也可以是单位；犯罪客体是他人的著作权及于著作权有关的权益。客观表现为实施了侵犯著作权的行为，且违法行为的数额较大或者有其他严重情节。

我国《刑法》第217条规定，以营利为目的，有下列侵犯著作权情形之一，违法所得数额较大或者有其他严重情节的，处3年以下有期徒刑或者拘役，并处或者单处罚金；违法所得数额巨大或者有其他特别严重情节的，处3年以上7年以下有期徒刑,并处罚金:(1) 未经著作权人许可,复制发行其文字作品、音乐、电影、电视、录像作品、计算机软件及其他作品的;(2) 出版他人享有专有出版权的图书的;(3) 未经录音录像制作者许可,复制发行其制作的录音录像的;(4) 制作、出售假冒他人署名的美术作品的。

这里,根据2004年最高人民法院、最高人民检察院发布的《关于办理侵犯知识产权刑事案件具体应用法律若干问题的解释》第5条的规定,(应当以侵犯著作权罪判处3年以下有期徒刑或者拘役,并处或者单处罚金)适用的"违法所得数额较大",是指违法所得数额在3万元以上。"有其他严重情节",是指具有下列情形之一:(1) 非法经营数额在5万元以上的;(2) 未经著作权人许可,复制发行其文字作品、音乐、电影、电视、录像作品、计算机软件及其他作品,复制品数量合计在500张(份)以上的属于有"其他严重情节的情形"。(应当以侵犯著作权罪判处3年以上7年以下有期徒刑,并处罚金)适用的"违法所得数额巨大",是指违法所得数额在15万元以上。"有其他特别严重情节",是指具有下列情形之一:(1) 非法经营数额在25万元以上的;(2) 未经著作权人许可,复制发行其文字作品、音乐、电影、电视、录像作品、计算机软件及其他作品,复制品数量合计在5000张(份)以上的;(3) 有其他特别严重情节的情形。

根据《关于办理侵犯知识产权刑事案件具体应用法律若干问题的解释》第11条的规定,"未经著作权人许可",是指没有得到著作权人授权或者伪造、涂改著作权人授权许可文件或者超出授权许可范围的情形。

通过信息网络向公众传播他人文字作品、音乐、电影、电视、录像作品、计算机软件及其他作品的行为,应当视为《刑法》第217条规定的"复制发行";而以刊登收费广告等方式直接或者间接收取费用的情形,属于《刑法》第217条规定的"以营利为目的"。这意味着未经许可免费将享有著作权的电影、音乐作品等以数字化形式置于网络,供公众在线欣赏或下载的网站经营者也可能构成刑事犯罪,只要该网站刊登收费广告,而且作品的点击数量达到500次以上。这对于通过网络非法提供盗版行为将起到一定遏制作用。

支 招

网络写手如何维权

互联网给文学作品的传播带来更为便捷的途径,也让抄袭行为更加方便。抄袭者可以在数秒钟之内替换掉作品中的人名、地名等内容,变成另外一篇"作品"。此外,不少网络写手还喜欢用笔名,一旦遭遇抄袭,更难证明自己对作品的所有权。那么,网络写手如何维权?

这里提出两点建议:一是在作品完成后到版权局进行版权登记;二是在互联网上发表作品的同时提供更多的实名信息。这样一旦作品被抄袭,可以明确对作品的所有权。

---

2. 销售侵权复制品罪

销售侵权复制品罪,是指以营利为目的,销售明知是侵权的复制品,违法所得数额巨大的行为。犯罪主体可以是个人,也可以是单位;犯罪客体是侵权复制品。客观表现为销售了侵权复制品。主管表现为故意,即明知是侵权复制品,还故意去销售。

我国《刑法》第218条规定,以营利为目的,销售明知是《刑法》第217条规定的侵权复制品,违法所得数额巨大的,处3年以下有期徒刑或者拘役,并处或者单处罚金。

2004年最高人民法院、最高人民检察院《关于办理侵犯知识产权刑事案件具体应用法律若干问题的解释》第6条规定,以营利为目的,实施《刑法》第218条规定的行为,违法所得数额在10万元以上的,属于"违法所得数额巨大",应当以销售侵权复制品罪判处3年以下有期徒刑或者拘役,并处或者单处罚金。第14条规定,实施《刑法》第217条规定的侵犯著作权的行为,又销售该复制品,构成犯罪的,应当依照《刑法》第217条的规定,以侵犯著作权罪处罚。实施《刑法》第217条规定的侵犯著作权行为,又销售明知是他人的侵权复制品,构成犯罪的,应当实行数罪并罚。第15条规定,单位实施《刑法》第213条至第219条规定的行为,按照本解释规定的相应个人犯罪的定罪量刑标准的3倍定罪量刑。第16条规定,明知他人实施侵犯知识产权犯罪,而为其提供贷款、资金、账号、发票、证明、许可证件,或者提供生产、经营场所或运输、储存、代理进出等便利条件、帮助的,以侵犯知识产权犯罪的共犯论处。

第八节　著作权的集体管理

著作权法赋予著作权人享有各项著作财产权利,以控制复制、发行、公开表演等对作品的特定使用行为,以此保障作者能够从其创作中获得经济利益,从而鼓励更多的人投身于文艺创作。但是,著作权人手中的著作财产权自己不会直接化身经济利益,变成钱,而需要通过著作权人对自己手中的各项著作财产权的开发与管理实现"变钱"的目的。著作权法同样保障著作权人合法管理自己的著作权利。

著作权人对其合法权利的管理方式大体可以分为两种,即个人管理和集体管理。个人管理表现为著作权人仅依靠自身的力量,对其合法权利加以行使和保护。集体管理则表现为著作权人借助专门机构、著作权集体管理组织,更有效地行使和保护其合法权利。

个人管理方式在有效行使和保护著作权方面,存在诸多局限性。以音乐作品为例,著作权人单枪匹马难以去一一跟踪那些作品的使用情况,音乐作品的使用者也难以迅速找到那位音乐作品的著作权人,以取得使用许可。

作为有效行使权力的著作权所有者方和便捷取得使用许可的著作权使用方之间的桥梁,著作权集体管理组织应运而生。1851年,世界上第一个著作权集体管理组织在法国成立,那就是法国的"作家作曲家与音乐出版商协会"(Societe des Auteurs, Compositeurs et Editeurs de Musique,简称 SACEM),随后,从19世纪末到20世纪初的这段时间,欧美几乎所有的国家都成立了这样的机构管理作者最难管理的权利。

著作权集体管理机构一般只管理著作权人自己无法直接行使的权利。从世界各国著作权集体管理机构的管理范围看,主要是音乐作品的表演权、播放权和机械复制权(制作录音制品的权利);美术作品的追续权;文字作品、美术作品、摄影作品的影印复制权;还有表演者和唱片制作者的邻接权等。著作权集体管理机构在同作者签订合同时一般都要求著作权人将以后创作作品的权利也授权集体管理机构。对于著作权人未授予的权利,一些国家的法律也规定由集体管理机构代为管理。这样做主要是为了使用者在使用作品时手续简便,只需同集体管理机构打交道就行了,不用去分别取得著作权人的授权。

著作权集体管理制度作为著作权个人管理的补充和实现著作权人权利的有效手段,已成为现代著作权法制不可或缺的重要组成部分,在维护著作权人权利、推广著作使用、促进文化经济发展及增进国际文化交流等方面,皆发挥了相当重要的作用。

在我国,2004年国务院颁布了《著作权集体管理组织条例》,首次将著作权集体管理这一活动纳入法律的规范范围,详细地规定了其设立、组织机构、管理活动以及法律责任。

一、著作权集体管理组织的职责、收费与分配

(一)职责范围

著作权集体管理组织的职责范围主要包括以下几项:(1)代表权利人与作

品使用者就使用作品的条件和许可费进行协商谈判,并发放许可、收取使用费;(2)与境外的著作权集体管理组织签订协议,代表境外著作权人管理其权利;(3)在扣除必要的管理费用后,将收取的许可费公平合理地分配给会员。(4)如发现他人侵犯属于自己管理的权利,以自己的名义提起仲裁或诉讼;(5)开展其他活动,如对社会公众进行宣传教育、帮助青年作者、为会员提供社会保障等。

我国《著作权集体管理组织条例》第2条规定:著作权集体管理组织可以自己的名义进行下列活动:与使用者订立著作权或者著作权有关的权利许可使用合同;向使用者收取使用费;向权利人转付使用费;进行涉及著作权或者与著作权有关的权利的诉讼、仲裁等。

（二）许可与收费

发放许可与收取许可费是著作权集体管理组织的基本工作内容。

针对不同类型、使用量的作品使用方,通行的做法是采取两种不同的许可方式:一揽子许可和单项许可。一揽子许可适用于使用者对作品的需求量较大的情况。如广播电台、电视台,以及宾馆、超市、航空公司、娱乐场所等每年比较固定地会播出或播放大量音乐作品,集体管理组织往往采取一揽子许可的方式节约许可成本,提高办事效率。集体管理组织和使用方通过签订一项一揽子许可合同允许使用者在约定的时间内随意使用该集体组织管理的全部作品。单项许可即著作权集体管理组织针对每一次特定的使用作品行为,向使用者发放许可并收取许可费。最常见的是演唱会上的音乐作品的使用。对演唱会的组织方来说,这是一件首要的工作,就是与音乐著作权集体管理组织就欲使用的音乐作品进行许可费的谈判,根据票价、场地面积等支付许可费。

对于收费标准,有的国家由政府管理部门制定,但大多数西方国家由著作权集体管理组织自行制定并公布。使用者如果对该收费标准不满,可以启动与著作权集体管理组织的争端解决机制,如提起仲裁或向法院起诉。

我国的《集体管理组织条例》第13条规定:"著作权集体管理组织应当根据下列因素制定使用费收取标准:(1)使用作品、录音录像制品等的时间、方式和地域范围;(2)权利的种类;(3)订立许可使用合同和收取使用费工作的繁简程度。"第25条规定:"除著作权法第二十三条、第三十二条第二款、第三十九条第三款、第四十二条第二款和第四十三条规定应当支付的使用费外,著作权集体管理组织应当根据国务院著作权管理部门公告使用费收取标准,与使用者约定收取使用费的具体数额。"该条中的四项例外条款均为我国《著作权法》要求国务院规定具体收费办法或已经存在收费办法的"法定许可"情形。例如,2009年11月7日,国务院颁布的《广播电台电视台播放录音制品支付报酬暂行办法》。这说明我国集体管理收费模式是在政府颁布基本标准的情况下,由集体管理组织与使用者自由协商。

(三) 分配

著作权集体管理组织具有非营利性,因此,在向作品使用者收取作品许可费之后,著作权集体管理组织在扣除一定比例的使用费作为其日常管理开支外,一般都直接地分配给著作权人。一个著作权集体管理组织的经济效率,主要看该组织管理费用的支出与收集的全部许可费收入的比率,其提取的比例愈低,著作权人所获取的利益愈大。

为了保障权利人获得合理分配份额的权利,我国《集体管理条例》第29条第2款还规定:"著作权集体管理组织转付使用费,应当编制使用费转付记录。使用费转付记录应当载明使用费总额、管理费数额、权利人姓名或者名称、作品或者录音录像制品等的名称、有关使用情况、向权利人转付使用费的具体数额等事项,并应当保存10年以上。"这其中的关键问题是:如何检测会员的作品使用情况?对此,许多国家都规定被许可者有义务对作品使用情况加以记录。有的国家法律甚至授权著作权集体管理组织进入被许可人的营业场所,对其财务账本进行检查。当然,先进的检测手段也是必不可少的,美国作曲家、作家和出版者协会(the American Society of Composers, Authors and Publishers, 简称 ASCAP)拥有一套完善的作品使用监控系统,包括22个固定监测站及14个巡回监测站,利用先进数字监控技术监听220家电台及80家电视台的作品使用情况,并根据使用人提供的作品使用目录由专业人员计算分配额。

二、我国著作权集体管理组织概况

为了推动我国版权作品的创作繁荣,促进作品的广泛传播,近年来,我国积极有序地进行著作权集体管理制度的完善。就著作权集体管理组织的建立而言,目前,我国已经成立了音乐著作权协会、音像著作权集体管理协会、文字著作权协会、摄影著作权协会和电影著作权协会,至此,我国音乐、音像、文字、摄影、电影等主要作品类型的集体管理组织基本齐备。

(一) 中国音乐著作权协会

中国音乐著作权协会简称"音著协",成立于1992年12月17日,是由国家版权局和中国音乐家协会共同发起成立的中国唯一的音乐著作权集体管理组织,是专门维护作曲者、作词者和其他音乐著作权人合法权益的非营利性机构。总部设在北京,下设会员部、作品资料部、许可证部、法律部、分配与技术部、财务与总务部,共6个职能部门,效力工作人员已逾50人,他们拥有法律、音乐、市场营销、IT等多种不同专业背景,从而支撑起协会专业化、多层面、高水准、高效率、系统化的服务机制。

(二) 中国音像著作权集体管理协会

中国音像著作权集体管理协会,简称"音集协"。是经国家版权局正式批准成立的我国唯一音像集体管理组织,依法对音像节目的著作权以及与著作权有关的权利实施集体管理。中国音像著作权集体管理协会的宗旨是:遵守我国法律、法规和我国参加的国际著作权条约,本着提供服务,反映诉求,规范行为的精神,维护会员的合法权利,规范音像节目的合法使用,促进我国音像业及音像市场的发展。

(三) 中国文字著作权协会

中国文字著作权协会是依据《著作权法》和国务院颁布的《著作权集体管理条例》,由中国作家协会、国务院发展研究中心等12家著作权人比较集中的单位和陈建功等500多位我国各领域著名的著作权人共同发起,并于2008年10月24日在北京成立。协会是以维护著作权人合法权益为宗旨,从事著作权服务、保护和管理的非营利性社会团体,已获得国家版权局正式颁发的《著作权集体管理许可证》,是我国唯一的文字作品著作权集体管理机构。承担教科书和报刊转载文字作品等"法定许可"著作权使用费的收转工作。

(四) 中国摄影著作权协会

中国摄影著作权协会是由中国摄影家协会联合众多摄影团体和一百余位著名摄影家共同发起,经国家版权局批准,由民政部登记注册并报国务院核准成立的著作权集体管理组织。协会于2008年11月21日在北京成立,是政府指定国内唯一从事摄影著作权集体管理的社团法人机构。

协会的宗旨和任务:遵守中华人民共和国宪法、法律、法规及国家政策,遵守社会道德风尚,依照《著作权法》和国务院颁布的《著作权集体管理条例》,维护摄影作品权利人及其相关权利人的合法权益,通过对著作权及其相关权利的集体管理,促进摄影作品的创作、传播和使用,推动摄影事业的发展和繁荣。协会经权利人授权,对摄影作品的复制权、发行权、展览权、放映权、广播权、信息网络传播权以及其他适合集体管理的摄影著作权以及与摄影著作权有关的权利实施保护和管理。

(五) 中国电影著作权协会

电影著作权协会是著作权集体管理领域继音乐、音像、文字、摄影后成立的第五家协会,简称"影著协",它的成立标志着我国涵盖音乐、音像、文字、摄影、电影等领域比较完备的著作权集体管理体系已经初步形成,对维护电影作品权利人的权益、建立和完善电影作品使用和保护的便捷渠道、推进我国电影产业的健康发展具有重要意义。

中国电影著作权协会的前身是中国电影版权保护协会,自2005年8月成立以来,在宣传电影版权、推广版权知识、开展国际交流和为会员单位积极维权等方面做了大量工作。《电影作品著作权集体管理使用费收取标准》和《电影作品著作权集体管理使用费转付办法》经国家版权局公告后,中国电影著作权协会就可以以自己的名义,受会员单位委托发放电影作品的使用许可,收取和转付使用费用,并对侵权盗版行为以自己的名义进行维权。2010年4月16日的协会成立大会决定,向网吧和长途汽车收取电影作品著作权使用费的工作在2010年推行,在网络和其他领域实施集体管理将随之逐步展开。

▶ 复习思考题

1. 请论述著作权保护制度之于文化产业的重要性。

2. 请分析黑龙江饶河县四排赫哲族乡人民政府就《乌苏里船歌》起诉郭颂等侵犯民间文学艺术作品著作权纠纷案。该案为我国民间文学艺术作品的著作权保护确立了哪些原则?

3. 根据以下材料,回答题后的两个问题:

2012年4月,我国著作权法修改草案第二稿发布,其中将现行《著作权法》第46条内容:"录音制作者使用他人已经合法录制为录音制品的音乐作品制作录音制品,可以不经著作权人许可,但应当按照规定支付报酬;著作权人声明不许使用的不得使用"修改为:"录音制品首次出版三个月后,其他录音制作者可以依照本法第四十八条规定的条件,不经著作权人许可,使用其音乐作品制作录音制品。"结果,引起音乐界的强烈反对,被指变相鼓励盗版,甚至有人指责:"汪峰将无权阻止旭日阳刚翻唱其《春天里》。"此规定被指架空了原创者对自己作品的支配权。

请问:

① 音乐界对修改条款有否误读?

② 你是怎么看待第46条修改稿的?

第五章　文化遗产保护类法律法规

本章提要：文化产业开发的资源有两大类，一类是以文化遗产形式呈现的文化历史资源，另一类是以知识产权形式呈现的文化智能资源。后者的法律保护已在上一章"著作权法"中讲述，本章关注的焦点是文化遗产。目前，我国已初步形成文化遗产保护的法律体系，其法源来自宪法和法律、行政法规、地方性法规、部门规章中涉及文化遗产保护的部分。其中，最重要的两部法律是1982年颁布并于2007年再次修订的《文物保护法》和2011年颁布的《非物质文化遗产法》。

导入　>>>

文化产业化，简单地说，就是文化资源的产业开发，但并不是所有的文化资源都可以产业化，这是其一；其二，就是可用于产业化的文化资源也得遵循保护性开发的原则进行合理利用。谈到文化资源的保护优先，先请大家看以下二则材料：

材料1：

孙悟空和白骨精谈恋爱，唐僧成了女人，玉皇大帝最爱用望远镜看畅销书……经典名著《西游记》的一部又一部翻拍版本不断挑战人们对经典的解读。对此，"猴王"六小龄童日前撰文表示："如果名著改编再这样发展下去，最后可能年幼的孩子都不知道哪个版本是真正的孙悟空了。现在总是有小孩子问我'孙悟空一共有多少个女朋友？他和女妖生了几个孩子？'这些问题让我哭笑不得。"[①]

六小龄童揭示了当前影视界在翻拍经典过程中的恶搞现象。从著作权法上

---

① 《中国文化报》2010年9月16日第10版之"名语辑录"。

分析,《西游记》的经济权利部分早已进入公共领域,成为全世界的人都可以随意开发的文化遗产。但是,《西游记》的人身权利——作者吴承恩的发表权(已使用完毕)、署名权、修改权和保护作品完整权永远受到保护,没有时间限制。可是,吴承恩早已过世,当他的作品受到恶搞时,谁来主张他的作品的完整权呢?

显然,对于《西游记》这类进入了公共领域的古典名著的保护,《著作权法》已经力不从心。但是,从文化遗产的类别看,古典名著既不能算非物质文化遗产,也不能算由国务院另行保护办法的民间文学艺术作品,而当前对于古典名著遭恶搞的保护政策,只有"广电总局叫停四大名著翻拍题材立项"的消息,问题是,古典名著不止四大,显然,对于这类无形文化遗产的保护,还属法律法规的盲区。

材料2:

随着时间的推移,中国拥有越来越多的世界文化遗产,但近年来与世界文化遗产有关的负面新闻也在与日俱增,其中,敦煌莫高窟因为游客太多,呼出的二氧化碳导致壁画脱落。而2004年在苏州参加第28届世界遗产大会的西班牙文化部遗产保护局主管贝尼托·布尔格斯·巴兰特斯举了一个阿尔塔米拉洞窟的保护例子:"由于洞窟和岩画的敏感性,该处遗址每天只能接待三十名游客。为了满足需求,西班牙政府在遗址附近复制了一个几乎一模一样的洞窟,并建了一个博物馆。""通过这个替代性措施,我们既能让更多的人了解这一处遗产,也很好地保护了它。"①

一处是敦煌莫高窟,一处是阿尔塔米拉洞窟,两处世界文化遗产的命运显示了我国在文化遗产保护上与世界遗产保护大国之间的差距。对文化遗产的无序开发正在成为当前我国文化产业发展中的不和谐音符。文化遗产不是摇钱树,它不同于普通的经济资源,一旦遭到破坏将无法挽回。因此,保护文化遗产更是一种责任。根据《保护世界文化和自然遗产公约》的规定,保护世界遗产的真实性和完整性,是每一个缔约国应尽的责任。

第一节 文化遗产保护类法规概述

国家一直十分重视对文化遗产的保护。目前我国文化领域仅有的三部法律中有两部是属于文化遗产保护的,从中也可以印证这一点。

改革开放以来,在市场化和全球化浪潮冲击下,文化遗产面临被涵化甚至丧

---

① 《遗产大国现身说法:遗产保护和开发可以双赢》,http://news.sina.com.cn/c/2004-07-06/23533008148s.shtml。

失的危险,为此,国家在文化遗产保护方面,采取更加积极的措施,保护和发扬光大我国优秀传统文化,并制定相应的法规。

目前,我国已形成以《文物保护法》、《非物质文化遗产法》为核心的中国特色文化遗产保护法律制度。从法源上来看,有以下五个组成部分:

一、宪法和法律

1982年公布施行的《宪法》第22条规定:"国家保护名胜古迹、珍贵文物和其他重要历史文化遗产。"这一条款是制定其他保护文化遗产的法律、行政法规、部门规章和地方性法规的重要依据。

全国人大常委会1982年公布施行并历经2002年和2007年两次修订的《文物保护法》,就是根据宪法的这一规定制定的。《文物保护法》作为我国文化遗产基本法,共8章80条147款,主要包括立法目的、基本方针、保护方式和原则、不可移动文物、考古发掘、馆藏文物、民间收藏文物、文物进境出境以及法律责任等内容。

另一部文化遗产保护类的重要法律是2011年颁布的《非物质文化遗产法》,共6章45条,主要包括立法原则、概念界定、非物质文化遗产的调查、非物质文化遗产代表性项目名录、非物质文化遗产的传承与传播等内容。

二、行政法规

现行的文化遗产领域的行政法规主要有:《文物保护法实施条例》(2003年公布)、《水下文物保护管理条例》(1989年公布,2011年修订)、《考古涉外工作管理办法》(1991年公布,2011年修订)、《长城保护条例》(2006年公布)、《历史文化名城名镇名村保护条例》(2008年公布)等。

三、地方性法规

目前,各省、自治区和直辖市正在根据《文物保护法》和《文物保护法实施条例》重新修订相应的地方性法规,例如《江苏省文物保护条例》、《长沙市历史文化名城保护条例》等。另外,在非物质文化遗产保护方面,一些地方制定了相关法规,如云南、贵州、广西、福建、新疆、甘肃、江苏、浙江八个省区制定了地方性的非物质文化遗产保护条例,这对于促进地方性的非遗保护起到了很好的作用。再如,河北、湖南、山西、新疆、重庆等地颁布了《非物质文化遗产代表作申报评定暂行办法》。

四、部门规章

文化遗产领域,文化部和国家文物局制定发布的部门规章比较多,例如,《文物藏品定级标准》(2001 年公布)、《文物保护工程管理办法》(2003 年公布)、《文物行政处罚程序管理规定》(2005 年公布)、《博物馆管理办法》(2005 年公布)、《古人类化石和古脊椎动物化石保护管理办法》(2006 年公布)、《国家级非物质文化遗产保护与管理暂行办法》(2006 年公布)、《世界文化遗产保护管理办法》(2006 年公布)、《文物进出境审核管理办法》(2006 年公布)、《国家级非物质文化遗产项目代表性传承人认定与管理暂行办法》(2008 年公布)、《文物认定管理暂行办法》(2009 年公布)等。

五、国际条约

迄今为止,我国已经签署或批准的文化遗产领域的国际公约有:《保护世界文化与自然遗产公约》(全国人民代表大会常务委员会,1985 年)、《关于禁止和防止非法进出口文化财产和非法转让其所有权的方法的公约》(国务院,1989 年)、《国际统一私法协会关于被盗和非法出口文物的公约》(国务院,1997 年)、《武装冲突情况下保护文化财产公约》(国务院,2000 年)、《保护非物质文化遗产公约》(全国人民代表大会常务委员会,2004 年)等。

第二节　物质文化遗产的法律保护

物质文化遗产是我国优秀文化传统和民族文化精神的物化体现,不仅是我国悠久文明史的物证,更能激发中华民族的凝聚力和向心力。因此,为了"加强对文物的保护,继承中华民族优秀的历史文化遗产,促进科学研究工作,进行爱国主义和革命传统教育,建设社会主义精神文明和物质文明",《文物保护法》于 1982 年第一次颁布。

一、文物保护的基本法律法规——对《文物保护法》和《文物保护法实施条例》的重点解读

最新的《文物保护法》于 2007 年 12 月 29 日修订后颁布实施。《文物保护法》把近二十五年来被实践证明并行之有效的一些原则确定下来,在总则的第 4 条中规定"保护为主、抢救第一、合理利用、加强管理"为我国文物管理的方针。这一方针的确立,既强调了文物保护,又兼顾了文物的合理利用。实际上,保护与利用是相辅相成的关系,保护是为了利用,要利用就要保护,因此,保护优先,

合理的利用本身也是一种保护手段,但是,把文物当成一般商品,进行竭泽而渔的产业化,则是对文物的过度开发,不利文物保护。

《文物保护法》共八章,分别是总则、不可移动文物、考古发掘、馆藏文物、民间收藏文物、文物出境进境、法律责任和附则。

(一) 第一章"总则"部分就文物保护的范围、文物的分类和级别、文物所有权的归属和保护、文物行政管理部门的职责等作了明确规定

1. 受国家保护的文物范围

根据《文物保护法》第2条的规定,在中华人民共和国境内,下列文物受国家保护:

(1) 具有历史、艺术、科学价值的古文化遗址、古墓葬、古建筑、石窟寺和石刻、壁画;

(2) 与重大历史事件、革命运动或者著名人物有关的以及具有重要意义、教育意义或者史料价值的近代现代重要史迹、实物、代表性建筑;

(3) 历史上各时代珍贵的艺术品、工艺美术品;

(4) 历史上各时代重要的文献资料以及具有历史、艺术、科学价值的手稿和图书资料等;

(5) 反映历史上各时代、各民族社会制度、社会生产、社会生活的代表性实物。

具有科学价值的古脊椎动物化石和古人类化石同文物一样受国家保护。

问 答

汪伪时期的历史遗存该保护吗?

根据《文物保护法》第2条第2款的规定,受国家保护的文物包括"与重大历史事件、革命运动或者著名人物有关的以及具有重要意义、教育意义或者史料价值的近代现代重要史迹、实物、代表性建筑"。汪伪时期的历史遗存比如汪精卫的题字、汉奸住过的建筑等,应该也在第2条第2款规定的范围内,属于文物。但是,对于此类文物应该如何"保护"呢?

笔者以为,正确的做法是予以保存但不保护,更不可予以传播和开发。

虽然汪伪时期的历史遗存属于文物,但《文物保护法》第1条明文规定:"为了加强对文物的保护,继承中华民族优秀的历史文化遗产,促进科学研究工作,进行爱国主义和革命传统教育,建设社会主义精神文明和物质文明,根据宪法,

制定本法",这是《文物保护法》的立法宗旨。保护汪伪时期的历史遗存显然有违立法宗旨,对之予以传播或开发同时还违反了文化领域的禁载十条,伤害民族情感。

但是,作为文物,它具有历史研究价值。因此,妥善的做法是予以保存。以此类推,这样的文物还包括历史上涉及反面人物的文物、涉及有伤风化的淫秽文物、涉及封建迷信的文物等。

---

2. 文物的分类

根据《文物保护法》第3条的规定,文物从大的类别上说,可分两大类:一类是不可移动文物,一类是可移动文物。

不可移动文物指的是古文化遗址、古墓葬、古建筑、古窟寺、石刻、壁画、近代现代重要史迹和代表性建筑等。根据它们的历史、艺术、科学价值,可以分别确定为全国重点文物保护单位,省级文物保护单位,市、县级文物保护单位。

可移动文物指的是历史上各时期重要实物、艺术品、文献、手稿、图书资料、代表性实物等。可移动文物分为珍贵文物和一般文物;珍贵文物又分为一级文物、二级文物、三级文物。

了解文物的类别非常重要,因为不同类别和等级的文物在文物流通、文物拍卖、文物展览和文物进出境等活动中要遵循的规定不同,违反规定后责任人受到的惩处也不同。至于文物级别的认定,由文物行政管理部门的专家鉴定委员会负责,具体规定参照《文物藏品定级标准》和《文物认定管理暂行办法》等相关规定。

3. 文物所有权的归属

2010年,4岁的英国男孩詹姆斯头一次拿着金属探测器外出探宝,就寻得一件16世纪的黄金垂饰,据估价值数百万美元。根据英国法律,詹姆斯一家和发现地的土地拥有者将共享拍卖所得。① 那么,如果我国公民在自家宅院的地里挖出宝物,属于谁呢?

对于文物的所有权规定,体现在《文物保护法》的第5条和第6条。综合两条规定可知:

(1)中华人民共和国境内地下、内水和领海中遗存的一切文物,都属于国家所有。

---

① 参见《英4岁男孩首次寻宝发现百万美元黄金宝藏》,http://tech.sina.com.cn/d/2010-11-18/08034879386.shtml。

文化遗址、古墓葬、石窟寺属于国家所有。国家指定保护的纪念建筑物、古建筑、石刻、壁画、近代现代代表性建筑等不可移动文物,除国家另有规定的以外,属于国家所有。国有不可移动文物的所有权不因其所依附的土地所有权或者使用权的改变而改变。属于国家所有的可移动文物的所有权不因其保管、收藏单位的终止或者变更而改变。

属于国家所有的可移动文物,包括:

① 中国境内出土的文物,国家另有规定的除外(因此,自家宅地挖出的宝物属于国家,对于上交出土文物的公民,国家相关部门会依据相关规定给予一定的奖励)。

② 国有文物收藏单位以及其他国家机关、部队和国有企业、事业组织等收藏、保管的文物;

③ 国家征集、购买的文物;

④ 公民、法人和其他组织捐赠给国家的文物;

⑤ 法律规定属于国家所有的其他文物。

相关案例

在华外国文物是否属于中国?[①]

2001年,北京睿雅轩文化艺术有限公司举办《中国所藏日本文物精品汇报展》,引起了海内外各方的关注:原来在中国,还存有大量的日本精品文物。另外,中国是一个没有侵略史的国家,在中国的日本文物件件来路干净。其实,除了日本文物,还有大量的韩国、朝鲜、俄罗斯、欧洲等国家和地区的文物在中国。现在,有一些外国商人在趁机收购,并以"不属于中国"的理由带出境。那么,在华外国文物是否属于中国?

分析:

首先,《文物保护法》第5条和第6条规定的属于国家所有的文物以及属于集体和个人所有的文物包括了外国历史上制作、创作的遗物。另外,1960年文化部、对外贸易部《关于文物出口鉴定标准的几点意见》中规定:"一切外国的文物、图书,一般的可以从宽处理,如其中有科学、历史、艺术价值较高或比较稀见的,也可以不准许出口"。《文物保护法》规定:我国地下、内水、领海中遗留的文

---

① 根据中国文物报社编《中华人民共和国文物保护法·以案说法》(文物出版社2003年版)第57—59页内容整理。

物归国家所有。如在古代墓葬中发现的波斯银壶、金币等都属于中国所有。赠予的物品,按法律规定,所有权已转移,为物品接受者所有了。历史上的赠予也是如此,如故宫收藏外国赠予的器物、作品等,已为中国所有。

所以所谓"在华外国文物不属于中国"的说法是违背我国法律规定的。

(2)所有权属集体和个人所有的文物

属于集体所有和私人所有的纪念建筑物、古建筑和祖传文物以及依法取得的其他文物,其所有权受法律保护。但是,对于集体和个人而言,拥有文物并不像拥有普通物件那样,可以随意处置,而是要遵守国家有关文物保护的法律、法规的规定。至于有哪些依法取得的方式和要遵守哪些国家有关规定,将在后文详细展开。

在文化产业特别是旅游产业中,盛行一种旅游经济的开发方式——将"所有权与经营权分离"的经营理念应用于文物资源的开发。典型的案例有:1999年8月,山东省曲阜市为了"将曲阜丰富的文化资源优势转化为产业优势",决定用好孔子这块"金字招牌",以现有市属文物、旅游所属企业为基础,组建了曲阜孔子旅游集团有限公司,取代曲阜市文物管理委员会成为"三孔"文物(孔府、孔庙、孔林)的直接管理者。不久,曲阜孔子旅游集团有限公司又与深圳华侨城携手创建中国曲阜孔子国际旅游股份有限公司,在新创建的股份有限公司中,山东曲阜孔子旅游集团以"经营权"的方式,"将三孔以及周公庙、颜庙、少昊陵、寿丘、尼山孔庙等8个文物景点,交由股份有限公司经营管理,正常的维护、管理和全部消防责任全由股份公司负责"。然而,2000年12月中旬,曲阜孔子旅游集团有限公司布置对"三孔"进行全面卫生大扫除,使用升降机、水管、水桶等工具,对文物进行直接冲洗,致使"三孔"古建筑彩绘大面积模糊不清。

这起事件引发"所有权与经营权分离"能否应用到文物资源开发,以及本由政府实施保护与管理的文物单位转移到旅游企业开发经营的做法是否合法的争论。

为了发展旅游经济,一些地方政府搬用我国国有企业改革措施之一的"所有权与经营权分离"原则,将文物资产转让给各种新近组建的旅游公司经营。从文化遗产保护法的角度分析,此类做法违规之处有三:

第一,《文物保护法》第5条规定:"中华人民共和国境内地下、内水和领海中遗存的一切文物,都属于国家所有。古文化遗址、古墓葬、石窟寺属于国家所有。国家指定保护的纪念建筑物、古建筑、石刻、壁画、近代现代代表性建筑等不可移动文物,除国家另有规定的以外,属于国家所有。"这表明只有作为所有权主体的中央人民政府才具有对文物行使占有和处置的权力,地方各级政府和企业单位无权占有和处置。出于地方利益、集团利益,擅自将文物作为一般实物资产出让或转让经营,实质上是一种侵犯国家所有权的行为,是一种变相化国有为地方所有、集团所有的非法行为。

第二,文物资源是公共物品,围绕文物所做的工作应是事业型管理。《文物保护法》第23条规定:"核定为文物保护单位的属于国家所有的纪念建筑物或者古建筑,除可以建立博物馆、保管所或者辟为参观旅游场所外,如果必须作其他用途的,应当经核定公布该文物保护单位的人民政府文物行政部门征得上一级文物行政部门同意后,报核定公布该文物保护单位的人民政府批准;全国重点文物保护单位作其他用途的,应当由省、自治区、直辖市人民政府报国务院批准。国有未核定为文物保护单位的不可移动文物用作其他用途的,应当报告县级人民政府文物行政部门。"简言之,文物保护单位作其他用途的,应当先征得上一级文物行政部门的同意,再报该文物保护单位级别的人民政府批准。比如,此案例中,"三孔"用作其他用途,应当先征得山东省级文物行政部门的批准。这样的文物事业体制设置正是为了防止地方政府行政干预本级文物保护单位的管理,架空上一级主管文物事业的行政机构。而所谓"所有权与经营权分离",实则以"经营权"取代"管理权",导致国家主管文物事业的行政机构被架空,那些具体从事文物管理的机构(如博物馆等)则成为旅游公司的附庸。

第三,这违背了国际文化遗产保护与利用的原则。文物是不可再生资源,从联合国科教文组织、国际古迹遗址理事会、国际博物馆协会等国际组织和各国在文化遗产保护和利用方面的惯例看,在制定文化遗产旅游政策和规划时,文化遗产的保护享有优先权,把文物博物馆机构纳入旅游企业的做法,在国际上很少有先例。文化遗产的经济功能不在于文物机构本身的经济收入,而是在于它们为当地引来的大量游客的各种消费。①

(二) 第二章"不可移动文物"部分明确了不可移动文物使用以"不改变文物原状"为原则,同时对文物保护单位的级别划分与权力义务,对不可移动文物的保护、修缮、转让与抵押等方面作了明确规定

1. 关于"不改变文物原状"原则

在城市化进程中,不少珍贵的古建筑、遗迹毁于隆隆的推土机下……对此,《文物保护法》第20条明文规定:"建设工程选址,应当尽可能避开不可移动文物;因特殊情况不能避开的,对文物保护单位应当尽可能实施原址保护。"如果

---

① 根据中国文物报社编《中华人民共和国文物保护法·以案说法》(文物出版社2003年版)第46—53页内容整理。

不能实施原址保护,必须"迁移异地保护或者拆除的,应当报省、自治区、直辖市人民政府批准;迁移或者拆除省级文物保护单位的,批准前须征得国务院文物行政部门同意。全国重点文物保护单位不得拆除;需要迁移的,须由省、自治区、直辖市人民政府报国务院批准"。那些"拆除的国有不可移动文物中具有收藏价值的壁画、雕塑、建筑构件等,由文物行政部门指定的文物收藏单位收藏"。

"不可改变原状"原则不仅体现在文物不得随便拆,还体现在文物保护单位的保护范围内其他物件或设施不可随便添。《文物保护法》第22条规定:"不可移动文物已经全部毁坏的,应当实施遗址保护,不得在原址重建。但是,因特殊情况需要在原址上重建的,由省、自治区、直辖市人民政府文物行政部门征得国务院文物行政部门同意后,报省、自治区、直辖市人民政府批准;全国重点文物保护单位需要在原址上重建的,由省、自治区、直辖市人民政府报国务院批准。"同时,《文物保护法》第26条规定:"使用不可移动文物,必须遵守不改变文物原状的原则,负责保护建筑物及其附属文物的安全,不得损毁、改建、添建或者拆除不可移动文物。"2001年5月,被列入联合国科教文组织的世界文化遗产——承德避暑山庄在戒得堂、问月楼遗址上擅自兴建水族馆、狮虎山、熊山等建筑,成了三百多只动物的乐园。最后,被国家文物局认定为非法。不可随便添建,也是联合国《保护世界文化和自然遗产公约》对世界遗产的要求,因此,申报世界遗产的时候,联合国会派专家组考察该遗产的真实性和完整性,洛阳龙门石窟为申报世界遗产,曾经不得不为此投入经费六千多万元以拆除南门外的假古董"中华龙宫",以及环幕影城、商业用房等其他大型不协调物。

在旅游推广中,各地纷纷打出历史文化名城、名街、名村的旗号吸引游客,历史文化名城等同样属于不可移动文物,它们的使用同样得遵循"不可改变文物原状"的原则。具体落实在:一要保护历史的真实性,不可将仿古造假当成保护的手段。二是为了保持风貌的完整性,不但要保护历史建筑,还要保存构成整体风貌的所有要素,包括道路、街巷、院墙、小桥、溪流、驳岸,乃至古树等。三是维护生活的延续性,即这里的居民要继续按自己的意愿生产、生活,要维持原有社会功能,促进地区经济活力。不主张将原有居民大量外迁,成为专供参观的旅游景点。①

2. 不可移动文物的修缮、保养

《文物保护法》第21条对不可移动文物的修缮、保养作出了具体规定:"国有不可移动文物由使用人负责修缮、保养;非国有不可移动文物由所有人负责修

---

① 参见刘登阁编著:《以案说法——野生动物保护法·文物保护法》,中国社会出版社2008年版,第114页。

缮、保养。非国有不可移动文物有损毁危险,所有人不具备修缮能力的,当地人民政府应当给予帮助;所有人具备修缮能力而拒不依法履行修缮义务的,县级以上人民政府可以给予抢救修缮,所需费用由所有人负担。"因此,假如某处古民居建筑群被列入国家重点保护文物,那么,居住其中的居民对自家房子负有修缮义务。同时,即使是自家的文物,也不是什么时候想修就修,想修成什么样就什么样。第 21 条同时规定:"对文物保护单位进行修缮,应当根据文物保护单位的级别报相应的文物行政部门批准;对未核定为文物保护单位的不可移动文物进行修缮,应当报登记的县级人民政府文物行政部门批准。文物保护单位的修缮、迁移、重建,由取得文物保护工程资质证书的单位承担。"

异域来风

英国彩票基金惠及历史建筑

据英国《卫报》消息,从 2013 年开始,英国对公众开放的历史建筑的主人将有机会获得来自文化遗产彩票基金的补助,用以修缮他们年久失修的房屋。

在英国,约 2/3 的历史建筑为私人所有。多年来,历史建筑协会一直在与相关机构争论不休。官方机构担心自身会因为"把钱发给富人"而受到质疑,但历史建筑协会认为,许多房主的确拥有丰厚的固定资产,但他们的现金十分匮乏,缺乏足够的钱来维护和修缮属于自己的历史建筑。据估计,对英国境内的历史建筑进行修缮需要超过 3.9 亿英镑的费用,其中正在向公众开放的历史建筑的修缮费用需要至少 2.8 亿英镑。

根据文化遗产彩票基金会的规定,将根据风险级别来确定建筑物获得的补助金额。文化遗产彩票基金会主席珍妮·阿布拉姆斯基还宣称,文化遗产彩票基金的这一援助项目未来将扩展到教堂和礼拜场所的修复,包括那些用于开放性社区活动的建筑物和设施。①

3. 不可移动文物的转让、抵押

对于不可移动文物的转让、抵押问题,重点要注意两点:

其一,国有不可移动文物不可作为企业资产经营。《文物保护法》第 24 条规定:"国有不可移动文物不得转让、抵押。建立博物馆、保管所或者辟为参观

---

① 陈璐编译:《英国彩票基金惠及历史建筑》,载《中国文化报》2012 年 7 月 11 日。

游览场所的国有文物保护单位,不得作为企业资产经营。"因此,国有不可移动文物不可被随意承包,只能开辟为公益性的博物馆、保管所或旅游场所。自2008年始,全国公益性博物馆、纪念馆和全国爱国主义教育示范基地逐渐向社会免费开放,这是对公益性的落实。而像故宫这样还在收门票的博物馆等,其门票收入是要上缴的。2012年3月在一次记者招待会上,故宫博物院院长单霁翔称,2011年故宫门票收入6.5亿元已全部上缴国库,故宫每年按照事业发展需求编列预算。[①]

其二,非国有不可移动文物不得转让、抵押给外国人。对于那些生活在古建筑或代表性建筑这些具有文物价值的地方中的居民来说,如果将自己拥有所有权的不可移动文物,转让、抵押给其他中国国民是可以的,但不可转让、抵押给外国人。这是《文物保护法》第25条的规定内容。

(三)第三章"考古发掘"部分对文物考古发掘的审批与管理,文物发现的处理程序与现场保护,被发掘文物的保管、收藏与调用作了明确规定

由于这一章内容涉及文化产业的地方不多,这里暂不展开。

(四)第四章"馆藏文物"部分对馆藏文物单位和藏品档案设置,馆藏文物的取得与管理,馆藏文物的使用、交换与调拨,馆藏文物修缮、维护与安全管理等方面进行了规范

从文化产业的角度出发,本章条款中针对馆藏文物修复的部分是本节讲述的重点。因为它涉及国内一个新兴的文化产业门类——艺术衍生品产业。

艺术衍生品的授权主要来自两个渠道,如果艺术作品还在版权保护期,那么授权来源于版权所有人;还有一个就是来源于博物馆、美术馆等。Artkey艺奇文创集团是一家来自我国台湾地区的著名艺术衍生品开发公司,它与我国"台北故宫"的合作已经保持了10年时间,业务之一就是帮助我国"台北故宫"规划艺术授权市场,其"艺奇典藏——故宫系列"就是取得我国"台北故宫"合法授权,进行与原作相同材质及等比例的高品质画作复制。在国外,很多知名博物馆的授权衍生品市场十分发达,比如大英博物馆,一年光衍生商品就有两亿美元的收入;对于纽约大都会博物馆来说,它的门票收入占到整体收入的20%。[②] 相比之下,国内博物馆的收入多靠门票支撑。

在国内,一些博物馆也会在馆区内的专属商店出售馆藏文物的复制、仿品,但数量不多,倒是在民间文物市场的地摊上随处可见未获授权的文物复制品。

[①] 参见《故宫博物院院长:6.5亿门票收入全上缴国库》,http://news.163.com/12/0307/01/7RV4TSM700014JB6.html。

[②] 参见《颐和园首试衍生品开发》,http://www.anhuinews.com/zhuyeguanli/system/2010/05/17/002943496.shtml。

这一方面说明国内艺术衍生品市场的开发潜力，另一方面则提出了一个问题：国有文物能被随意复制吗？

有人说，进入公共领域的作品人人可以开发，的确，按照知识产权法，无论是旷世书画作，还是独特的器型，过了保护期就进入公共领域，但并不是人人可以开发。当它们进入文物范围，对它们的开发要遵循文物保护的相关规定。

1979年7月30日，原中华人民共和国轻工业部和国家文物局在《关于搞好古代文物复制仿制工作有关问题的通知》中规定："文物复制、仿制品的生产，要适应旅游事业发展的需要，因地因物制宜，定点生产、定点销售。对珍贵的古文物，如果文物部门有技术力量，可以文物部门为主；如果文物部门力量不够，可以工艺部门为主进行复制。属于仿制品，由工艺美术部门负责或与文物部门协同进行。"国家文物局1998年6月18日颁布的《文物复制暂行管理办法》明确规定："文物复制应履行严格的报批手续，未经批准不得进行文物复制。文物收藏或报关单位应与文物复制单位签订文物复制合同，明确各自的权利义务。""一级文物的复制，经省、自治区、直辖市文物行政管理部门审核后，报国家文物局批准。"可见，对国有文物的复制，国家有严格规定，未经批准，绝对不允许复制；对国有文物的仿制，国家只允许文物部门和工艺美术部门进行有计划的仿制。①

在被复制的古文物中，有一种文物尤其需要保护。那就是石碑。因为，石碑每被拓一次，就会损坏一次；拓的次数越多，受损的程度就越大。因此，国家文物局早在1979年就颁布了《拓印古代石刻的暂行规定》，其中明确规定：古代石刻"其书法为我国书法艺术史上有定评的石碑，文物部门拟传拓拓片出售的，只许翻刻副版传拓"。内容不涉及疆域、外交、民族关系和天文、水文、地理等资料，书法又非名作的石刻，"宋及宋以上的，只许翻刻副版传拓出售。宋以下的，允许使用原碑传拓"。

（五）第五章"民间收藏文物"部分对文物的民间收藏、疏通与经营管理进行了明确，这也是民间文物交易市场应遵循的法律规范

首先，这里的民间是指"文物收藏单位以外的公民、法人和其他组织"，显然，私立的或民营非企业性质的博物馆不在此列。《文物保护法》第50条对于民间文物收藏的来源进行了严格的规定，合法的途径有：(1) 依法继承或者接受赠予。(2) 从文物商店或经营文物拍卖的拍卖企业购买。(3) 公民个人合法所有的文物相互交换或者依法转让。(4) 国家规定的其他合法方式。

其中，"公民个人合法所有的文物相互交换或者依法转让"是新修订的《文

---

① 参见中国文物报社编：《中华人民共和国文物保护法·以案说法》，文物出版社2003年版，第256—257页。

物保护法》新增的条款内容,这一条款的设立,结束了长达半个多世纪我国法律规定民间私人不能交易文物的现状,将许多原来处于非法状态的所谓民间文物黑市合法化,促进了我国文物交易市场的繁荣。据统计,目前我国文物拍卖企业有324家,2010年总成交额为368亿元。全国较大规模的古玩旧货市场超过240家,涉及文物艺术品交易的网站约有200家。①

同时,《文物保护法》第51条对不能进入交易领域的文物作了规定:(1)国有文物,但是国家允许的除外;(2)非国有馆藏珍贵文物;(3)国有不可移动文物中的壁画、雕塑、建筑物件;(4)来源不属于第50条规定的文物,最具代表性的就是新中国成立以来的盗掘出土的文物,或者是文物私下流转时打着"出土文物"旗号的物件。

所以,通过第51条可以知晓,民间允许进入流通的文物,其实只能是公民合法拥有的一般文物,公民合法拥有的珍贵文物不得买卖。那公民手中的传世的珍贵文物想要出手,怎么办?首先,珍贵文物一般都属于禁止出境文物,不得转让、出租、质押给外国人,其次,除了捐赠给国有文物收藏单位外,还可以优先卖给国有文物收藏单位,因为《文物保护法》第58条规定,文物行政部门在审核拟拍卖的文物时,可以指定国有文物收藏单位优先购买其中的珍贵文物。

作为依法批准设立的文物商店和拍卖企业,其经营活动遵循事先审核制。《文物保护法》第56条规定:"文物商店销售的文物,在销售前应当经省、自治区、直辖市人民政府文物行政部门审核;对允许销售的,省、自治区、直辖市人民政府文物行政部门应当作出标识。拍卖企业拍卖的文物,在拍卖前应当经省、自治区、直辖市人民政府文物行政部门审核,并报国务院文物行政部门备案;省、自治区、直辖市人民政府文物行政部门不能确定是否可以拍卖的,应当报国务院文物行政部门审核。"

(六)第六章"文物出境进境"部分对文物出入境的审批进行了规范

1. 禁止出境的情况

首先明确:除了出境展览或者因特殊需要经国务院批准出境的,国有文物、非国有文物中的珍贵文物和国家规定禁止出境的其他文物,不得出境。因此,对于那些家中藏有文物或有祖传之宝的公民,如要携带文物移民、出国、出境,事先一定要搞清楚哪些文物可以出境,哪些文物不可以出境。显然,一般文物是可以出境的,但必须得到文物行政部门的批准。

其次知晓:在审核出境文物时,文物年代是一种审核依据。1911年成为一

---

① 参见刘修兵:《全国人大常委会执法检查组报告建议:及时修改完善〈文物保护法〉》,载《中国文化报》2010年8月13日。

条基本准线,凡此前生产、制作的文物一律禁止出境。同时,针对少数民族文物流失严重的情况,为加大少数民族文物的保护力度,有代表性的少数民族文物禁止出境年限设定为 1966 年。

文物出境要有许可证和出境标识

我国文物出境实行许可证制度。《文物保护法实施条例》规定,经审核允许出境的文物,由国务院文物行政主管部门发给《文物出境许可证》,并由文物进出境审核机构标明文物出境标识——火漆印章。海关查验文物出境标识后,凭文物出境许可证放行。

2. 限制出境的情况

限制出境的文物,是历史、艺术和科学价值一般,国内重复相同、存量较多,不完全符合博物馆文物藏品要求的文物。这些文物不属于禁止出境文物,但能否出境需要经过文物出境鉴定。

所谓文物出境鉴定是指对申报出境的文物,进行鉴定、查验,决定其能否出境。2007 年公布的《文物进出境审核管理办法》第 8 条具体规定,下列文物出境,应当经过审核:

(1) 1949 年(含)以前(1911 年(含)以后)的各类艺术品、工艺美术品;

(2) 1949 年(含)以前(1911 年(含)以后)的手稿、文献资料和图书资料;

(3) 1949 年(含)以前(1911 年(含)以后)的与各民族社会制度、社会生产、社会生活有关的实物;

(4) 1949 年以后的与重大事件或著名人物有关的代表性实物;

(5) 1949 年以后的反映各民族生产活动、生活习俗、文化艺术和宗教信仰的代表性实物;

(6) 国家文物局公布限制出境的已故现代著名书画家、工艺美术家作品;

(7) 古猿化石、古人类化石,以及与人类活动有关的第四纪古脊椎动物化石。

3. 出国展览的情况

对于出国展览的文物,《文物保护法实施条例》进一步规定,展览承办单位在举办展览前 6 个月向国务院文物行政主管部门提出申请,如展览中一级文物展品超过 120 件(套),或者一级文物展品超过展品总数的 20%,应当报国务院批准。条例还规定,一级文物中的孤品和易损品禁止出境展览,未曾在国内正式展出的文物,也不得出境展览。文物出境展览期限不得超过一年,如文物出境展览期间,出现可能危及展览文物安全情形的,原审批机关可以决定中止或撤销展览。

为了确保出境展览文物的安全,针对出境展览文物,国家文物局于1997年制定了《文物出国(境)展览管理规定》。依据规定,易损文物、一级文物中的孤品及元代以前(含元代)绘画等,不得出国(境)展览。禁止出国(境)展览的文物有:(1)历代出土古尸;(2)宗教场所的主尊造像;(3)质地为象牙、犀角的文物;(4)元以前书画、丝作品;(5)宋、元有代表性的孤品瓷器。限制性出国(境)展览文物有:(1)简牍、帛书;(2)唐写本、宋刻本古籍;(3)宋以前的较大幅完整丝织品;(4)大幅壁画和重要壁画;(5)陵墓石刻。此外,文物局规定,文物出国(境)展览可以采取有偿展出的方式,但不得采取租赁方式。

(七)第七章《法律责任》对违反文物保护法的相关法律责任进行了明确

违反《文物保护法》规定所产生的法律责任主要分为三种:首先是刑事责任,其次是民事责任和行政责任。造成文物灭失、损毁的,依法承担民事责任。构成违反治安管理行为的,由公安机关依法给予治安管理处罚。构成走私行为,尚不构成犯罪的,由海关依照有关法律、行政法规的规定给予处罚。除此之外,《文物保护法》还规定了文物主管部门的行政处罚权,对被处罚对象也规定了一系列的行政责任形式。

构成犯罪的违反《文物保护法》行为

根据《文物保护法》第64条规定,有下列行为之一,构成犯罪的,依法追究刑事责任:

1. 盗掘古文化遗址、古墓葬的;
2. 故意或者过失损毁国家保护的珍贵文物的;
3. 擅自将国有馆藏文物出售或者私自送给非国有单位或者个人的;
4. 将国家禁止出境的珍贵文物私自出售或者送给外国人的;
5. 以牟利为目的倒卖国家禁止经营的文物的;
6. 走私文物的;
7. 盗窃、哄抢、私分或者非法侵占国有文物的;
8. 应当追究刑事责任的其他妨害文物管理行为。

二、物质文化遗产保护的其他相关法规

为了加强对物质文化遗产的保护力度,根据《文化保护法》和《文物保护法实施条例》等有关法律法规,国家和地方的文物保护部门依据本部门本地方的实际情况,还颁布了更为细化的其他相关法规。结合文化产业管理的应用需求,这里重点介绍:

(一)使用文物古迹拍摄电影电视的有关法规

拍摄文物古迹题材的电影、电视或利用文物古迹作为场景拍摄故事片、电视剧等利用文物的现象日益增多,已成为利用文物的重要方式之一。但是,在文物拍摄工作中也出现了一些问题,损坏文物古迹、损害国家权益的事件时有发生。

警示案例

10年前,雪铁龙汽车公司拍了一个惊世骇俗的广告片:让雪铁龙开上中国长城的东端老龙头。长城于1987年12月即被列入《世界遗产名录》,是中国第一批入选该名录的世界遗产。对于这样一个严重破坏世界遗产,影响中国国际形象的策划,虽然文物部门极力反对,最终却仍然获得相关领导批准。但该广告在法国某电视台仅播出十几秒钟,即招至无数公众电话怒斥:"我们法兰西民族是有着悠久文明传统的民族,我们怎么竟做出这种羞耻的事,拍个商业广告,让汽车爬到人类共同的伟大遗产的躯体上?!"该广告遂灰溜溜地束之高阁,再不敢面世。中国的文物工作者曾为此赧颜和伤心。[①]

为了确保文物古迹的安全,维护国家权益,根据《文物保护法》第32条的规定,国家文物局于2001年6月7日颁布了《文物拍摄管理暂行办法》。

1. 关于拍摄故事片和纪录片的一般规定

就拍摄故事片(包括电视剧等)而言,全国重点文物保护单位制古建筑(包括古建筑、古墓葬、石窟寺和革命纪念建筑物等),可以使用其室外作为拍摄场景,室内一律不得作为拍摄场景。省、自治区、直辖市级重点文物保护单位,可以适当放宽,但有壁画、彩塑、悬塑、浮雕、雕龙柱、楠木殿(房)等重要文物的古建筑,不能提供作为拍摄内景。哪些古建筑可以提供作为拍摄内景,由省、自治区、直辖市文物行政管理部门具体决定。市、县级重点文物保护单位以及尚未公布

[①] 谢凝高、陈凯祥:《从曲阜孔庙到巴米扬大佛 莫让遗产变遗憾》,http://news.sohu.com/56/78/news145177856.shtml。

为文物保护单位的古建筑的提供问题,由省、自治区、直辖市文物行政管理部门按前述原则决定。古建筑之屋顶、宫墙、院墙之墙脊,有壁画、雕刻之墙壁、走廊,以及保护范围内之古塔、古树、石碑、假山、雕刻物等附属文物,均不得作为演员格斗、攀登、跳跃、碰撞等的实景使用,亦不得因拍片而变动或损伤原物的色泽和形状。文博单位的藏品,一律不得提供作为拍摄电影、电视片的服装、道具使用。

就拍摄纪录片(包括科教、风光片等)而言,一般不得移动原有文物的陈列位置;确须移动文物时,应征得管理文物的基层单位同意并由他们委派专业人员进行。此外,拍摄壁画、彩塑、书画、纺织品、漆器、彩绘等文物,不得使用强光灯。易损易坏的珍贵文物(包括书画、丝织品、壁画、漆木器等),原则上不得拍摄,而由文物部门提供有关资料或照片;特殊需要拍摄的,经过审批一律使用冷光灯。

2. 拍摄的程序及其相关规定

文物拍摄项目必须按国家规定提前报批,没有报批的项目,文物部门应一律拒绝接受拍摄。拍摄故事片,须一月前提出申请并提供分镜头剧本,列明使用某古建筑室外场地拍摄某场戏,由所在地的省、自治区、直辖市文物行政部门审批。北京故宫由文化部文物局审批。拍摄纪录片,须一月前提出申请并提供分镜头剧本。申请须开列拍摄文物的具体项目、镜头数。全国重点文物保护单位和中央直属博物馆,由文化部文物局审批;省、自治区、直辖市及以下文物保护单位和博物馆,由省、自治区、直辖市文物行政部门审批。国内单位要求拍摄考古发掘现场,由所在地的省、自治区、直辖市文物行政部门审批。有外国人、华侨、港澳台同胞参加的摄制组去非开放地区拍摄的,应先征得外事、公安、军事部门同意后,始得向文物部门提出申请。值得注意的是,文物拍摄特别是对外合作项目,必须维护我方各项权益,保证文物的安全。

拍摄单位在开拍前,应向文物管理的基层单位交验授权单位批准的函件并与基层单位签订保护文物的协议书,由基层单位安排拍摄时间。在保证文物不受损坏的前提下,基层单位应积极协助拍摄单位做好拍摄工作。不交验基层单位批准函件的,基层单位有权拒绝拍摄。拍摄过程中,拍摄单位负责消防、安全等方面的工作人员必须严守工作岗位防止发生意外;文物基层单位应指派本单位工作人员在场监督,以确保协议的执行和文物的安全。文物基层单位如发现拍摄单位有超出批准项目或不遵守协议书的行为,有权制止继续拍摄。

不论拍摄哪种类型的文物片,拍摄单位应向管理文物的基层单位支付文物保养费;对协助拍摄的文物基层单位工作人员,应支付劳务费;为拍摄影像观众参观造成文物基层单位减少收入的,应支付补偿费。支付费用的标准由所在地省、自治区、直辖市文物行政部门制定,北京故宫由故宫博物院制定。

(二) 对近现代著名书画家作品的禁止出境或限制性出境的规定

为了保护一大批近、现代著名书画家的珍贵作品,即保护这些国家优秀的文化遗产不被流失出境,国家文物局先后于2001年和2013年颁发《1949年后已故著名书画家作品限制出境的鉴定标准》和《1949年后已故著名书画家作品限制出境的鉴定标准(第二批)》。

依照2001年的规定,凡是1949年以后去世的现代书画家,其作品一律不准出境的共有10人,他们是王式廓、何香凝、李可染、林风眠、黄宾虹、徐悲鸿、董希文、傅抱石、高剑父、潘天寿。作品原则上不准出境者有23人,他们是于右任、于非厂、丰子恺、石鲁、齐白石、刘魁龄、刘海粟、张大千、沈尹默、吴作人、吴湖帆、陈少梅、陆俨少、林散之、赵朴初、高奇峰、钱松岩、郭沫若、黄胄、蒋兆和、谢稚柳、傅心畬、严文梁。精品不准出境的有107人,名单略。

依照2013年的规定,作品一律不准出境者的名单中,新增了吴冠中。作品原则上不准出境者的名单中新增了关山月、陈逸飞。代表作不准出境者共有21人,名单略。

对新修《文物保护法》的期待①

2012年4月至5月,全国人大常委会执法检查组开展了《文物保护法》执法检查,这是自1982年11月《文物保护法》颁布实施以来在全国范围的第一次执法检查,日前,全国人大常委会执法检查组根据检查情况形成报告,建议及时修改完善《文物保护法》。

报告肯定了《文物保护法》颁布实施以来我国文物保护工作取得的巨大成就。但是,指出了以下四个方面的不足,并根据这四个方面的不足,提出进一步修法的方向性建议。

(1) 一些地方不能正确处理经济建设与文物保护之间的关系,"重物轻文"。把文物视为创收牟利的工具,忽视文物的历史文化价值和传承文明、认知教育的功能。据第三次全国文物普查统计,近三十年来消失的四万多处不可移动文物中,有一半以上毁于各类建设活动。

(2) 文物行政管理人员和文物保护专业人才普遍不足。全国县市(一级)大量文物行政管理职能由文管所、博物馆等事业单位代行,全国文物行政管理人

---

① 根据刘修兵《全国人大常委会执法检查组报告建议:及时修改完善〈文物保护法〉》(《中国文化报》2010年8月13日)一文整理。

员平均每县不足3人;全国半数以上的馆藏文物需要修复,但具有修复专业资质的单位只有198家,专业技术人员仅有2000余人,难以适应繁重的文物修复和科学保护的任务。

(3) 文物流通领域的监管制度、文物鉴定资质和文物拍卖专业人员资质认证制度以及网络文物交易监管制度等方面缺少法规或文件。由于这些方面的法规漏洞,在民间文物流通市场知假售假、知假拍假等现象严重存在,甚至爆出"汉代玉凳"、"金缕玉衣"等恶劣事件,有的电视鉴宝类节目片面渲染文物的市场价格,偏离了正确的舆论导向。

(4) 现行《文物保护法》中一些规定不适应文物工作的需要,例如,对土地流转前的考古发掘、民间收藏文物的流通登记、民间博物馆管理等问题缺乏明确的规定;《文物保护法》中要求国务院及其有关部门指定的法规和文件,如国有文物收藏单位不再收藏的文物的处置办法、文物认定的标准等,至今尚未出台,影响了相关工作规范开展。

第三节 非物质文化遗产的法律保护

非物质文化遗产并不囊括非物质文化的全部。"非物质文化遗产"的概念源于我国全国人大常委会于2004年8月28日批准的联合国科教文组织2003年《保护非物质文化遗产公约》(以下简称《公约》)。该公约对"非物质文化遗产"的定义是:"'非物质文化遗产'指被各群体、团体、有时被个人视为其文化遗产的各种实践、表演、表现形式、知识和技能及其有关的工具、实物、工艺品和文化场所。"《公约》还确定了非物质文化遗产的具体范围:"非物质文化遗产包括以下方面:(1) 口头传说和表述,包括作为非物质文化遗产媒介的语言;(2) 表演艺术;(3) 社会风俗、礼仪、节庆;(4) 有关自然界和宇宙的知识和实践;(5) 传统的手工艺技能。"根据《公约》,缔约国(截至2009年9月,已有116个缔约国)大会为《公约》的最高权力机关,《公约》在科教文组织内设立政府间保护非物质文化遗产委员会,其委员国由缔约国大会选出,任期4年。委员国应选派在非物质文化遗产领域有造诣的人士为其代表。目前,委员会由24个委员国的代表组成。《公约》设立"非物质文化遗产基金",以国际援助的形式向缔约国提供援助。

我国入选联合国"人类非物质文化遗产代表作名录"和"急需保护的非物质文化遗产名录"的项目

截至2011年11月底,中国入选联合国教科文组织非物质文化遗产名录项目总数已达36项,成为世界上入选"非遗"项目最多的国家。这36项非遗分别列入"人类非物质文化遗产代表作名录"和"急需保护的非物质文化遗产名录"的项目:

列入"人类非物质文化遗产代表作名录"的有:昆曲;古琴艺术;新疆维吾尔木卡姆艺术;与蒙古国联合申报的蒙古族长调民歌;中国传统桑蚕丝织技艺;南音;南京云锦织造技艺;宣纸传统制作技艺;侗族大歌;粤剧;格萨(斯)尔;龙泉青瓷传统烧制技艺;热贡艺术;藏戏;玛纳斯;花儿;西安鼓乐;中国朝鲜族农乐舞;中国书法;中国篆刻;中国剪纸;中国传统木结构营造技艺;端午节;妈祖信俗;中国雕版印刷技艺;呼麦;京剧;中医针灸;中国皮影戏。

列入"急需保护的非物质文化遗产名录"的有:羌年;黎族传统纺染织绣技艺;中国木拱桥传统营造技艺;麦西热甫;中国水密隔舱福船制造技艺;中国活字印刷术;赫哲族说唱艺术"伊玛堪"。

我国是非物质文化遗产大国,据统计,共有非物质文化遗产资源近87万项,其中列入联合国名录的有36项,进入国家、省、市、县四级非物质文化遗产名录体系的有7万项之多,[①]由此可见,我国非遗保护任务依旧任重道远。

2001年昆曲入选"人类口头和非物质文化遗产代表作"名录,"非遗"概念引入我国。借鉴国际社会在非遗保护方面的先进经验,我国政府加强了非遗保护的法制体系建设。

在综合性的非遗保护法规建设方面,2004年4月8日,文化部、财政部联合印发了《关于实施中国民族民间文化保护工程的通知》。2005年3月,国务院办公厅颁发《关于加强我国非物质文化遗产保护工作的意见》。在上述两个行政文件之间,承前启后的一个重要事件是2004年8月28日十届全国人大常委会第十一次会议表决通过了关于批准加入联合国科教文组织《公约》的决定,我国正式成为《公约》的缔约国。2006年文化部制定《国家级非物质文化遗产保护与

---

① 参见《[申遗]我国入选联合国非物质文化遗产名录项目达34项》,http://news.cntv.cn/20101124/102802.shtml。

管理暂行办法》可视为我国"非遗法"出台之前的过渡性法规,而2011年《非物质文化遗产法》(以下简称《非遗法》)的颁布,则标志着我国的非物质文化遗产保护工作步入有法可依的法制轨道。

在专项法规建设方面,2005年公布《国家级非物质文化遗产代表作申报评定暂行办法》,2006年公布《国家非物质文化遗产保护专项资金管理暂行办法》,2008年公布《国家级非物质文化遗产项目代表作传承人认定与管理暂行办法》。需要指出的是,早在1997年5月国务院发布的《传统工艺美术保护条例》是一部与现行的非遗保护理念相适应、针对传统工艺美术门类的专门保护条例。条例包括对传统工艺美术品种和技艺、制作者(相当于传承人)的认定,对珍品的收藏、命名和禁止出口,对保密制度的规定,以及对传统工艺美术原材料的管理规定等内容。[①]

一、非物质文化遗产保护的法律法规——对《非物质文化遗产法》及其相关行政法规的重点解读

《非遗法》共6章45条,包括总则、非物质文化遗产的调查、非物质文化遗产代表作项目名录、非物质文化遗产的传承与传播、法律责任和附则六个部分。结合文化产业实践,本小节对《非遗法》中的某些条款进行重点解读。

其一,第一章"总则"部分对立法目的,非物质文化遗产的概念和范围,对非物质文化遗产保护的原则和措施,保护非物质文化遗产应遵循的基本要求,落实非物质文化遗产保护所需的财力、物力、人力的配合保证,工作管理机制等作了全面的规定。

1. 关于《非物质文化遗产法》为何没有"保护"两字

在《国家"十一五"时期文化发展规划纲要》中列入立法规划的非遗法全称是《非物质文化遗产保护法》,为什么在正式通过的时候,没有了"保护"两字?总则部分的第1条和第3条回答了我们这个问题。

《非遗法》第3条规定:"国家对非物质文化遗产采取认定、记录、建档等措施予以保存,对体现中华民族优秀传统文化,具有历史、文学、艺术、科学价值的非物质文化遗产采取传承、传播等措施予以保护。"本条款明确了我国非物质文化遗产保护工作的基本原则,即对所有的非物质文化遗产均采取认定、记录、建档等措施予以保存。但是,只对其中体现中华民族优秀传统文化,具有历史、文学、艺术、科学价值的非物质文化遗产予以保护和传播。反过来说,对那些不具

---

① 参见康保成主编:《中国非物质文化遗产保护发展报告》(2011),社会科学文献出版社2011年版,第11—12页。

有历史、文学、艺术、科学价值,甚至有违人性的非物质文化遗产,比如缠足、风水、算卦、跳大神、童子尿蛋、裸体纤夫等,可以作为档案记录保存下来,作为历史的记忆,供学者们研究。所以,不加"保护"两字,一方面可以使法的名称涵盖本法确定的对不同的非物质文化遗产分别进行保护与保存两方面的内容,避免公众产生对所有的非物质文化遗产不加区分地一律进行保护和传播的误解,另一方面,这也是第1条立法目的的要求:"为了继承和弘扬中华民族优秀传统文化,促进社会主义精神文明建设,加强非物质文化遗产保护、保存工作"。那么,进一步延伸,文化产业开发的对象也应该是那些体现中华民族优秀文化传统,具有历史、文学、艺术、科学价值的那部分非遗。

2. 关于非物质文化遗产的概念和范围问题

《非遗法》第2条明确非物质文化遗产,是指各族人民世代相传并视为其文化遗产组成部分的各种传统文化表现形式,以及与传统文化表现形式相关的实物和场所。范围包括:

(1) 传统口头文学以及作为其载体的语言

我国的民间口头文化遗产丰富多彩,底蕴深厚,如《梁祝》的传说、彝族的传说《阿诗玛》、藏族的史诗《格萨尔》等。适用中应当注意的是,单纯的一种民族语言不是非物质文化遗产,只有当其成为口头文学的语言载体时,才能与该口头文学一起成为非物质文化遗产。① 以《格萨尔》为例,藏语是其表达的载体,因此,《格萨尔》和作为载体的藏语都是非物质文化遗产,但单纯的藏语不是非物质文化遗产。

(2) 传统美术、书法、音乐、舞蹈、戏剧、曲艺和杂技

传统美术,包括雕塑、剪纸、盆景技艺、木板年画、刺绣、灯彩等;传统书法,包括汉字书法和一些少数民族文字书法,如藏文书法;传统音乐,包括民歌和弦索乐、丝竹乐、吹管乐、鼓吹乐和吹打乐等乐器音乐,以及说唱音乐、戏曲音乐等;传统舞蹈,多适用于各种仪式性场合,大到国家的祭祀、朝会、出战、庆功、王室更替,小到百姓婚丧嫁娶、播种收割等均有适用于该仪式的舞蹈;传统戏剧,是一种综合舞台艺术样式,是以歌舞演故事的一种艺术形式,据资料记载,我国传统戏曲有390多种,如今还在传承的大约有260多种;传统曲艺,属于说唱艺术,是以民间讲唱文学为基础的,将讲唱文学、音乐、表演三者综合的中国传统艺术,包括相声、评书、大鼓等;传统杂技,是指各种超常技艺的统称,起源于秦朝,称为"角抵戏"。

---

① 参见全国人大常委会法制工作委员会行政法室编著:《中华人民共和国非物质文化遗产法释义及实用指南》,中国民主法制出版社2011年版,第18页。

（3）传统技艺、医药和历法

传统技艺，主要是指传统手工技艺，是指以手工劳动，使用自然材料进行制作的，具有独特艺术风格的技艺，它能传达文化内涵，富有装饰性、功能性和传统性；传统医药是指我国各民族传统用于预防、治疗和保健的天然药物以及加工、应用这些药物防病治病的系统理论知识或经验知识，主要分为中医药和民族医药；传统历法包括农历和一些少数民族的历法，如藏族的天文历算。

（4）传统礼仪、节庆等民俗

民俗，即民间风俗，指一个国家或民族中广大民众所创造、享用和世代传承、相沿成习的生活模式，它是一个社会群体在行为和心理上的集体习惯。民俗一般包括传统礼仪、节庆、民间信仰、民族服饰等。

（5）传统体育和游艺

传统体育是指在中华大地上各民族自古流传下来的体育活动，包括从军事技能中衍生出来的体育项目，如武术、射箭、摔跤、蹴鞠等，健身养生的体育项目，如气功、太极拳等；传统游艺是指具有娱乐作用的各族民间游戏，如赛龙舟、荡秋千、抖空竹等。

（6）其他非物质文化遗产

这是一个兜底的规定，可以涵盖前五项以外的其他非物质文化遗产项目，同时也可以为将来新发现的非物质文化遗产项目在法律规定上留下空间。

此外，作为非物质文化遗产组成部分的实物和场所，与文物的范围存在着一定交叉，因此，本条款还规定："属于非物质文化遗产部分的实物和场所，凡是文物的，适用《中华人民共和国文物保护法》"。

对非物质文化遗产概念和范围的明确，旨在强调非物质文化遗产本身所具有的三个特点：

一是非物质文化遗产是世代相传的。

非物质文化遗产是在一个地区、一个族群内通过口传心授，或者不断反复进行等方式世代相传，延续下来的，具有活态传承的特点。这里有两层意思：其一，传承是活态的。"活态传承"要求"非遗"申报必须是"活态的"，就是要有活着的艺人。"来晚了，早来十年二十年就好了。"普查人员在农村就碰到过掌握技艺的艺人已去世的状况，这样即使曾有这门技艺，但没有人会，也就无法申报。例如大连以前满族人中传承的"子弟书"现在就找不到传人了。[①] 其二，传承是世代的。非遗必须是传承下来的，有师承关系；而且一般规定其世代相传要达到

---

① 参见《庄河农民画无缘 申报"非遗"项目要有百年历史》，http://news.qq.com/a/20070607/001761.htm。

3代以上,距今至少100年历史。例如,大连陶艺大师邢良坤的技艺和作品全国闻名,但其陶艺是自己钻研出来的,不是继承来的,因此就不能申报非物质文化遗产。但这不是令人遗憾的事,因为其技艺和作品具有独创性和可复制性,属于知识产权法的保护范围。类似的例子还有中国现代民间绘画,比如上海金山农民画、浙江舟山渔民画等。

农民画(渔民画)能算非遗吗?

现代民间绘画(俗称农民画、渔民画)是中国特定历史与社会条件下产生的一个特殊画种,发端于上世纪50年代的中国农村,以长期流传于农村的传统民间美术为基础,进而形成了自己独特的艺术风格。1988年,文化部首批命名了45个"现代民间绘画画乡",近几年来随着非物质文化遗产保护工作在全国各地的展开,不少画乡纷纷加入"申遗"的行列,把现代民间绘画作为一种非物质文化遗产来申报,其中上海金山已经两次冲击国家级"非遗"名录。所持的观点是:现代民间绘画汲取了农村民间传统文化的精髓,是中华民族民俗风情、人文地理等历史文化内涵的重要体现,具有重大文化价值,是非物质文化遗产的重要组成部分。①

那么,农民画(渔民画)能算非遗吗?

答案是:不算。其一,现代民间绘画不符合申报"非遗"的条件,如"无师承、不足百年"等。其二,现代民间绘画具备著作权法主客体的条件,属于受著作权法保护的美术作品。

因此,画乡的"申遗"做法,虽然出发点是好的,却是值得商榷的。当然,如果一件现代民间绘画作品要想受到著作权法的保护,一定要跟美术作品一样,有创作者的标识,以明确该作品的著作权归属。

二是非物质文化遗产与人民群众的生产生活密不可分。

非物质文化遗产是人民群众在生产生活中创造的,来源于人们的日常生活,比如刺绣、编织、剪纸、风筝、酿酒等,具有民间性。2010年全国两会热议"雷锋精神"的申遗问题。雷锋精神属于文化范畴,但不属于非遗,不仅因为雷锋精神没有具体表现形态,没到百年历史,更主要的是,雷锋精神不具民间性,属于"官俗"。

三是非物质文化遗产由文化表现形式及相关的实物和场所组成。

---

① 《农民画能算是"非遗"吗?》,载《中国文化报》2009年3月1日。

文化总是以各种形式表现出来。作为一种表现形式,其本身是非物质的,但又要依赖一定的物质载体得以体现,所以实物和场所也是非物质文化遗产的组成部分。如传统戏剧演出时需要行头、道具、伴奏的乐器,此为实物;演出需要舞台,此为场所。

争鸣选登

什么样的"非遗"不是"非遗"①

非物质文化遗产界定过程中的泛物质化问题(须引起重视)②。

我们之所以强调这个问题,是因为无论是此前的联合国教科文组织,还是国内学术界,几乎都将"在讲述、表演、实施这些技艺与技能过程中所使用的各种工具、实物、制成品"纳入非物质文化遗产之列。

众所周知,所谓"非物质文化遗产",是指那些人类在历史上创造,并以活态方式原汁原味传承至今,具有重要价值的文学艺术类、工艺技术类与节日仪式类传统文化事项。它的最本质的特征是它的"非物质"性。而那些"看得见"、"摸得着"的各种"工具"、"实物"、"制成品",尽管对认识、保护、传承非物质文化遗产很有意义,也不能视之为非物质文化遗产,更不能列入非物质文化遗产保护名录。这是我们审视一个问题的逻辑起点。如果在逻辑起点上出了错,今后的实践工作也将一错到底。譬如,当人们将米雕、核雕等小件物品当成非物质文化遗产时,也许人们并不在意,但既然承认了米雕、核雕,就得承认剪纸、泥塑;承认了剪纸、泥塑,就得承认石雕、砖雕;承认了石雕、砖雕,就得承认成片的四合院。可连四合院这样的庞然大物都成了"非物质文化遗产",那么,还有什么是物质文化遗产呢?我们之所以这样说,并不是耸人听闻,也不是空穴来风。非物质文化遗产评审过程中,许多地方将古村落、古建筑原封不动地申报了上来,就是一个典型的明证。

由此可见,在"非遗"概念的界定过程中,掺不得任何物质文化遗产成分,否则,我们就会因概念上的混淆,而导致"非遗"申报、保护上的失败。

3. 关于尊重非物质文化遗产的真实性问题

所谓"真实性",是指保持非物质文化遗产项目的原真性。非物质文化遗产

---

① 《什么样的"非遗"不是"非遗"》,http://news.artxun.com/shidiao-1622-8106849.shtml。
② 括号内文字为笔者所加。

本身就是各族人民在历史长河中创造的,其历史的烙印部分是最具价值的,因此,要尊重它的历史原貌。它在历史上原来是什么样子,我们就按什么样子进行传承和传播。

《非遗法》第 4 条规定了保护非物质文化遗产的基本要求之一,即注重其真实性。关于尊重非物质文化遗产项目的真实性,《非遗法》第 5 条明确:"使用非物质文化遗产,应当尊重其形式和内涵。禁止以歪曲、贬损等形式使用非物质文化遗产。"所谓"形式",是指非物质文化遗产的外在表现方式。所谓"内涵"是指非物质文化遗产所包含的特定情感、信仰、习俗等。我国的民族传统舞蹈,一般在特定的时间和场合进行表演,体现了一个民族的宗教信仰和情感。像土家族每年农历正月要祭祀始祖"八部大王"跳摆手舞、毛古斯舞,藏族每年藏历 2 月 29 日的"跳神节"要跳《羌姆》……这些舞蹈均具有极强的仪式性特征,在特定的时间和场合进行表演,使它具有了特定的情感、信仰等方面的内涵。① 因此,对享用这种遗产的特殊方面的习俗做法要予以尊重。

但是,当前在利用非物质文化遗产项目时出现诸多不尊重其真实性的现象。比如,侗族萨玛节是一个古老而神圣的节日,贵州某地为发展旅游业,当地居民被迫一年之内过了四个萨玛节。一些民族原生态歌舞和民间礼俗原本只允许出现在特定的节日或场合,却为了迎合游客变成了日日上演的"商业秀"。② 针对类似这些使用非物质文化遗产的行为,《非遗法》明确禁止以歪曲、贬损等方式使用非物质文化遗产。

4. 关于非物质文化遗产工作机制的规定

《非遗法》第 7 条明确"国务院文化主管部门负责全国非物质文化遗产的保护、保存工作。县级以上地方人民政府文化主管部门负责本行政区域内非物质文化遗产的保护、保存工作"。此条款表明,文化行政管理部门是非物质文化遗产保护、保存工作的主管部门。据此,文化部于 2009 年 3 月成立了非物质文化遗产司。因此,"非遗"项目牌匾只能由文化相关主管部门颁发。

但是,非遗保护是一个系统工程,涉及多个文化部门的职责,不仅需要文化主管部门切实履行职责,也需要其他部门共同参与。因此,《非遗法》第 7 条还规定:"县级以上人民政府其他有关部门在各自职责范围内,负责有关非物质文化遗产的保护、保存工作。"特别是我国非物质文化遗产项目涵盖的范围很广,涉及传统医药、传统手工艺等很多领域,这些非物质文化遗产项目的保护和传

---

① 参见全国人大常委会法制工作委员会行政法室编著:《中华人民共和国非物质文化遗产法释义及实用指南》,中国民主法制出版社 2011 年版,第 24 页。

② 参见《文化怪象频出:山寨剧集流行 人文景观"为利所伤"》,http://news.163.com/11/0430/10/72SNJP1P00014JB5_2.html。

承,需要相关部门根据本部门的职责,采取措施进行保护。例如,传统医药行业主管部门是国家中医药管理局,工艺美术的行业主管部门目前为工业和信息化部。这两个部门依照《中医药条例》和《传统工艺美术保护条例》的规定,在各自职责范围内负责有关非物质文化遗产的保护、保存工作。

其二,第二章"非物质文化遗产的调查"包含非物质文化遗产调查工作的负责部门、调查的方式方法要求、对调查信息的处理和公开的要求、对境外组织在中华人民共和国境内进行非遗调查的监管等方面的内容。调查是非物质文化遗产保护、保存工作的前提,只有摸清家底掌握情况,才能实施保护。

其三,第三章"非物质文化遗产代表性项目名录"对建立国家级非物质文化遗产代表性项目名录的办法作了规定,从建立名录的目的、被列入名录的项目的条件、推荐列入名录时要提交的材料、对推荐或者建议列入国家级非物质文化遗产代表性项目名录的非物质文化遗产项目进行审评的程序和原则的规定到进入名录后的公示、保护落实和监管等方面。

需要指出的是,第21条规定:"相同的非物质文化遗产项目,其形式和内涵在两个以上地区保持完整的,可以同时列入国家级非物质文化遗产代表性项目名录。"本条款是关于不同地区推荐相同主题项目时如何处理的规定。该规定体现了非物质文化的一个基本性质就是"可共享性"。大多数非物质文化遗产与物质文化遗产不同,它没有一个固定的"家",不受时空的限制。非物质文化遗产的可共享性,要求我们在推荐和建议非物质文化遗产时,抛弃狭隘的地方保护主义,这样才能真正使人类的遗产得到全面的保护。比如,被列入第二批国家级非物质文化遗产名录的第599号项目——"森林号子",分为"长白山森林号子"和"兴安岭森林号子",分属于吉林省和黑龙江省两个地区。非物质文化遗产的可共享性也体现在联合国科教文组织的非物质文化遗产名录申报中,比如,我国与蒙古国联合申报的蒙古族长调民歌。又如,同样是端午申遗,韩国的"江陵端午祭"在2005年申遗成功,并不影响我国在2009年的端午申遗,两者现都已被列入联合国非遗名录项目。

其四,第四章"非物质文化遗产的传承与传播"开篇就是明确第28条:"国家鼓励和支持开展非物质文化遗产代表性项目的传承、传播。"本条有三个关键词:非物质文化遗产代表性项目;传承;传播。

关键词"非物质文化遗产代表性项目"明确了国家鼓励和支持的非遗对象是那些列入国家级非物质文化遗产代表性项目名录和地方非物质文化遗产代表性项目名录的非物质文化遗产,而根据总则的规定,非物质文化遗产代表性项目是那些体现中华民族优秀传统文化,具有历史、文学、艺术、科学价值的非遗。

关键词"传承",点出了保护非物质文化遗产最为核心和关键的内容,即非物质文化遗产代表性项目的传承。因为传承一旦停止,也就意味着活态的非遗变成了静止状态的遗产,消失于历史的长河。而非遗最大的特点是依靠人来传承,因此,如果说保护非遗最核心的内容是传承,那么传承非遗最核心的内容是确立传承人制度,让传承人这个非遗的载体世代延续。因此本章的第29条、第30条和第31条规定了成为非物质文化遗产代表性项目传承人的条件、评审程序;作为代表性项目传承人获得的政府支持;作为代表性项目传承人应尽的义务;代表性项目传承人的推出与重新认定机制。概括而言,我国的代表性传承人制度有以下特点:(1)并非所有的非遗项目都需要认定传承人。如春节等节庆活动,就不需要认定传承人。(2)代表性传承人要符合一定的条件:熟练掌握其传承的非物质文化遗产;在特定领域内具有代表性,并在一定区域内具有较大影响;积极开展传承活动。(3)代表性传承人的认定需要经过一定的程序,评审工作应当遵循公开、公平、公正的原则。(4)代表性传承人享有一定权利,同时应承担相应的义务。①

关键词"传播",则点出了非物质文化遗产代表性项目制度建立的目的,即传播,面向大众的传播。当前,非物质文化遗产保护面临的一个主要问题是公众知晓度和认同度不够。通过传播,能够使非遗真正渗入群众生活的方方面面,提高群众的非遗保护意识,为非遗保护创造良好的社会环境。为此,本章的第32条、第33条、第34条、第35条和第36条对县级以上人民政府、学校、媒体、公共文化机构和非物质文化遗产学术研究机构以及社会力量等在非物质文化遗产代表性项目的传播中应尽的义务作出了规定。而第37条则是关于对非物质文化遗产进行合理开发利用的规定,由于本条涉及文化产业领域内非物质文化遗产产业化的问题,故进行详细展开。

第37条包括三款内容:

第1款规定:"国家鼓励和支持发挥非物质文化遗产资源的特殊优势,在有效保护的基础上,合理利用非物质文化遗产代表性项目开发具有地方、民族特色和市场潜力的文化产品和文化服务。"这款内容是关于非物质文化遗产的生产性保护的规定。非物质文化遗产的生产性保护是通过生产、流通、销售等方式,将非物质文化遗产及其资源转化为生产要素和产品,产生经济效益,并促进相关产业发展,使非物质文化遗产在生产实践中得到积极保护,实现非物质文化遗产保护与经济社会协调发展的良性互动。② 在生产性保护过程中,该条款指出了

---

① 参见全国人大常委会法制工作委员会行政法室编著:《中华人民共和国非物质文化遗产法释义及实用指南》,中国民主法制出版社2011年版,第70页。

② 同上书,第94页。

要注意"在有效保护的基础上"和"合理"两个基本要求。首先,对"可进入市场"和"不可进入市场"的非遗进行区分。就"可进入市场"的非遗而言,如曲艺、传统玩具、年画、泥塑等,进入市场不但不会给传承带来负面影响,还会促进其发展。而对于"不可进入市场"的非遗而言,如宗教仪式等,则应远离市场,确保遗产的严肃性和纯真性。① 其次,要保持非遗的手工技艺原貌,避免工业化的污染。2010年在济南举行的非物质文化遗产高层论坛上,就有专家举例,唐卡是一种用天然矿物质制作的艺术品,好的唐卡制作时间需要一年左右,售价要10万元甚至20万元以上。现在网上已有速成品,靠机器印刷批量生产,每副售价20块钱。"假货的破坏性很大,如果现在的唐卡都变成了速成品,原来的唐卡就死了。"因此,专家认为:"手工"是"生产性保护"的重要核心。②

第2款规定:"开发利用非物质文化遗产代表性项目的,应当支持代表性传承人开展传承活动,保护属于该项目组成部分的实物和场所。"这款内容是关于开发利用单位的义务的。实践中,开发利用非物质文化遗产代表性项目的多是老字号。2007年商务部、文化部在关于加强老字号非物质文化遗产保护工作的通知中要求,各地在老字号的保护工作中,要将老字号的代表性传承人作为保护和扶持的对象。

第3款规定:"县级以上人民政府应当对合理利用非物质文化遗产代表性项目的单位予以支持。单位合理利用非物质文化遗产代表性项目的,依法享受国家规定的税收优惠。"这款内容是关于合理利用非物质文化遗产项目发展文化产业的税收优惠措施的。一些非物质文化遗产项目特别是传统手工技艺类的项目,一般都是小规模经营的个体企业,在市场竞争中存在融资难,生产周期长等困境,这时,各地政府的扶持政策和税收优惠就非常必要。于是,本款把对合理利用非物质文化遗产代表性项目发展文化产业的税收优惠作为一项原则提出来。

二、非物质文化遗产保护的法律机制

非遗保护法律机制研究是一个复杂的课题。考虑到非遗的独特价值和特性,基于我国源远流长的文化底蕴和发展中大国的国际地位,我国非遗保护法律机制采取行政保护为主、民事保护为辅的模式。

---

① 参见全国人大常委会法制工作委员会行政法室编著:《中华人民共和国非物质文化遗产法释义及实用指南》,中国民主法制出版社2011年版,第206页。
② 参见《专家纵论"非遗"保护利用:警惕破坏性保护》,http://www.mzb.com.cn/html/report/151179-1.htm。

(一)行政保护法律机制

所谓行政保护模式,是由政府的主管部门采取行政措施,积极、主动地保存或保护非物质文化遗产。例如政府部门建立非物质文化遗产的名录体系、传承制度和保障制度等。①

国家运用行政手段保护非遗,首先是非遗保护现状的要求。非遗是公共资源,但是,在工业化浪潮中,手工特性的非遗生存空间越来越小,自我传承的原动力消失,如果任其发展,必然会导致大量具有科学、历史、文化价值的非遗的消失。其次这也是国际公约的要求。《公约》规定了成员国政府运用行政保护非物质文化遗产的责任,要求成员国政府制定有关法律,采取有效措施,包括这种遗产各个方面的确认、立档、研究、保存、保护、宣传、弘扬、传承(主要通过正规和非正规教育)和振兴,以"确保非物质文化遗产的生命力"②

《非遗法》总体上说是一部行政法。在第五章"法律责任"部分,第38条对文化主管部门和其他有关部门的工作人员在非物质文化遗产保护、保存工作中存在的三种违法情形:滥用职权、玩忽职守、徇私舞弊进行了明确规定,如果不构成犯罪的,要对直接负责的主管人员和其他直接责任人员依法给予处分。第39条规定了文化主管部门和其他有关部门的工作人员进行非物质文化遗产调查时侵犯调查对象风俗习惯,造成严重后果的,依法予以处分。第48条则明确,"构成犯罪的,要依法追究刑事责任"。举要有:贪污、挪用非物质文化遗产保护、保存经费的,适用《刑法》第384条对挪用公款罪的规定;滥用职权、玩忽职守、徇私舞弊的行为,适用《刑法》第397条对国家机关工作人员滥用职权罪、玩忽职守罪及其处罚的规定;故意毁坏属于非物质文化遗产组成部分的实物和场所,适用《刑法》第275条对故意毁坏公私财务罪的规定。

"药发木偶戏(泰顺药发木偶)"私制黑火药案引发的思考

药发木偶原是宋朝的一项烟火杂技,当时为了使木偶戏更具欣赏价值,便将烟花与木偶结合,故有了今天的药发木偶。泰顺的药发木偶戏就是这种传统戏曲表演形式。2008年国家文化部确定周尔禄为国家级非物质文化遗产泰顺药发木偶戏代表性传承人。

---

① 参见中国社会科学院知识产权中心编:《非物质文化遗产保护问题研究》,知识产权出版社2012年版,"序言部分"(李明德作)。
② 王鹤云、高绍安:《中国非物质文化遗产保护法律机制研究》,知识产权出版社2009年版,第196页。

但是,2008年5月29日,传承人周尔禄因在家中制造药发木偶表演时所需的黑火药而被公安机关刑事拘留,在当地引起了轩然大波。

该案最后判处周尔禄免予刑事处罚。但是,该事件中,政府文化主管部门和其他相关部门在工作中的疏于职守也是争议的焦点之一。

浙江律师黄献国在接受笔者采访时说,政府部门保护"非遗"工作要与法律同步结合,如药发木偶的表演需要黑火药这种禁用物品,就应该早日向公安机关、安全生产监督管理部门等有关职能部门申报,通过正常的渠道和途径申办报批,有利于对生产制作者进行管理监督,有利于维护社会的安全稳定,也更有利于对"非遗"的保护。[1]

(二) 民事保护法律机制

所谓民事权利保护的模式,则是在非物质文化遗产上设定民事权利,防止他人未经许可而商业性地利用相关的非物质文化遗产,并在必要的时候给予法律救济。[2]

非物质文化遗产被创造和传承的过程中充分体现了创作者和传承者的精神价值、思维方式、文化意识和情感。随着非物质文化遗产在市场经济条件下被发掘利用的增加,出现了有些利用者漠视甚至损害非物质文化遗产创作者或传承者的精神利益的案例,同时,由于对非物质文化遗产的不当利用造成利用者与创作者或传承人之间的物质利益失衡的问题。针对这些问题的日益显现,《非遗法》第六章"附则"部分的第44条还规定:"使用非物质文化遗产涉及知识产权的,适用有关法律、行政法规的规定。对传统医药,传统工艺美术等的保护,其他法律、行政法规另有规定的,依照其规定。"

非物质文化遗产是一种知识存在,[3]它与知识产权法体系中的知识财产有许多共同点,也有不少差别。这也是造成当前我国法学界对非物质文化遗产保护的民事性保护法律规则制定难以统一的原因。

显然,《非遗法》第44条前款是针对非遗和知识产权法体系中的知识财产的重叠部分作出的规定。近几年发生的与非遗有关的法律诉讼案也多与知识产权法相关。比如,苏州镇湖刺绣是有名的非物质文化遗产项目。"以他人的艺

---

[1] 《国家级"非遗"传承人表演"药发木偶"惹官司》,http://www.ce.cn/culture/custom/200807/21/t20080721_16226138.shtml。
[2] 参见中国社会科学院知识产权中心编:《非物质文化遗产保护问题研究》,知识产权出版社2012年版,"序言部分"(李明德作)。
[3] 李秀娜:《非物质文化遗产的知识产权保护》,法律出版社2010年版,第48页。

术作品为画稿进行创作,是苏绣艺术自宋代以来形成的传统。"①但是,有时绣娘所使用的画稿属于还在保护期的美术作品,其使用又不属于法定许可或合理使用的情形时,就会引来著作权侵权诉讼,这时,属于非遗项目的事实和使用他人画稿的技艺传统并不能使其免于诉讼。除了在"著作权法"一章中例举的《乌苏里船歌》著作权案外,这里再给大家例举两个,希望在今后的工作实践中引起重视。

1. "黄梅挑花"著作权案

2007 年,黄梅挑花工艺有限公司因涉嫌侵犯"黄梅挑花"民间传承人的著作权被立案调查,这起案件被《湖北日报》称为"全国首起非物质文化遗产盗版侵权案件",并被湖北省新闻出版局列入该省 2008 年度十大盗版侵权案件。

该案件中,黄梅挑花工艺有限公司未经许可,擅自使用了"黄梅挑花"民间传承人创作的"必胜宝宝"、"平安宝宝"等 14 种图案进行生产经营活动,并同时在网站上展示传播。黄冈市版权局于 2008 年 1 月对黄梅挑花工艺有限公司作出如下行政处罚:(1)没收侵权产品 256 件;(2)责令删除侵权产品在网站上的展示;(3)罚款人民币 6 万元。②

2. "鲁锦"商标及不正当竞争案

本案涉及的是国家级非遗项目"山东鲁锦织造技艺",诉讼的双方是山东的两家鲁锦公司。原告嘉祥鲁锦公司在 1985 年将他们生产的棉布、工艺品、服装和床上用品等产品统称为"鲁锦",并于 1999 年申请注册了"鲁锦"文字商标,2001 年申请注册了鲁锦拼音组合商标。2007 年,该公司发现鄄城鲁锦公司销售的产品也标明"鲁锦"字样在销售,认为鄄城公司侵犯其商标权,诉至法院。2008 年,济宁市中级人民法院一审支持了原告的诉讼请求,被告不服,向山东省高院提起上诉。2009 年,山东省高级人民法院二审认为,"鲁锦"在 1999 年原告将其注册为商标之前已是山东民间手工棉纺织品的通用名称,"鲁锦"织造技艺是国务院公布的非物质文化遗产;两被告的使用、销售行为属于对商标的正当使用行为,不构成商标侵权,也不构成不正当竞争,遂判决驳回了原告的诉讼请求。

▶ **复习思考题**

1. 有人建议在圆明园的旧址上重建恢复原貌,结合我国文化遗产保护方面

---

① 张西昌:《苏州镇湖刺绣产业现状调查与反思》,载《苏州工艺美术职业技术学院学报》2010 年第 2 期。

② 参见康保成主编:《中国非物质文化遗产保护发展报告(2011)》,社会科学文献出版社 2011 年版,第 19 页。

的法律法规,谈谈你的看法。

2.《非遗法》第 37 条为非物质文化遗产的合理开发利用提供法律依据,请谈谈你是如何理解的?

3. 查阅相关资料,了解世界其他国家在文化遗产保护的法制建设方面有哪些值得我国借鉴的经验?

第六章 出版产业法律法规

本章提要：由于国内目前尚缺出版法，本章以《出版管理条例》为基础，结合其他一些重要的出版法规的规定，对出版产业链上的出版编辑、印刷或复制、分销各环节在具体运作中会涉及的法规规定进行重点解读和相关案例分析。

导入 >>>

把出版产业法律法规放到行业类法律法规论述的首篇，是因为出版产业是文化产业领域最古老的一支，它开端于1455年德国人古登堡印刷出版世界上第一本《圣经》。

出版产业一路走来不断遭遇新传播技术的挑战，而互联网和数字技术给传统出版产业带来的影响却是颠覆性的。

就我国的出版产业而言，从20世纪80年代以来发生的变化体现在两个方面：其一，出版物市场主体的多元化。2002年1月2日国务院公布的新的《出版管理条例》取消了非国有资本进入出版业的部分限制，地方出版社、中央出版社和民营书业同台竞争。其二，出版物载体形式的多元化。在互联网和数字技术时代，传统的纸质出版与音像出版、电子出版、网络出版等共存。出版产业的新变化必然带来对出版法律法规调整的新要求。

进入21世纪以来，新闻出版总署于2003年7月18日、2004年6月18日、2008年11月24日、2009年5月7日、2011年3月1日相继废止了5批规范性文件，对部分出版法规和规范性文件进行了清理和修改，使出版业的管理进一步规范化、制度化、法律化。

目前，构成我国出版产业法律体系的法律（暂定《出版法》）处于空白，主要的法规有：

一、行政法规

1.《出版管理条例》(2001年公布,2011年修订)
2.《音像制品管理条例》(2001年公布,2011年修订)
3.《印刷业管理条例》(2001年公布)

二、部门规章

(一) 关于行业内一般性管理的

1.《新闻出版行业标准化管理办法》(2001年公布)
2.《出版文字作品报酬规定》(1999年公布)

(二) 关于行业内执业资格管理的

1.《出版专业技术人员职业资格管理规定》(2008年公布)

(三) 关于行业内企业资格管理的

1.《印刷业经营者资格条件暂行规定》(2001年公布)
2.《设立外商投资印刷企业暂行规定》(2002年公布)

(四) 关于出版物市场环节管理的

1.《出版物市场管理规定》(2011年公布)

(五) 关于图书类出版物管理的

1.《图书出版管理规定》(2008年公布)
2.《图书质量管理规定》(2005年公布)
3.《图书质量保障体系》(1997年公布)

(六) 关于音像制品类出版物管理的

1.《音像制品出版管理规定》(2004年公布)
2.《音像制品制作管理规定》(2008年公布)
3.《音像制品进口管理办法》(2011年公布)

(七) 关于报纸期刊类出版物管理的

1.《期刊出版管理规定》(2005年公布)
2.《报纸出版管理规定》(2005年公布)

(八) 关于电子出版物管理的

1.《电子出版物出版管理规定》(2008年公布)

第一节　出版物、出版活动及出版行业管理机构

一、出版物的概念与种类

出版物,是出版行为的成果和产品,即承载着一定信息知识、能够进行复制并以向公众传播信息知识为目的的产品。

出版物按照制作方法的不同,可以分为印刷出版物、音像出版物、电子出版物和互联网出版物。

印刷出版物指以印刷方式复制,以纸介质为载体,可以重印的出版物,如图书、报纸、期刊等。

音像出版物是指以磁、光、电等介质为载体,用数字或模拟信号,将图、文、声、像经编辑加工后记录下来,通过视听设备播放使用的出版物,包括录有内容的录音带、录像带、唱片、激光唱盘和激光视盘等。

电子出版物是指以数字代码方式,将有知识性、思想性内容的信息编辑加工后存储在固定物理形态的磁、光、电等介质上,通过电子阅读、显示、播放设备读取使用的大众传播媒体,包括只读光盘(CD-ROM、DVD-ROM 等)、一次写入光盘(CD-R、DVD-R 等)、可擦写光盘(CD-RW、DVD-RW 等)、软磁盘、硬磁盘、集成电路卡等,以及新闻出版总署认定的其他媒体形态。

互联网出版物是指互联网信息服务提供者将自己创作或他人创作的作品经过选择和编辑加工,登载在互联网上或者通过互联网发送到用户端,供公众浏览、阅读、使用或者下载的在线传播的产品。①

出版物的种类不同,其载体的材料、内容与载体的整合方式以及传播方式、受众的欣赏方式都会不同,于是,出版行政管理部门根据不同的出版物,还出台了不同种类出版物的管理规定(如上述),使得管理工作更加科学、细化并有针对性。

二、出版活动

出版活动,包括出版物的出版、印刷或复制、发行等。出版是指将作品编辑加工后,经过复制向公众发行。所谓印刷是指用机械或照明方法使用锌板、模型或底片,在纸张或常用的其他材料上翻印的内容相同的复制品的行为。所谓复

---

① 互联网出版物以及网络出版机构的管理,不在《出版管理条例》的管理范围之内,本书将之放在第十章"网络文化产业法律法规"另讲。

制是指以印刷、录音、录像、翻录、翻拍等方式将作品制成一份或多份的行为。所谓发行是指为满足大众需求,通过出售、出租等方式提供一定数量的复制作品的行为。它们是构成出版产业链的各环节,将一种无形的内容经过编辑、印刷或复制、发行各环节的运作,最后以出版物的形式到达消费者手里,上述三环节缺一不可。《出版管理条例》就是着眼出版产业链各环节的活动,对各环节的主体单位——编辑出版单位、印刷或录制企业、发行及销售单位的行为进行规管。

三、出版行业管理机构及其职责

(一) 出版行业管理机构

国务院出版行政主管部门负责全国的出版活动的监督管理工作,具体就是国家新闻出版总署。当然,出版活动的运营还会涉及进出口、广告发布等诸多方面,因此,国务院其他有关部门也将按照国务院规定的职责分工,负责职责范围内有关的出版活动的监督管理工作。

县级以上地方各级人民政府负责出版管理的行政部门负责本行政区域内出版活动的监督管理工作。

(二) 出版行政主管部门应当履行的职责

出版行政主管部门应当加强对本行政区域内出版单位出版活动的日常监督管理。根据《出版管理条例》的规定,具体履行如下职责:

(1) 对出版物的出版、印刷、复制、发行、进口单位进行行业监督,实施准入和退出管理。

(2) 对出版活动进行监管,对违反本条例的行为进行查处。

(3) 对出版物内容和质量进行监管。

(4) 根据国家有关规定对出版从业人员进行管理。

(三) 出版行政主管部门的职权

作为出版行政主管部门,国家赋予其一定的职权履行职责,根据《出版管理条例》的相关规定,出版行政主管部门拥有以下职权:

(1) 出版行政主管部门根据已经取得的违法嫌疑证据或者举报,对涉嫌违法从事出版物出版、印刷或者复制、进口、发行等活动的行为进行查处时,可以检查与涉嫌违法活动有关的物品和经营场所;对有证据证明是与违法活动有关的物品,可以查封或者扣押。

(2) 出版行政主管部门根据有关规定和标准,对出版物的内容、编校、印刷或者复制、装帧设计等方面质量实施监督检查。

第二节 出版单位的设立①与管理

在整个出版产业的流程中,核心环节无疑是编辑出版,它是连接上下游的枢纽,也是内容制作的关键。因此,《出版管理条例》的绝大篇幅规定主要针对出版编辑环节,涉及出版单位的设立、变更与终止,出版单位的管理和出版物内容的管理等部分。这里的出版单位,完整地说,是出版编辑单位。

一、出版单位的设立

出版单位,就是编辑出版各类出版物的单位,因此,依据不同出版物的形态,出版单位有报社、期刊社、图书出版社、音像出版社和电子出版物出版社等。

随着文化体制改革的深入,自 2004 年起,我国 568 家出版社开始全面改革,除了中央的人民出版社、各省保留一家出版社或者其他一家政策性的出版社以外,其余出版社将全部转企。② 这些保留的出版社属于社会公益性的事业单位,主要出版那些不适于市场竞争的好内容,比如基础理论研究、政治宣传品、马克思主义理论等。转为企业的出版社和此后新设立的出版单位,将构成出版领域内的出版企业的主体。

根据我国《出版管理条例》第 11 条规定,设立出版单位,应当具备下列条件:

1. 有出版单位的名称、章程

出版单位的名称是一出版单位区别于另一出版单位以及其他任何主体的标志。

出版单位章程,则是根据出版单位的业务性质和工作需要而制定的内部总的规章制度。主要内容包括:出版单位的名称和住所,经营范围,注册资本,主办单位及其主管机关的名称和法定代表人,出版单位的机构及其产生办法、职权、议事规则,出版单位的法定代表人等。

2. 有符合国务院出版行政主管部门认定的主办单位及其主管机关

主办单位是指创设、开办出版单位的单位,即通常向出版行政主管部门提出出版单位设立申请的单位。主管机关,是指主办单位的上级机关,包括一切中央和地方的国家机关,如行政机关、立法机关、司法机关、党团组织机关等。仅从主

---

① 目前,国际上出版单位的设立主要有四种方式:登记制、自由制、保证金制和审批制。我国出版单位的设立采用审批制。
② 参见黄先蓉主编:《出版法规及其应用》,苏州大学出版社 2005 年版,第 109 页。

办单位这一条件来看,任何单位都包括在内,并不能排除非国有单位或个人举办出版单位,但要求该主办单位还有上级主管机关,这无疑就排除了非国有单位和个人申请设立出版单位的可能性。①

▶▶ **行业动态**

问:民营文化工作室或文化公司属于《出版管理条例》所称的出版单位吗?

答:《出版管理条例》所称的出版单位,是指出版产业中的核心环节——编辑出版单位,其身份证明是正副两本出版许可证。目前,民营文化工作室或文化公司不属于《出版管理条例》所称的出版单位。

随着民营资本向出版领域的渗透,在国内出版界涌现了一个特殊的出版经营群体——一般称其为"文化工作室"、"文化传播公司"或"出版工作室"。他们中有的形成了一定的规模和自己的团队,在全国有了名气,比如策划《格调》一书的"郑源图书工作室",与龙门书局强强联合的"天鸿书业"等。有数据显示,国内近七成的畅销书都由民营出版公司策划。

2009年4月6日,新闻出版总署公布了《关于进一步推进新闻出版体制改革的指导意见》,其中第14条承认了非公有出版工作室是"新兴出版生产力"②,目前,民营出版单位已经参与到非出版核心领域的发行、印刷、报刊广告等环节,但是,这些民营文化工作室都没有取得出版单位的合法的行业许可证,属于"灰商"。其编辑出版活动必须与正规的出版社合作,借助正规出版社的资源进行项目运营。

毫无疑问,民营出版单位的加入给出版产业带来了活力,但是,他们的模糊身份也亟待解决。

3. 有确定的业务范围

所谓业务范围,即是出版单位从事出版业务的范围,是其出版经营活动的界限。其业务范围由申请者确定,并依法由出版行政主管部门和工商行政管理部门核定。出版单位须在其特定的业务范围内从事经营活动,一旦超出业务范围,则不受法律保护。

4. 有30万元以上的注册资本和固定的工作场所

注册资本包括固定资产和流动资金。资金是保证出版发行活动正常进行的

---

① 参见黄先蓉主编:《出版法规及其应用》,苏州大学出版社2005年版,第111页。
② 郑洁、毛俊玉:《文化产业:期待民营持续给力》,载《中国文化报·文化 财富周刊》2012年7月14日。

经济基础,场所是进行出版物编辑、出版、发行活动的地方,是保证出版物出版发行的基本条件。

5. 有适应业务范围需要的组织机构和符合国家规定的资格条件的编辑出版专业人员

专业人员是指编辑、技术、发行和管理四类人员。编辑、技术和发行人员是指具有相应的专业知识和技能的编辑、美术设计、制作、校对、发行人员等;管理人员是指行政、后勤人员和财务人员等。为了使编辑出版专业人员适应出版活动的需要,我国实行了出版专业技术人员职业资格制度,这方面的法规依据即上述的《出版专业技术人员职业资格管理规定》。

6. 法律、行政法规规定的其他条件

除以上条款外,《出版管理条例》还规定审批设立出版单位,应当符合国家关于出版单位总量、结构、布局的规划。

二、设立出版单位的程序

(一) 提出申请

设立出版单位,由其主办单位向所在地省、自治区、直辖市人民政府出版行政主管部门提出申请;省、自治区、直辖市人民政府出版行政主管部门审核同意后,报国务院出版行政主管部门审批。

设立出版单位的申请书应当载明下列事项:

(1) 出版单位的名称、地址;

(2) 出版单位的主办单位及其主管机关的名称、地址;

(3) 出版单位的法定代表人或者主要负责人的姓名、住址、资格证明文件;

(4) 出版单位的资金来源及数额。

设立报社、期刊社或者报纸编辑部、期刊编辑部的,申请书还应当载明报纸或者期刊的名称、刊期、开版或者开本、印刷场所。

申请书应当附具出版单位的章程和设立出版单位的主办单位及其主管机关的有关证明材料。

(二) 审批和许可

任何单位和个人从事出版业务,必须经新闻出版行政主管部门审核批准。国务院出版行政主管部门应当自收到设立出版单位的申请之日起90日内,作出批准或者不批准的决定,并由省、自治区、直辖市人民政府出版行政主管部门书面通知主办单位;不批准的,应当说明理由。

设立出版单位的主办单位应当自收到批准决定之日起60日内,向所在地省、自治区、直辖市人民政府出版行政主管部门登记,领取出版许可证。登记事项由国务院出版行政主管部门规定。

背景介绍

出版许可证

我国出版领域管理实行严格的许可制度，其中出版许可证是出版行政主管部门经审核后，发给出版单位的出版身份证明，以证明其合法身份。依据《图书出版管理规定》、《音像制品管理规定》、《报纸管理规定》、《期刊管理规定》和《电子出版物管理规定》中的相关规定，图书出版社、音像出版社、报社、期刊社和电子出版物出版社的出版许可证分别为《图书出版许可证》、《音像出版许可证》、《报纸出版许可证》、《期刊出版许可证》和《电子出版物出版许可证》。

（三）登记并依法领取营业执照

出版单位经登记后，持出版许可证向工商行政管理部门登记，依法领取营业执照。

报社、期刊社、图书出版社、音像出版社、电子出版物出版社等应当具备法人条件，经核准登记后，取得法人资格，以其全部法人财产独立承担民事责任。视为出版单位的报纸编辑部、期刊编辑部不具有法人资格，其民事责任由其主办单位承担。

三、出版单位的变更与终止

出版单位变更名称、主办单位或其主管机关、业务范围，合并或分立，出版新的报纸、期刊，或报纸、期刊变更名称、刊期的，应依照规定办理审批手续，并到原登记的工商行政管理部门办理相应的登记手续。

其他事项的变更，应当经主办单位及其主管机关审查同意，向所在地省、自治区、直辖市人民政府出版行政主管部门申请变更登记，并报国务院出版行政主管部门备案后，到原登记的工商行政管理部门办理变更登记。

出版单位终止出版活动的，应当向所在地省、自治区、直辖市人民政府出版行政主管部门办理注销登记，并报国务院出版行政主管部门备案后，到原登记的工商行政管理部门办理注销登记。

图书出版社、音像出版社和电子出版物出版社自登记之日起满180日未从事出版活动的，报社、期刊社自登记之日起满90日未出版报纸、期刊的，由原登记的出版行政主管部门注销登记,并报国务院出版行政主管部门备案。因不可抗力或者其他正当理由的,出版单位可以向原登记的出版行政主管部门申请延期。

四、出版单位的管理

（一）重大选题备案

对涉及政治、军事、安全、外交、宗教、民族等敏感问题的重大选题和其他需宏观调控的重点选题,国家实行登记备案制度。

根据《出版管理条例》,图书出版社、音像出版社和电子出版物出版社的年度出版计划及涉及国家安全、社会安定等方面的重大选题,应当经所在地省、自治区、直辖市人民政府出版行政主管部门审核后报国务院出版行政主管部门备案;涉及重大选题,未在出版前报备案的出版物,不得出版。据此,1997年10月10日新闻出版总署制定了《图书、期刊、音像制品、电子出版物重大选题备案办法》,具体适用有关图书、期刊、音像制品、电子出版物的重大选题备案。重大选题具体包括15种,分别是:

1. 有关党和国家的重要文件、文献选题
2. 有关党和国家曾任和现任主要领导人的著作、文章以及有关其生活和工作情况的选题
3. 涉及党和国家秘密的选题
4. 集中介绍政府机构设置和党政领导干部情况的选题
5. 涉及民族问题和宗教问题的选题
6. 涉及我国国防建设及我军各个历史时期的战役、战斗、工作、生活和重要人物的选题
7. 涉及"文化大革命"的选题
8. 涉及中共党史上的重大历史事件和重要历史人物的选题
9. 涉及国民党上层人物和其他上层统战对象的选题
10. 涉及前苏联、东欧以及其他兄弟党和国家重大事件和主要领导人的选题
11. 涉及中国国界的各类地图选题
12. 涉及我国香港特别行政区和澳门、台湾地区图书的选题
13. 大型古籍白话今译的选题(指500万字以及500万字以上的项目)
14. 引进版动画读物的选题
15. 以单位名称、通讯地址等为内容的各类"名录"的选题

(二) 书号、刊号、版号管理

对出版单位的书号、刊号、版号的管理是出版行政主管部门对出版单位生产出版物数量、结构管理的一种手段。《出版管理条例》规定:"出版单位不得向任何单位或者个人出售或者以其他形式转让本单位的名称、书号、刊号或者版号、版面,并不得出租本单位的名称、刊号。"

书号是指中国标准书号,它是1986年国家标准局批准颁布、1987年1月1日起实施的一项国家标准,是在中国注册的出版社所出版的每一种图书和电子出版物的每一个版本世界性的唯一标识代码。

刊号是指中国标准刊号,即中国标准连续出版物号。它是1988年国家标准局批准颁布、1989年7月1日起实施的一项国家标准,是在中国登记的每一种报纸和期刊的每一个版本唯一的标准编码。

版号是指中国标准音像制品编码,它是1992年国家标准局批准颁布、1993年1月1日起实施的一项国家标准,是在中国注册的所有音像出版社都必须在其生产的每一种音像制品(包括唱片、录音带、录像带、激光视盘、激光唱片等)上,对所录入的节目以及节目中每一项可以独立使用的部分编加的国际性唯一标识编码。

(三) 质量管理

出版行政主管部门对出版物的质量管理主要包括两方面:一是出版物的内在质量,二是出版物的外在质量。出版物的内在质量是指它的思想性、科学性、艺术性、可读性及它的实用性和符号表达的通用性等。外在质量则包括它的装帧形式、印刷及用纸水平、色彩及耐用程度等。《出版管理条例》第29条规定:"出版物必须按照国家的有关规定载明作者、出版者、印刷者或者复制者、发行者的名称、地址,书号、刊号或者版号,出版日期、刊期以及其他有关事项。出版物的规格、开本、版式、装帧、校对等必须符合国家标准和规范要求,保证出版物的质量。"

上述部门规章中的《图书质量管理规定》从内容、编校、设计、印制四个方面进行了规定,以保证图书质量。内容、编校、设计、印制四项均合格的图书,其质量属合格;内容、编校、设计、印制四项中有一项不合格的图书,其质量属不合格。

上述部门规章中的《图书质量保障体系》将图书质量保障体系交由编辑出版责任机制来实现。具体分为:(1)前期保障机制,主要是选题的策划与论证;(2)中期保障机制,主要是三审制和责任编辑制度、"三校一读"制度、印刷质量标准和《委托书》制度、图书书名页使用标准以及中国标准书号和图书条码使用标准;(3)后期保障机制,主要是样书检查和评审制度、样本邀送制度、重版前审读制度、稿件及图书质量资料归档制度以及出版社与作者和读者联系制度。

（四）样本管理

《出版管理条例》第 23 条规定："出版单位发行其出版物前，应当按照国家有关规定向国家图书馆、中国版本图书馆和国务院出版行政主管部门免费送交样本。"这是出版单位的法定义务。

样本管理是出版物质量的保障机制之一，同时也是出版管理和国家样本保存的重要方式，有着文化保存、延续和传承的作用。

第三节　出版物内容的管理

一、合法出版物受法律保护

公民可以依照《出版管理条例》的规定，在出版物上自由表达自己对国家事务、经济和文化事业、社会事务的见解和意愿，自由发表自己从事科学研究、文学艺术创作和其他文化活动的成果。合法出版物受法律保护，任何组织和个人不得非法干扰、阻止、破坏出版物的出版。

二、禁载内容

任何出版物不得含有下列内容：
(1) 反对宪法确定的基本原则的；
(2) 危害国家统一、主权和领土完整的；
(3) 泄露国家秘密、危害国家安全或者损害国家荣誉和利益的；
(4) 煽动民族仇恨、民族歧视，破坏民族团结，或者侵害民族风俗、习惯的；
(5) 宣扬邪教、迷信的；
(6) 扰乱社会秩序，破坏社会稳定的；
(7) 宣扬淫秽、赌博、暴力或者教唆犯罪的；
(8) 侮辱或者诽谤他人，侵害他人合法权益的；
(9) 危害社会公德或者民族优秀文化传统的；
(10) 有法律、行政法规和国家规定禁止的其他内容的。

淫秽、色情出版物认定标准

1988 年 12 月 27 日新闻出版总署发布《关于认定淫秽及色情出版物的暂行规定》，明确规定：

淫秽出版物是指在整体上宣扬淫秽行为,具有下列内容之一,挑动人们的性欲,足以导致普通人腐化堕落,而又没有艺术价值或者科学价值的出版物:

1. 淫亵性地具体描写性行为、性交及其心理感受;
2. 公然宣扬色情淫荡形象;
3. 淫亵性地描述或者传授性技巧;
4. 具体描写乱伦、强奸或者其他性犯罪的手段、过程或者细节,足以诱发犯罪的;
5. 具体描写少年儿童的性行为;
6. 淫亵性地具体描写同性恋的性行为或者其他性变态行为,或者具体描写与性变态有关的暴力、虐待、侮辱行为;
7. 其他令普通人不能容忍的对性行为淫亵性描写。

色情出版物是指在整体上不是淫秽的,但其中一部分有上述1—7项规定的内容,对普通人特别是未成年人的身心健康有毒害,而缺乏艺术价值或者科学价值的出版物。

夹杂淫秽、色情内容而具有艺术价值的文艺作品;表现人体美的美术作品;有关人体的解剖生理知识、生育知识、疾病防治和其他有关性知识、性道德、性社会学等自然科学和社会科学作品,不属于淫秽出版物、色情出版物的范围。

淫秽出版物、色情出版物由新闻出版署负责鉴定或者认定。

三、关于出版物内容的其他相关规定

(一) 出版中小学教科书的规定

中学小学教科书由国务院教育行政主管部门审定;其出版、发行单位应当具有适应教科书出版、发行业务需要的资金、组织机构和人员等条件,并取得国务院出版行政主管部门批准的教科书出版、发行资质。纳入政府采购范围的中学小学教科书,其发行单位按照《政府采购法》的有关规定确定。其他任何单位或者个人不得从事中小学教科书的出版、发行业务。

(二) 地图的编制

为了加强地图编制出版管理,保证地图编制出版质量,维护国家的主权、安全和利益,为经济建设、社会发展和人民生活服务,国务院于1995年制定并颁布了《地图编制出版管理条例》,适用于各种公开的普通地图和专题地图的编制和出版。其中规定:"编制出版地图,必须遵守保密法律、法规。公开地图不得表示任何国家秘密和内部事项。"

(三) 关于法规汇编编辑

为了加强对法规汇编编辑出版工作的管理，提高法规汇编编辑出版质量，维护社会主义法制的统一和尊严，国务院于1990年制定了《法规汇编编辑出版管理规定》，对于编辑法规汇编提出如下要求：

(1) 选材准确。收入法规汇编的法规必须准确无误，如果收入废止或者失效的法规，必须注明；现行法规汇编不得收入废止或者失效的法规。

(2) 内容完整。收入法规汇编的法规名称、批准或者发布机关、批准或者发布日期、施行日期、章节条款等内容应当全部编入，不得随意删减或者改动。

(3) 编排科学。法规汇编应当按照一定的分类或者顺序排列，有利于各项工作的开展。

第四节 出版物的印刷或复制和发行

一、出版物的印刷或复制

(一) 出版物印刷或复制单位实行许可制度

从事出版物印刷或者复制业务的单位，应当向所在地省、自治区、直辖市人民政府出版行政主管部门提出申请，经审核许可，并依照国家有关规定到工商行政管理部门办理相关手续后，方可从事出版物的印刷或者复制。未经许可并办理相关手续的，不得印刷报纸、期刊、图书，不得复制音像制品、电子出版物。

(二) 出版物印刷与复制的委托

出版单位不得委托未取得出版物印刷或者复制许可的单位印刷或者复制出版物。出版单位委托印刷或者复制单位印刷或者复制出版物的，必须提供符合国家规定的印刷或者复制出版物的有关证明，并依法与印刷或者复制单位签订合同。

印刷或者复制单位不得接受非出版单位和个人的委托印刷报纸、期刊、图书或者复制音像制品、电子出版物，不得擅自印刷、发行报纸、期刊、图书或者复制、发行音像制品、电子出版物。

(三) 出版物的涉外印刷与复制

印刷或者复制单位经所在地省、自治区、直辖市人民政府出版行政主管部门批准，可以承接境外出版物的印刷或者复制业务；但是，印刷或者复制的境外出版物必须全部运输出境，不得在境内发行。境外委托印刷或者复制的出版物的内容，应当经省、自治区、直辖市人民政府出版行政主管部门审核。委托人应当持有著作权人授权书，并向著作权行政管理部门登记。

（四）复制或印刷出版物的样本

印刷或者复制单位应当自完成出版物的印刷或者复制之日起 2 年内，留存一份承接的出版物样本备查。

二、出版物的发行

出版物的发行制度是对出版产业分销环节的管理制度，加入 WTO 以后，中国将遵循国际惯例，允许外资进入分销环节，因此，国家允许设立从事图书、报纸、期刊分销业务的中外合资经营企业、中外合作经营企业、外资企业。

从事出版物发行业务的单位和个体工商户经出版行政主管部门批准，取得《出版物经营许可证》，并向工商行政管理部门依法领取营业执照后，方可从事出版物发行业务。不过，本身已是出版单位的，可以发行本出版单位的出版物，不得发行其他出版单位的出版物。

出版物的分销环节，指的是出版物在印刷或复制之后的物流过程，层层分销，最后出现在书店、报刊亭等终端与消费者见面。虽然业务不同，但《出版物经营许可证》是它们共同的身份证明。《出版管理条例》对于以下四类出版物分销商取得《出版物经营许可证》的程序作出如下规定：

（一）出版物的连锁经营

从事出版物连锁经营业务的单位，在省、自治区、直辖市范围内经营的，应当经其总部所在地省、自治区、直辖市人民政府出版行政主管部门批准；跨省或者在全国范围内经营的，应当经其总部所在地省、自治区、直辖市人民政府出版行政主管部门审核后，报国务院出版行政主管部门批准。国务院出版行政主管部门应当自受理申请之日起 60 日内，作出批准或者不批准的决定。

（二）出版物的总发行业务

从事出版物总发行业务的单位，经所在地省、自治区、直辖市人民政府出版行政主管部门审核后，报国务院出版行政主管部门批准。国务院出版行政主管部门应当自受理申请之日起 60 日内，作出批准或者不批准的决定。

（三）出版物的批发业务

从事出版社批发业务的单位，须经省、自治区、直辖市人民政府出版行政主管部门审核许可。

（四）出版物的零售业务

从事出版物零售业务的单位和个体工商户，须经县级人民政府出版行政主管部门审核许可。

三、出版物印刷或复制和发行的禁止性规定

印刷或复制单位、发行单位不得印刷或复制、发行有下列情形之一的出版物：

（1）含有《出版管理条例》禁载内容的；

（2）非法进口的；

（3）伪造、假冒出版单位名称或者报纸、期刊名称的；

（4）未署出版单位名称的；

（5）中学小学教科书未经依法审定的；

（6）侵犯他人著作权的。

第五节　出版物的进口

一、出版物进口经营单位

（一）出版物进口业务实施许可制度

出版物进口业务，由依照《出版管理条例》设立的出版物进口经营单位经营；未经批准，任何单位和个人不得从事出版物进口业务。

（二）出版物进口经营单位设立的条件

设立出版物进口经营单位，应当具备下列条件：

（1）有出版物进口经营单位的名称、章程；

（2）是国有独资企业并有符合国务院出版行政主管部门认定的主办单位及其主管机关；

（3）有确定的业务范围；

（4）具有进口出版物内容审查能力；

（5）有与出版物进口业务相适应的资金；

（6）有固定的经营场所；

（7）法律、行政法规和国家规定的其他条件。

（三）出版物进口经营许可证与相关手续

设立出版物进口经营单位，应当向国务院出版行政主管部门提出申请，经审查批准，取得国务院出版行政主管部门核发的出版物进口经营许可证后，持证到工商行政管理部门依法领取营业执照。设立出版物进口经营单位，还应当依照对外贸易法律、行政法规的规定办理相应手续。

二、进口出版物的内容审查和备案

（一）进口出版物的内容审查

出版物进口经营单位进口的出版物，不得含有《出版管理条例》规定的禁载内容。出版物进口经营单位负责对其进口的出版物进行内容审查。省级以上人民政府出版行政主管部门可以对出版物进口经营单位进口的出版物直接进行内容审查。出版物进口经营单位无法判断其进口的出版物是否含有《出版管理条例》规定的禁载内容的，可以请求省级以上人民政府出版行政主管部门进行内容审查。省级以上人民政府出版行政主管部门应出版物进口经营单位的请求，对其进口的出版物进行内容审查的，可以按照国务院价格主管部门批准的标准收取费用。

国务院出版行政主管部门可以禁止特定出版物的进口。

（二）进口出版物目录的备案

出版物进口经营单位应当在进口出版物前将拟进口的出版物目录报省级以上人民政府出版行政主管部门备案；省级以上人民政府出版行政主管部门发现有禁止进口的或者暂缓进口的出版物的，应当及时通知出版物进口经营单位并通报海关。对通报禁止进口或者暂缓进口的出版物，出版物进口经营单位不得进口，海关不得放行。

三、进口出版物的发行与展览

（一）进口出版物特定的进货渠道

发行进口出版物的，必须从依法设立的出版物进口经营单位进货。

（二）境内进行境外出版物的展览

出版物进口经营单位在境内举办境外出版物展览，必须报经国务院出版行政主管部门批准。未经批准，任何单位和个人不得举办境外出版物展览。依照前述规定展览的境外出版物需要销售的，应当按照国家有关规定办理相关手续。

第六节　出版事业的保障与奖励

一、关于优秀重点出版物的出版

国家制定有关政策，保障、促进出版产业和出版事业的发展与繁荣。对下列优秀的、重点的出版物的出版予以鼓励和支持：

（1）对阐述、传播宪法确定的基本原则有重大作用的；

(2) 对弘扬社会主义核心价值体系,在人民中进行爱国主义、集体主义、社会主义和民族团结教育以及弘扬社会公德、职业道德、家庭美德有重要意义的;
(3) 对弘扬民族优秀文化,促进国际文化交流有重大作用的;
(4) 对推进文化创新,及时反映国内外新的科学文化成果有重大贡献的;
(5) 对服务农业、农村和农民,促进公共文化服务有重大作用的;
(6) 其他具有重要思想价值、科学价值或者文化艺术价值的。

二、关于出版发行的保障制度

(一) 出版物发行的优惠政策

国家对教科书的出版发行,予以保障。

国家扶持少数民族语言文字出版物和盲文出版物的出版发行。

国家对在少数民族地区、边疆地区、经济不发达地区和在农村发行出版物,实行优惠政策。

(二) 邮政发行与出版物的运输

报纸、期刊交由邮政企业发行的,邮政企业应当保证按照合同约定及时、准确发行。承运出版物的运输企业,应当对出版物的运输提供方便。

第七节 法 律 责 任

一、出版行政人员的渎职行为

出版行政主管部门或者其他有关部门的工作人员,利用职务上的便利收受他人财物或者其他好处,批准不符合法定设立条件的出版、印刷或者复制、进口、发行单位,或者不履行监督职责,或者发现违法行为不予查处,造成严重后果的,依法给予降级直至开除的处分;构成犯罪的,依照刑法关于受贿罪、滥用职权罪、玩忽职守罪或者其他罪的规定,依法追究刑事责任。

二、擅自设立出版物的出版、印刷或者复制、进口、发行单位或者擅自从事出版物的出版、印刷或者复制、进口、发行业务

未经批准,擅自设立出版物的出版、印刷或者复制、进口、发行单位,或者擅自从事出版物的出版、印刷或者复制、进口、发行业务,假冒出版单位名称或者伪造、假冒报纸、期刊名称出版出版物的,由出版行政主管部门、工商行政管理部门依照法定职权予以取缔;依照刑法关于非法经营罪的规定,依法追究刑事责任;尚不够刑事处罚的,没收出版物、违法所得和从事违法活动的专用工具、设备,违法经营额1万元以上的,并处违法经营额5倍以上10倍以下的罚款,违法经营额不足1万元的,可以处5万元以下的罚款;侵犯他人合法权益的,依法承担民事责任。

三、出版、印刷或复制含有法律法规禁止的内容

有下列行为之一,触犯刑律的,依照刑法有关规定,依法追究刑事责任;尚不够刑事处罚的,由出版行政主管部门责令限期停业整顿,没收出版物、违法所得,违法经营额1万元以上的,并处违法经营额5倍以上10倍以下的罚款;违法经营额不足1万元的,可以处5万元以下的罚款;情节严重的,由原发证机关吊销许可证:

(1)出版、进口含有《出版管理条例》禁止内容的出版物的;

(2)明知或者应知出版物含有《出版管理条例》禁止内容而印刷或者复制、发行的;

(3)明知或者应知他人出版含有《出版管理条例》禁止内容的出版物而向其出售或者以其他形式转让本出版单位的名称、书号、刊号、版号、版面,或者出租本单位的名称、刊号的。

四、出版单位违反书号、刊号、版号、版面规定

出版单位有下列行为之一的,由出版行政主管部门责令停止违法行为,给予警告,没收违法经营的出版物、违法所得,违法经营额1万元以上的,并处违法经营额5倍以上10倍以下的罚款;违法经营额不足1万元的,可以处5万元以下的罚款;情节严重的,责令限期停业整顿或者由原发证机关吊销许可证:

(1)出售或者以其他形式转让本出版单位的名称、书号、刊号、版号、版面,或者出租本单位的名称、刊号的;

(2)利用出版活动谋取其他不正当利益的。

五、出版单位违反单位设立的审批、变更手续制度,选题备案制度和样本送交制度等

有下列行为之一的,由出版行政主管部门责令改正,给予警告;情节严重的,责令限期停业整顿或者由原发证机关吊销许可证:

(1)出版单位变更名称、主办单位或者其主管机关、业务范围,合并或者分立,出版新的报纸、期刊,或者报纸、期刊改变名称,以及出版单位变更其他事项,未依照本条例的规定到出版行政主管部门办理审批、变更登记手续的;

(2)出版单位未将其年度出版计划和涉及国家安全、社会安定等方面的重大选题备案的；

（3）出版单位未依照本条例的规定送交出版物的样本的；

（4）印刷或者复制单位未依照本条例的规定留存备查的材料的；

（5）出版进口经营单位未将其进口的出版物目录报送备案的；

（6）出版单位擅自中止出版活动超过180日的；

（7）出版物发行单位、出版物进口经营单位未依照本条例的规定办理变更审批手续的；

（8）出版物质量不符合有关规定和标准的。

六、违反印刷或复制企业印刷或管理规定

有下列行为之一的，由出版行政主管部门没收出版物、违法所得，违法经营额1万元以上的，并处违法经营额5倍以上10倍以下的罚款；违法经营额不足1万元的，可以处5万元以下的罚款；情节严重的，责令限期停业整顿或者由原发证机关吊销许可证：

（1）出版单位委托未取得出版物印刷或者复制许可的单位印刷或者复制出版物的；

（2）印刷或者复制单位未取得印刷或者复制许可而印刷或者复制出版物的；

（3）印刷或者复制单位接受非出版单位和个人的委托印刷或者复制出版物的；

（4）印刷或者复制单位未履行法定手续印刷或者复制境外出版物的，印刷或者复制的境外出版物没有全部运输出境的；

（5）印刷或者复制单位、发行单位或者个体工商户印刷或者复制、发行未署出版单位名称的出版物的；

（6）出版、印刷、发行单位出版、印刷、发行未经依法审定的中学小学教科书，或者非依照《出版管理条例》规定确定的单位从事中学小学教科书的出版、发行业务的。

七、违反进口环节的相关规定

进口环节违法行为，属于走私出版物的，依照刑法关于走私罪的规定，依法追究刑事责任；尚不够刑事处罚的，由海关依照海关法的规定给予行政处罚。

有下列行为之一的，由出版行政主管部门责令停止违法行为，没收出版物、违法所得，违法经营额1万元以上的，并处违法经营额5倍以上10倍以下的罚款；违法经营额不足1万元的，可以处5万元以下的罚款；情节严重的，责令限期

停业整顿或者由原发证机关吊销许可证：

(1) 进口、印刷或者复制、发行国务院出版行政主管部门禁止进口的出版物的；

(2) 印刷或者复制走私的境外出版物的；

(3) 发行进口出版物未从本条例规定的出版物进口经营单位进货的。

八、违反境外出版物展览规定

未经批准，举办境外出版物展览的，由出版行政主管部门责令停止违法行为，没收出版物、违法所得；情节严重的，责令限期停业整顿或者由原发证机关吊销许可证。

九、对违反规定的单位负责人或相关责任人的处罚

单位违反条例规定被处以吊销许可证行政处罚的，其法定代表人或者主要负责人自许可证被吊销之日起 10 年内不得担任出版、印刷或者复制、进口、发行单位的法定代表人或者主要负责人。

出版从业人员违反条例规定，情节严重的，由原发证机关吊销其资格证书。

▶ 复习思考题

1. 概述出版产业中的许可制度。
2. 简述出版物重大选题登记备案管理制度。
3. 走访文化行政执法大队，了解我国出版物市场常见的问题。

第七章　艺术品市场法律法规

本章提要： 由于艺术品市场的特殊性和复杂性，艺术品市场方面的法制建设比较缓慢。本章以目前艺术品市场的部门规章《美术品经营管理办法》为基础，结合《拍卖法》、《文物拍卖管理暂行规定》和《文物艺术品拍卖规程》等相关艺术品市场领域管理的法律法规，讲解艺术品市场中一级市场的主体——画廊、二级市场的主体——拍卖行在经营活动中要遵循的相关行为规范。

导入　>>>

第15届上海艺博会的主题雕塑选用新加坡艺术家库玛丽（Kumari Nahappan）的"辣椒作品"《幸福探戈》，意喻当今我国艺术市场的红红火火。但是，近期发生的一些状况又在告诉人们，我国的艺术市场已经红得发黑，假画、假拍、假鉴定……乱象丛生却得不到有效遏制，究其根源，在于艺术品市场法律法规制度的不完善。一是无法可依。在徐悲鸿假画天价欺诈案①中，看得见专家和相关机构言之凿凿的证明行为，却看不到他们为假证明受到处罚的结果。正如我国文化部文化市场司副司长庹祖海指出的："在各种商品领域造假售假都是要受到法律制裁，但在艺术品领域由于法规、鉴定体系不健全等问题，使得艺术品市场的行政执法难以进行，几乎处于空白状态。"②二是有法难依。在吴冠中油画《池塘》案中，尽管藏家苏敏罗女士手握画家吴冠中亲书"此画非我所作，系伪作"的批字，但仍然在北京市第一中级人民法院的一审中落败，所有诉讼请求全部被驳回，法庭判决的主要依据正是《拍卖法》中有关"免责条款"。对此，一位来自国家工商局的负责人说："同样这一类的拍卖纠纷，告到我们消费者协会来

---

① 参见林明杰：《徐悲鸿假画天价欺诈是文明之耻》，载《新民晚报》2011年9月18日。
② 《加强艺术品市场的法规建设和日常监管已经刻不容缓》，www.gov.cn。

的,我们按照'消法'处理,就曾打赢过官司。而他们依据'拍卖法',就输了官司!"① 这位负责人的话为我们揭示了一个不该发生的法律现象——同一个国家的两项法律对同一个案例作出两种有本质区别的判决。因为按照专项法高于普通法的原则,拍卖的艺术品不纳入《消费者权益保护法》的管理范畴。但拍卖法是一个专门法,它必须与民法通则等上位法的精神一致,公平交易是一个基本原则。

上述两个案例揭示的只是我国当前艺术品市场乱象的冰山一角,却恰恰说明现有的法律法规体系无论在立法还是执法上都存在严重的缺陷和问题。

第一节　艺术品[②]市场法律法规概述

新中国成立初期,中国艺术品市场的发展是缓慢的,主要是由于经济发展较慢和参与艺术品投资的人较少。[③] 改革开放以后,随着经济的发展,人均收入的提高,我国的艺术品市场出现两个趋势:从收藏领域到投资领域,从贵族化到全民化。于是,原先仅限于收藏界的行规不足以应对一个呈井喷式发展的中国当前艺术品市场的规范所需。

一、艺术品市场法制建设现状

由于艺术品市场的特殊性和复杂性,艺术品市场方面的法制建设比较缓慢。

目前,艺术品市场的立法只有文化部制定的《美术品经营管理办法》(2004年公布),相关的法律和行政法规都处于空白状态。《艺术品捐赠法》、《艺术创作奖励条例》、《艺术品鉴定法》等还暂时没有,而它们对于一个健全的艺术品市场建设是必需的。

在艺术品拍卖环节,虽然我国颁布了《拍卖法》,但其将艺术品和一般商品同样看待,缺乏针对艺术品特殊性的专门内容,同时,《拍卖法》规定商务部是拍卖行为的行政主管部门,文化行政主管部门只能对艺术品市场的其他环节进行管理,而对于艺术品拍卖的管理很难介入,造成整个艺术品市场管理体系分散,最终导致艺术品市场的监管不力。2010年7月1日,《文物艺术品拍卖规程》正

---

① 《中国文物黑皮书:拍卖乱象,售价免责》,http://www.ccdy.cn/dushu/shuping/201109/t20110927_117944.htm。

② 本章所称"艺术品"的定义来自文化部《艺术品市场管理条例》草案,该草案将"艺术品"定义为包括绘画、书法、雕塑、摄影、装置等在内的艺术作品;原创艺术作品的限量复制品以及授权衍生品等,明确不包括工业化批量生产的工艺美术产品;不包括被认定为文物等的艺术品。

③ 参见王征编著:《艺术品投资与市场法律法规》,四川大学出版社2011年版,第7页。

式实施。这一标准的出台,弥补了《拍卖法》的一些不足,但作为行业自律性标准规则,它所涉及的制度还是难以细致入微。

艺术家自售作品,不仅分散艺术家的创作精力,也会导致国家的税收流失。因此,让艺术家集中创作,把经营和销售交给市场,是艺术品市场成熟的体现。一个规范的艺术品市场包括三大支柱——画廊、拍卖行和艺术经纪机构。艺术经纪机构的存在和发展是艺术品市场规范化的标志。2006年4月,国家劳动和社会保障部把艺术经纪人培训项目纳入了正规的培训体系,作为"6+1"专项人才培训计划①的重点,足见艺术经纪人和艺术经纪机构的发展日益受到重视。但是,规范经纪人活动的法规目前只有国家工商行政管理局发布的《经纪人管理办法》(1995年发布,2004年修订),缺少艺术品经纪活动的针对性。

二、艺术品市场法律法规建设展望

画廊和艺术经纪机构是艺术品市场的一级市场,但是,艺术品市场管理法规的势弱导致画廊作为艺术品市场主体地位不明朗,艺术经纪方面法规的针对性不够,导致艺术代理中介业不发达。本来,一级艺术市场的画廊和艺术经纪机构,起着艺术品基础数据整理、鉴定、定位和推荐的重要作用。现在,由于法规不完善导致一级市场两个主体孱弱,直接造成二级市场拍卖行的无序和独大,出现艺术品市场一级市场和二级市场的倒挂现象。

健全艺术品市场的法律法规已经迫在眉睫。

》》立法动态

文化部官员说《艺术品市场管理条例》草案

2012年6月7日,文化部市场司副司长庹祖海在"十七大以来文化建设成就系列——文化市场专题新闻发布会"上透露,文化部门正在研究起草《艺术品市场管理条例》,为艺术品交易活动提供法律规范。中国艺术品交易规模巨大但缺乏相关法律制度的现状有望结束。

6月8日,庹祖海副司长作客中国经济网,就建立符合艺术品市场发展要求的市场准入和从业资格管理制度、艺术品经纪人制度、评估鉴定制度等介绍了《艺术品市场管理条例》的方方面面。

---

① "6+1"即6个"师"和1个"人",分别是职业艺术品鉴定师、职业艺术品评估师、职业艺术品拍卖师、职业艺术品包装师、职业翠玉鉴定师、职业翠玉评估师和职业艺术经纪人。

副司长庹祖海认为,条例应该是全面的规范,包括经营的主体、经营的产品、经营的规则等。从主体上来讲,有拍卖业、画廊画店、艺术品的公司等。虽然有《拍卖法》,但是它是对所有拍卖行为的监管,而对于独特性比较高的艺术品,显然还需要在《艺术品市场管理条例》里对这种交易活动作一些相关的专业性的规定。至于画廊画店作为艺术品交易市场的基础部分,还应当有一些明确的规定。现在的画廊业,在工商登记这个环节甚至还没有明确下来,这也影响了它的市场定位和经营活动,包括相关的税收政策。由于在工商登记里没有画廊这样一个行业,所以公司登记的名称和业态五花八门,这与现实中每年几百亿的画廊画店交易额的状况显然是不相适应的。明确了艺术品的市场定位以后,相应地在税收政策上也就可以得到一些更优惠的政策。比如说,现在画廊的经营活动还要按照一般的交易交增值税,但很难有交易活动的发票做抵扣,显然这种税收政策需要调整。《艺术品市场管理条例》将对各类市场主体的条件予以规范。

正在研究起草的《艺术品市场管理条例》也会就艺术品的准入制度作出明确的规定。一般的工艺品将不会纳入到艺术品市场监管中。根据艺术品市场监管的艺术品的概念,艺术品首先是艺术家原创的产品,其次是一部分具有较高的艺术审美价值的高端的工艺美术品,它不是工业化批量生产的,是属于个性化生产的。内容上哪些艺术品是可以鼓励的,哪些是不可以进行交易的,也都会明确下来。

另外,大家还非常关心《消费者权益保护法》在艺术品消费领域是否管用。庹祖海副司长表示曾专门请律师来解答过这方面的问题。按照专项法高于普通法的原则,拍卖的艺术品不纳入《消费者权益保护法》的管理范畴。不过这其中也会有一些争议,如果是在画廊买到了假货,消费者是可以依据《消费者权益保护法》维权的。另外,就产品的权属问题,正在起草的法规也会提出明确的意见。《艺术品市场管理条例》将为艺术品交易的方方面面提供交易规则,交易活动方式也会在条例里有涉及。[①]

第二节 艺术品经营环节法律法规

如前所述,当前国家在艺术品经营环节的法律和行政法规缺失,只有文化部

[①] 《文化部官员称一般工艺品不入艺术品监管范畴》,http://www.chinanews.com/cul/2012/06-08/3949154.shtml。

颁布的《美术品经营管理办法》在加强艺术品市场的管理方面发挥一定的作用。因此,艺术品经营环节的法律法规主要围绕《美术品经营管理办法》展开。

美术品是指绘画作品、书法篆刻作品、雕塑雕刻作品、艺术摄影作品、装置艺术作品、工艺美术作品等及其上述作品的有限复制品。美术品经营活动,是指美术品的收购、销售、租赁、装裱、经纪、评估、咨询以及商业性美术品展览、比赛等活动。为了加强对美术品经营活动的管理,保护创作者、经营者、消费者的合法权益,促进美术品市场的健康发展,文化部于1994年11月25日发布施行了《美术品经营管理办法》,这是艺术品市场管理唯一的部门规章。

一、美术品、美术品经营活动和主管机关

（一）美术品、美术品经营活动

美术品、美术品经营活动的概念如上所述。

（二）主管机关

文化部负责全国美术品经营活动的监督管理工作,制定美术品市场的发展规划,审批美术品进出口经营活动。县级以上地方人民政府文化行政部门负责本行政区域内美术品经营活动的日常监督管理工作。

二、设立美术品经营单位

（一）从事美术品经营活动的经营单位的申请与审批

有申请意愿的申请人,应当到其住所地县级以上工商行政管理部门申领营业执照,并在领取营业执照之日起15日内,到其住所地县级以上文化行政部门备案。

设立从事美术品经营活动的经营单位,应当符合以下条件：

（1）有经营单位的名称；
（2）有固定的经营场所；
（3）有与其经营规模相适应的资金；
（4）有相应的美术品经营的专业人员；
（5）法律、法规规定的其他条件。

（二）美术品进出口经营单位应具备的条件

申请成为美术品进出口经营单位的申请人,应当按照国家关于进出口经营资格的有关规定办理手续,并在领取营业执照之日起15日内,到住所地县级以上文化行政部门备案。

设立从事美术品进出口经营活动的单位,应当符合下列条件：

（1）有经营单位的名称；

（2）有相应的组织机构；
（3）有固定的经营场所；
（4）有不少于 300 万元人民币的注册资金；
（5）有相应的美术品经营的专业人员；
（6）有健全的外汇财务制度；
（7）有独立承担民事责任的能力；
（8）法律、法规规定的其他条件。

三、美术品经营活动的管理

（一）从事美术品进出口经营活动的管理制度

1. 美术品进出口经营活动的申报审批制度

从事美术品进出口经营活动，应当向文化部提出申请并报送以下材料：

（1）进出口单位的资质证明；
（2）进出口美术品的来源地和目的地；
（3）进出口美术品的名录、图片和介绍；
（4）审批部门要求的其他材料。

接到申请之日起 15 个工作日内作出批准或不批准的决定。批准的发给批准文件，不批准的应当说明理由。申报单位持文化部的批准文件办理进出境手续。

2. 涉外商业性美术品展览活动的规定

涉外商业性美术品展览活动，应当由具备进出口资格的经营单位主办。主办单位应当在展览 30 日前，向举办地省级文化行政部门提出申请并报送以下材料：

（1）主办单位的资质证明；
（2）展览的活动方案；
（3）举办单位与其他相关单位签订的合同或者协议；
（4）经费预算及资金来源证明；
（5）场地使用协议；
（6）国外来华参展的美术品的名录、图片和介绍；
（7）审批部门要求的其他材料。

省级文化行政部门应当在受理申请之日起 15 个工作日内提出初审意见，同意的报文化部审批，不同意的说明理由。文化部应当在收到省级文化行政部门初审意见之日起 15 个工作日内作出批准或不批准的决定，不批准的向申请人说明理由。申请单位持文化部的批准文件办理展品进出境手续。

（二）美术品经营管理制度

1. 美术品经营单位应当遵守的规定

美术品经营单位应当遵守以下规定：

（1）遵守国家有关法律和法规，接受文化行政部门的指导、监督和检查；

（2）有健全的经营管理制度；

（3）有美术品合法来源证明；

（4）经营的美术品明码标价；

（5）依法缴纳税费。

2. 禁载内容

对于美术品经营单位，不得经营含有以下内容的美术品：

（1）反对宪法确定的基本原则的；

（2）危害国家统一、主权和领土完整的；

（3）危害国家安全或者损害国家荣誉和利益的；

（4）煽动民族仇恨、民族歧视，破坏民族团结，或者侵害民族风俗、习惯的；

（5）宣扬或者传播邪教、迷信的；

（6）扰乱社会秩序，破坏社会稳定的；

（7）宣扬淫秽、赌博、暴力、恐怖或者教唆犯罪的；

（8）侮辱或者诽谤他人，侵害他人合法权益的；

（9）危害社会公德或者民族优秀文化传统的；

（10）有法律、行政法规和国家规定禁止的其他内容的。

四、美术品经纪

美术品经营单位不得经营盗用他人名义的美术品。从事美术品经纪活动的专业人员不得在两个或两个以上的美术品中介服务单位执业。

五、信用档案

县级以上文化行政部门应当建立美术品经营单位的信用档案，将企业的服务承诺、经营情况、消费者投诉情况记录在案，定期向社会公示。

六、精品保护

文化部对当代艺术品精品实行保护。为了保护 1949 年后已故著名书画家的创作精品，文化部先后在 1989 年和 2002 年发布了《文化部对建国后已故著名书画家作品限制出境的鉴定标准》和《文化部 1949 年后已故著名书画集作品限制出境名单》，将已故著名书画家作品分为"作品一律不准出境者"、"作品原则上不准出境者"、"精品不准出境"三个层次,以保护我国当代的艺术精品。

七、法律责任

(一)经营活动中的侵犯著作权行为的法律责任

美术品经营单位的经营活动有侵犯他人著作权行为的,由著作权行政管理部门依照《著作权法》的有关规定给予处罚;构成犯罪的,依法追究刑事责任。

(二)擅自开展美术品经营活动的法律责任

违反规定,擅自开展美术品进出口经营活动或者涉外商业性美术品展览活动的,由县级以上文化行政管理部门责令改正,并处5000元以上30000元以下罚款。

(三)经营违禁内容美术品的法律责任

违反规定,经营含有违禁内容的美术品,由县级以上文化行政部门没收作品及违法所得,并处5000元以上30000元以下罚款,情节严重的提请工商部门吊销营业执照。

(四)其他行为的法律责任

违反规定,有下列行为之一的,由县级以上文化行政部门责令改正,并视其情节轻重予以警告,或者并处2000元以上10000元以下罚款:

(1)未按本办法规定向文化部门备案的;

(2)未建立健全经营管理制度的;

(3)不能证明经营的美术品的合法来源的;

(4)经营的美术品没有明码标价的;

(5)从事美术品经纪活动的专业人员在两个或两个以上的美术品中介服务单位执业的。

第三节 艺术品拍卖环节法律法规

拍卖亦称竞买,是指以公开竞价的形式,将特定物品或财产权利转让给最高应价者的买卖方式。拍卖是商品让渡的一种特殊方式,其特殊性在于拍卖必须具备一定的条件:一是价格不固定,最终商品由出价最高的人获得;二是必须有两个以上的买主;三是必须遵守公开、公平、公正的原则。

国务院负责管理拍卖业的部门(商务部)对全国拍卖业实施监督管理。省、自治区、直辖市的人民政府和设区的市的人民政府负责管理拍卖业的部门对本行政区域内的拍卖业实施监督管理。因此,我国没有专门针对文物和艺术品拍卖的行政管理部门。

但是,文物拍卖与普通物品拍卖存在区别。为保护历史文化遗产,国家对拍卖物品中的文物进行特殊管理。为此,国家文物局于2003年7月14日发布实施了《文物拍卖管理暂行规定》,专门对文物拍卖制定法规,加强规范管理。

文物拍卖与普通物品拍卖主要有以下两个方面的不同:

1. 文物拍卖需要特殊许可

《拍卖法》第8条第2款规定:"委托拍卖的文物,在拍卖前,应经拍卖人所在地的文物行政管理部门依法鉴定、许可。"《文物拍卖管理暂行规定》第3条规定:"依法设立的拍卖企业从事文物拍卖活动的,须经所在地的省、自治区、直辖市文物行政部门审核同意后,向国家文物局申请文物拍卖许可证。"2003年12月24日国家文物局下发了《关于对申领和颁发文物拍卖许可证有关事项的通知》,规定:"拍卖企业从事文物拍卖活动,必须依法申领和取得文物拍卖许可证。截止2004年4月30日止,凡未取得文物拍卖许可证的拍卖企业,不得从事文物拍卖经营活动。"同时,在申请文物拍卖许可证的条件中,要求文物拍卖企业要有5名以上取得高级文物博物专业技术职务的文物拍卖专业人员。

2. 文物拍卖企业的设立条件更高

根据《拍卖法》第13条规定,设立文物拍卖的企业,注册资金最低是1000万元,而普通的拍卖企业注册资金是100万元。

结合《拍卖法》、《拍卖法实施条例》和《文物艺术品拍卖规程》,本节就艺术品拍卖企业在设立环节、活动环节要遵守的法律规范进行如下概述:

一、艺术品拍卖企业的设立、变更和终止

(一) 艺术品拍卖企业的设立

1. 艺术品拍卖企业的设立

申请设立艺术品拍卖企业的投资者应具有良好的信誉,无违反中国法律、行政法规、规章的行为。设立艺术品拍卖企业,应当具备下列条件:

(1) 有100万元人民币以上的注册资本;

(2) 有自己的名称、组织机构和章程;

(3) 有固定的办公场所;

(4) 有3名以上取得拍卖业从业资格的人员,其中至少有1名是拍卖师,并有与主营业务密切联系的行业从业资格的专职或兼职人员;

(5) 有符合有关法律、行政法规及《美术品经营管理办法》规定的拍卖业务规则;

(6) 符合商务主管部门有关拍卖行业发展规划。

申请设立艺术品拍卖企业,需要提交的材料有:申请书;公司章程、拍卖业务

规则;工商行政管理机关核发的《企业名称预先核准通知书》;拟任法定代表人简历和有效身份证明;拟聘任的拍卖师执业资格证书及从业人员的相关资质证明;固定办公场所产权证明和租用合同。

2. 艺术品拍卖企业申请设立分公司

艺术品拍卖企业申请设立分公司,应当符合下列条件:

(1) 符合拍卖业发展规划;

(2) 年检合格;

(3) 企业的注册资本不少于500万人民币且全部缴清,拍卖企业对每个分公司,需拨付不少于100万元人民币的资金或实物;

(4) 分公司应有2名以上取得拍卖业从业资格的人员,并有与主营业务密切联系的行业从业资格的专职或兼职人员;

(5) 有固定的办工场所;

(6) 经营拍卖业务3年以上,最近2年连续赢利,其上年拍卖成交额超过5000万元人民币,或者上年拍卖成交额超过2亿元人民币。

艺术品拍卖企业设立分公司,申请者需要提交的材料有:拟设立分公司的申请报告;企业法人营业执照副本(复印件);最近2年经会计师事务所审计的年度财务会计报表;拟任分公司负责人简历及有效身份证明;拟聘任的拍卖师执业资格证书及从业人员的相关资质证明;固定办公场所的产权证明或租用合同。

(二) 艺术品拍卖企业的变更和终止

艺术品拍卖企业向工商行政管理机关申请变更注册登记项目前,应当先报省级商务主管部门核准,并由其换发拍卖经营批准证书。

艺术品拍卖企业及分公司自领取拍卖经营批准证书之日起,6个月内未领取营业执照,其拍卖经营批准证书自动失效。艺术品拍卖企业及分公司成立后6个月未开业,或开业后连续6个月无正当理由未举办拍卖会或没有营业纳税证明的,由有关部门依法吊销其营业执照,商务主管部门收回拍卖经营批准证书。拍卖企业根据章程规定事由、股东会决议或其他事由解散的;或者因违反法律、行政法规及本办法规定被责令关闭的;或者因不能清偿到期债务,被依法宣告破产的,由有关部门依法注销。

二、拍卖标的和拍卖当事人各方的权利和义务

(一) 拍卖标的

拍卖标的是指委托人委托拍卖人以拍卖方式出售的其所有或依法可以处分的物品或者财产权利。拍卖标的的范围很广,既有有形的物品,如茶叶、古玩、艺术品等;也有无形的财产权利,如土地使用权等。在现代社会,随着商品经济的

发达,拍卖标的的范围也在日益扩大,小到具体的日常用品,大到企业、矿山甚至国家的某一特定行业,均可成为拍卖的标的。

但法律、行政法规禁止买卖的物品或财产权利,不得作为拍卖标的。依照法律或国务院规定需审批才能转让的物品或财产权利,在拍卖前应依法办理审批手续。

《文物拍卖管理暂行规定》第12条规定:下列文物不得作为文物拍卖标的:

(1)依照法律应当上交国家的中国境内出土的文物;

(2)依照法律应当移交文物行政部门的文物,包括国家各级执法部门在查处违法犯罪活动中依法没收、追缴的文物;

(3)银行、冶炼厂、造纸厂以及废旧物资回收单位拣选的文物;

(4)国有文物收藏单位以及其他国家机关、部队和国有企业、事业组织等收藏、保管的文物;

(5)国有文物购销经营单位收存的珍贵文物;

(6)非国有馆藏珍贵文物;

(7)物主处分权有争议的文物;

(8)其他依法律法规规定不得流通的文物。

(二)拍卖当事人各方权利和义务

在拍卖活动中,会涉及拍卖人、委托人、竞买人和买受人。同时,一场拍卖会的成功离不开拍卖师的出色主持。

1. 拍卖人

依照《拍卖法》和《公司法》设立的从事拍卖活动的企业法人即为拍卖人。拍卖人的权利和义务有:

(1)要求说明来源和瑕疵的权利和义务。拍卖人有权要求委托人说明拍卖标的的来源和瑕疵。拍卖人应当向竞买人说明拍卖标的的瑕疵。

(2)保管义务。拍卖人对委托人交付拍卖的物品负有保管义务。拍卖人接受委托后,未经委托人同意,不得委托其他拍卖人拍卖。

(3)保密义务。委托人、买受人要求对其身份保密的,拍卖人应当为其保密。

(4)不得自拍义务。拍卖人及其工作人员不得以竞买人的身份参与自己组织的拍卖活动,并不得委托他人代为竞买。拍卖人不得在自己组织的拍卖活动中拍卖自己的物品或者财产权利。

(5)移交款项标的义务。拍卖成交后,拍卖人应当按照约定向委托人交付拍卖标的的价款,并按照约定将拍卖标的移交给买受人。

2. 委托人

委托人是指委托拍卖人拍卖物品或者财产权利的公民、法人或者其他组织。委托人可以自行办理委托拍卖手续,也可以由其代理人代为办理委托拍卖手续。委托人的权利和义务有:

(1) 委托人应当向拍卖人说明拍卖标的的来源和瑕疵。

(2) 委托人有权确定拍卖标的的保留价并要求拍卖人保密。拍卖国有资产,依照法律或者按照国务院规定需要评估的,应当经依法设立的评估机构评估,并根据评估结果确定拍卖标的的保留价。

(3) 委托人在拍卖开始前可以撤回拍卖标的。委托人撤回拍卖标的的,应当向拍卖人支付约定的费用;未作约定的,应当向拍卖人支付为拍卖支出的合理费用。

(4) 委托人不得参与竞买,也不得委托他人代为竞买。

(5) 按照约定由委托人移交拍卖标的的,拍卖成交后,委托人应当将拍卖标的移交给买受人。

3. 竞买人

竞买人是指参加竞购拍卖标的的公民、法人或者其他组织。法律、行政法规对拍卖标的的买卖条件有规定的,竞买人应当具备规定的条件。竞买人的权利和义务有:

(1) 竞买人可以自行参加竞买,也可以委托其代理人参加竞买。

(2) 竞买人有权了解拍卖标的的瑕疵,有权查验拍卖标的和查阅有关拍卖资料。

(3) 竞买人一经应价,不得撤回,当其他竞买人有更高应价时,其应价即丧失约束力。

(4) 竞买人之间、竞买人与拍卖人之间不得恶意串通,损害他人利益。

4. 买受人

买受人是指以最高应价购得拍卖标的的竞买人。买受人的权利和义务有:

(1) 买受人应当按照约定支付拍卖标的的价款,未按照约定支付价款的,应当承担违约责任,或者由拍卖人征得委托人的同意,将拍卖标的再行拍卖。拍卖标的再行拍卖的,原买受人应当支付第一次拍卖中本人及委托人应当支付的佣金。再行拍卖的价款低于原拍卖价款的,原买受人应当补足差额。

(2) 买受人未能按照约定取得拍卖标的的,有权要求拍卖人或者委托人承担违约责任。买受人未按照约定受领拍卖标的的,应当支付由此产生的保管费用。

5. 拍卖师

拍卖师师拍卖活动的主持者。国家对拍卖专业技术人员实行执业资格制度，经全国统一考试①合格，取得人事部、商务部联合用印的，由中国拍卖行业协会颁发的《拍卖师执业资格证书》，并经注册登记的人员方可主持拍卖活动。拍卖师只能在一个拍卖企业注册执业且不得以其拍卖师个人身份在其他拍卖企业兼职；拍卖师不得将执业资格证书借予他人或其他单位使用。拍卖师可以变更执业注册单位。拍卖师变更执业注册单位的，应当向中国拍卖行业协会办理注册变更手续。中国拍卖行业协会应将拍卖师注册登记及变更情况每月定期报商务部备案。

拍卖师应当具备下列条件：具有高等院校专科以上学历和拍卖专业知识；在拍卖企业工作两年以上；品行良好。被开除公职或者吊销拍卖师资格证书未满五年的，或者因故意犯罪受过刑事处罚的，不得担任拍卖师。

从事文物拍卖的专业人员应当取得由国家文物局认定的文物拍卖专业人员资格并取得文物拍卖专业人员资格证书，国家文物局对取得《文物拍卖许可证》的拍卖企业和取得文物拍卖专业人员资格证书的人员进行年审。文物拍卖人员还应当符合下列条件：熟知国家文物保护的法律、法规和规章；具备一定的文物保护知识和鉴定能力；具备一定的文物拍卖运作知识和能力。

三、拍卖活动管理制度

（一）拍卖法涉及的主要法律规则

1. 价高者得规则

《拍卖法》第3条规定："拍卖是指以公开竞价的形式，将特定物品或者财产权利转让给最高应价者的买卖方式。"由此明确了价高者得的规则。这也是拍卖与招标的不同之处。

2. 保留价规则或底价规则

所谓保留价，又称底价，是指在拍卖过程中委托人统一卖出的拍卖物的最低价格，保留价规则是指保留价发挥作用的制度。拍卖可以不确定底价，称为无底价拍卖，无底价拍卖一般在拍卖廉价商品时采用，采用无底价拍卖必须是委托人的真实意愿。

在有保留价的拍卖中，根据拍卖物的估价确定底价，估价一般由专家作出，专家的意见并不决定底价，但是决定底价的重要参考。参与确定底价的人应包括拍卖师、估价师、拍卖人、委托人。底价的最后确定，应由拍卖人在征得委托人

---

① 详见《拍卖师资格考试管理办法》，载中国拍卖行业协会网站。

同意后确定,委托人的意见起决定作用,从法律上说,底价的最后决定权在委托人。底价确定后,要以具体的价格表示。底价一经确定,一般不得随意改变,拍卖主持人在主持时,不得低于底价确认成交。底价确定不合理,受到最大损害的是委托人。底价应是保密的,拍卖前只有委托人与拍卖人知道,任何人不允许泄露。底价的意义在于有对抗最高应价的效力。

底价需不需要拍卖人公开,有两种情况,如果一场拍卖活动中没有底价,则拍卖人必须声明;如果有底价,则拍卖人不必声明。

3. 瑕疵请求规则

根据《拍卖法》规定,委托人和拍卖人有瑕疵的告知义务。委托人应将自己知道的或应该知道的有关拍卖物的瑕疵告知拍卖人,告知应在移交拍卖物之前或之时,或在委托拍卖合同签订时。

委托人有义务告诉拍卖人其物品有瑕疵;反之,拍卖人有义务要求委托人告知其拍卖物品是否有瑕疵。对于事先声明已经告知的瑕疵,竞买人买受之后,委托人和竞买人就不需负责任了,对于显而易见的瑕疵,即使没有告知,也可以免责。

当买受人请求对方承担瑕疵担保义务的时候,委托人或拍卖人有下列理由拒绝承担责任:

(1)瑕疵是由买受人的疏忽、过失造成的。

(2)"声明不保证"应受到严格限制,不能滥用;对拍卖品已作确定性陈述的,声明不保证不能免责。

(3)关于瑕疵请求权的诉讼时效,《拍卖法》第61条规定:"因拍卖标的存在瑕疵未声明的,请求赔偿的诉讼时效期间为一年,自当事人知道或者应当知道权利受到损害之日起计算。因拍卖标的存在缺陷造成人身、财产损害请求赔偿的诉讼时效期间,适用《中华人民共和国产品质量法》和其他法律的有关规定。"

案例选登

吴冠中赝品拍卖案:竞买者被判承担正常风险[①]

因以253万元巨款购买"吴冠中画作《池塘》"引发的苏敏罗诉萧富元和北京翰海拍卖公司一案一审日前终有结果。北京市第一中级人民法院驳回原告苏

---

① 《吴冠中赝品拍卖案:竞买者被判承担正常风险》,http://cul.sohu.com/20081217/n261255179.shtml。

敏罗的全部诉讼请求。当事人苏敏罗经过与律师协商，明确表示将继续上诉。

苏敏罗代理律师表示，一审判决过分强调竞拍人的责任，忽略了拍卖行、委托拍卖人应该承担的责任。而早报记者了解到，拍卖方在本次拍卖交易中就诉争拍品的真伪瑕疵作出苏敏罗应当知晓的免责声明，也就是竞拍者其实是应当承担风险责任的，这也是法院驳回其诉讼请求的主要原因。

事件回放

2005年12月的翰海"2005秋季拍卖会油画雕塑专场"上，上海的苏敏罗拍得了"吴冠中《池塘》"油画一幅，该拍品的委托人为萧富元。当日，苏敏罗向翰海公司支付落槌价230万元和23万元佣金，并取得拍品原件。之后，多家拍卖行拟为其拍得的《池塘》作品再次拍卖，为进一步核实真假，2008年7月1日，苏敏罗带着《池塘》来到吴冠中先生家中，吴冠中先生认定该画系伪作并在外裱玻璃上题写"此画非我所作，系伪作，2008年7月1日"。于是，苏敏罗将委托人萧富元和北京翰海拍卖公司诉到法院，以《池塘》实际是假画，翰海公司和萧富元在明知是假画的情况下拍卖作品，翰海公司拍卖前所作免责声明应当无效为由要求判决撤销相关拍卖合同、返还拍卖款及佣金等。

庭审纪实

"买到假画属正常拍卖交易风险"

对于苏敏罗的诉讼请求，萧富元答辩说，他只是本次拍卖活动的委托人，苏敏罗作为买受人只能起诉拍卖人，无权直接起诉委托人，他与苏敏罗不存在拍卖合同关系。同时，萧根据我国《拍卖法》等规定，认为拍卖方和他本人都不承担瑕疵担保责任。

而北京翰海公司答辩称，作为拍卖公司，他们已履行了《拍卖法》所规定的全部义务，在拍卖前一个多月刊印的《拍卖图录》上刊登了《业务规则》，作出了免责声明，并在拍卖前7日发布拍卖公告，对拍卖标的原件进行了为期3日的展示。拍卖会前，拍卖公司要求包括苏敏罗在内的竞买人办理登记手续，告知《拍卖规则》内容，苏敏罗也书面认可。

翰海公司还提出，拍卖不同于一般的买卖形式，拍卖标的真伪鉴定一直是难题，因此我国《拍卖法》对拍卖人保证拍品真实的义务未作任何规定，并且该法第61条中特别规定"拍卖人在拍卖前声明不能保证拍卖标的瑕疵，不承担瑕疵担保责任"。

一中院认为：在不能证实翰海公司及萧富元事先应知晓诉争拍品系伪作的情况下，翰海公司在本次拍卖交易中就诉争拍品的真伪瑕疵作出苏敏罗应当知晓的免责声明,并通过法律规定的拍卖展示程序有效保障了苏敏罗能够在竞买前充分了解诉争拍品的现实状况,翰海公司针对诉争拍品真伪瑕疵所作出的免责声明应当具备我国《拍卖法》所规定的效力。而苏敏罗在知晓该免责声明并且在竞买前能够充分了解诉争拍品实际状况的情况下,参与竞买并因最高叫价而成为诉争拍品的最终买受人,系其自主决定参与拍卖交易并自主作出选择所产生的结果,固然有可能因诉争拍品系伪作而遭受损失,但亦属艺术品拍卖所特有之现实正常交易风险。

律师说法

"做了虚假宣传就不存在免责"

假画前提已经确认,法院判决书的根据仅仅是免责条款,免责条款是每个竞拍人参与竞拍前必须签署的单方面格式性合同。免责的前提是什么?什么是可以免责的,什么是不可以的?行为人要对自己的行为承担责任,企业必须对自己的话承担责任。如果翰海没有那么详细绘声绘色地在图录中说明这幅作品的绘制过程(事后证明这些描绘都是虚构与嫁接),那么,他们可以免责,做了大量宣传又不对自己的行为负责,就不存在免责。否则,拍卖行就打通了制假进入市场的渠道。

翰海拍卖公司不负责任卖假货就可以不承担责任,连委托拍品的来龙去脉都不愿讲清楚的委托人萧富元都可以不承担责任,到底免的是什么责?责任,是法律框架下应该承担的责任,还是违法的框架下应该承担的责任?如果充分告知拍品的来源、瑕疵,那么所谓的免责确实可行,而虚假宣传违反法律要件,这样的免责是不存在的。

萧富元的画既然已经证明是伪作,那么卖假货都是法律应该打击的。吴老愿意站出来说明自己的立场,勇气和正直让人敬佩。现在,许多著名大师都不愿意就画作真伪出来说真话,因为大家都对真假的辨别心灰意冷。

3. 禁止参与竞买规则

禁止参与竞买规则包括以下两个方面内容:

(1) 禁止拍卖人参与竞买

拍卖人不得参与自己主持的拍卖会的竞买。拍卖人是委托人的代理人,代理的是卖方行为,如果参与竞买的话,就出现了买卖关系中的双重人格,这是违反《民法通则》关于代理的规定的,即代理人不能代理他人与自己为一定的民事行为,否则代理行为无效,因此禁止拍卖人参与竞买符合民法原理。另外,拍卖人是拍卖的组织者,知晓拍品的一切情况,其中包括拍品的拍卖底价,相比较其他竞买人处于有利地位。因此,禁止拍卖人参与竞买符合"公开、公平、公正"的原则。

(2) 禁止委托人参与竞买

禁止委托人参与自己委托拍卖标的的竞买,这一点与西方不同,有些国家并不禁止其参与竞买。

在拍卖法律关系中,委托人是事实上的卖方,委托人同时参与竞买,同样形成了双重人格,这是一个矛盾。委托人参与竞买,其本身目的是抬高拍品价格,此行为是一种虚假的民事行为,带有欺诈性质,依照民法通则,是非法的。①

四、拍卖规程

(一) 拍卖标的征集

拍卖标的征集指拍卖人寻找和选择拍卖资源的活动,一般包括常年征集和定向征集两种方式。

征集要求有:

(1) 文物拍卖标的征集应遵守国家有关文物拍卖标的范围的规定,并与本企业的文物拍卖资质相符;

(2) 拍卖人在征集前可通过适当的媒介对其征集活动进行宣传,主要宣传内容包括:征集时间、征集地点、征集范围以及联络方式;

(3) 拍卖人征集拍卖标的时,应安排相应专业人员参加现场征集活动,携带加盖公章的拍卖人营业执照复印件或相关证明;

(4) 拍卖人境外征集拍卖标的时,应遵守国家关于文物进出境管理的相关规定。

(二) 拍卖委托

拍卖人接受委托人的拍卖委托的,应与委托人签订书面委托拍卖合同,并要求委托人提供身份证明。委托拍卖合同应包括以下内容:

(1) 委托人、拍卖人的姓名或者名称、国籍、证件号码、住所、联系方式;

(2) 拍卖标的的作者/年代、名称、质地、形式、尺寸、数量、保存状况;

(3) 委托人提出的拍卖标的的保留价;

(4) 拍卖的时间、地点或有关拍卖时间、地点安排的其他表述;

(5) 拍卖标的的交付或者转移的时间、方式;

(6) 拍卖标的的鉴定;

(7) 佣金、费用及其支付的方式、期限;

---

① 参见陈杰、闵锐武:《文化产业政策与法规》,中国海洋大学出版社2006年版,第274页。

（8）价款的支付方式、期限；
（9）拍卖未成交的有关事宜；
（10）有关保密事项的约定；
（11）违约责任，包括因委托人中止或终止拍卖所造成损失的赔偿约定；
（12）双方约定的其他事项。
（三）鉴定与审核
1. 鉴定与审核程序需遵循以下三步：
第一步：委托拍卖合同签订前，拍卖人应对征集的拍卖标的进行初步鉴定，根据鉴定结果决定是否接受委托。
第二步：委托拍卖合同签订后，拍卖人认为需要对拍卖标的做进一步鉴定的，可依法进行鉴定。拍卖标的鉴定结论与委托拍卖合同载明的拍卖标的状况不相符的，拍卖人有权要求变更或者解除合同。
第三步：拍卖人应依法将拟上拍的文物拍卖标的报所在地的省、自治区、直辖市人民政府文物行政部门审核，并依据审核意见确定是否上拍。对未通过审核的拍卖标的，拍卖人应告知委托人，并与其解除该标的的委托拍卖合同。
2. 鉴定记录
拍卖人对拍卖标的进行鉴定时，应制作鉴定记录。鉴定记录内容包括鉴定时间和地点、鉴定人或鉴定机构、鉴定意见和结论。
（四）拍卖公告与展示
1. 拍卖公告
拍卖人应当于拍卖日七日前通过报纸或者其他新闻媒介发布拍卖公告。拍卖公告应当载明下列事项：
（1）拍卖的时间、地点；
（2）拍卖标的；
（3）拍卖标的展示时间、地点；
（4）参与竞买应当办理的手续；
（5）需要公告的其他事项。
2. 拍卖展示
拍卖人应当在拍卖前展示拍卖标的，并提供查看拍卖标的的条件及有关资料。拍卖标的的展示时间不得少于两日。
（五）拍卖的实施
1. 拍卖程序
（1）宣布拍卖规则和注意事项。拍卖师应当于拍卖前宣布拍卖规则和注意事项。

（2）有无保留价的说明。拍卖标的无保留价的,拍卖师应当在拍卖前予以说明。拍卖标的有保留价的,竞买人的最高应价未达到保留价时,该应价不发生效力,拍卖师应当停止拍卖标的的拍卖。

（3）拍卖成交。竞买人的最高应价经拍卖师落槌或者以其他公开表示买定的方式确认后,拍卖成交。

（4）签署拍卖成交确认书。拍卖成交后,买受人和拍卖人应当签署成交确认书。

（5）拍卖笔录。拍卖人进行拍卖时,应当制作拍卖笔录。拍卖笔录应当由拍卖师、记录人签名;拍卖成交的,还应当由买受人签名。

（6）保存资料。拍卖人应当妥善保管有关业务经营活动的完整账簿、拍卖笔录和其他有关资料。账簿、拍卖笔录和其他有关资料的保管期限,自委托拍卖合同终止之日起计算,不得少于五年。

拍卖标的需要依法办理证照变更、产权过户手续的,委托人、买受人应当持拍卖人出具的成交证明和有关材料,向有关行政管理机关办理手续。

2. 关于国家优先购买权

国家优先购买权是国际上通行的一种保护文物遗产的方式。这是法律赋予国家的一项权力。《文物保护法》第58条规定:"文物行政部门在审核拟拍卖的文物时,可以指定国有文物收藏单位优先购买其中的珍贵文物。购买价格由文物收藏单位的代表与文物的委托人协商确定。"但是,在协商过程中如果双方未能在价格上达成一致,国家有关部门可参照国际通行的做法,使用"国家优先购买权"。

"国家优先购买权"的实施过程大致如下:在拍卖前,国家通过拍卖公司发出公示,表明国家将对本场拍卖中的某些拍品行使"优先购买权",这实际是与竞拍者形成一种约定,参加拍卖即视为认可此约定。必须强调的是,国家并不参与竞拍,但认可拍卖所形成的价格。当拍卖结束后,在一定时间（通常为7天）内,国家作出决定是否购买。

相关案例

购藏"陈独秀等致胡适信札"
——中国国家文物局首次行使优先购买权

2009年6月5日,国家文物局发函通知行使国家优先购买权,优先购藏在嘉德春拍中以554.4万元成交的"陈独秀等致胡适信札"。国家文物局向中国嘉德国际拍卖有限公司发出《关于优先购买"陈独秀等致胡适信札"的函》中表示,国家文物局经研究决定,对于"中国嘉德2009春季拍卖会古籍善本专场"第2833号拍品"陈独秀等致胡适信札"按照成交价行使国家优先购买权。

这是中国政府首次采用如此方式的"文物优先购买权"。此前文物主管部门对拍卖市场所出现有必要国家收藏的重要文物,较多采用限定竞买者方式,如规定只允许国家博物馆和国营企业参与竞拍。这次政府有关部门并不参与直接竞拍,而是在拍卖之前发布声明,将根据某几件拍品的拍卖结果考虑是否行使优先购买权。这样的方式被普遍认为既考虑了国家收藏的需求,也尊重和兼顾了委托方(出让方)的利益不受损害。

中国嘉德在获悉国家文物局的决定后,于第一时间将文件内容通报给第2833号拍品"陈独秀等致胡适信札"的现场买受人。买受人得知有关部门的决定后,在深表遗憾的同时,也表达了对于国家收藏机构的理解。

3. 佣金

委托人、买受人可以与拍卖人约定佣金的比例。委托人、买受人与拍卖人对佣金比例未作约定,拍卖成交的,拍卖人可以向委托人、买受人各收取不超过拍卖成交价5%的佣金。收取佣金的比例按照同拍卖成交价成反比的原则确定。拍卖未成交的,拍卖人可以向委托人收取约定的费用;未作约定的,可以向委托人收取为拍卖支出的合理费用。

五、法律责任

(一)拍卖无所有权或者依法不得处分的物品或者财产权利的法律责任

委托人违反规定,委托拍卖其没有所有权或者依法不得处分的物品或者财产权利的,应当依法承担责任。拍卖人明知委托人对拍卖的物品或者财产权利没有所有权或者依法不得处分的,应当承担连带责任。

(二)国家机关擅自处理应拍卖物品的法律责任

国家机关违反本法第9条的规定,将应当委托财产所在地的省、自治区、直辖市的人民政府或者设区的市的人民政府指定的拍卖人拍卖的物品擅自处理的,对负有直接责任的主管人员和其他直接责任人员依法给予行政处分,给国家造成损失的,还应当承担赔偿责任。

(三)擅自设立拍卖企业的法律责任

违反规定,未经许可登记设立拍卖企业的,由工商行政管理部门予以取缔,没收违法所得,并可以处违法所得1倍以上5倍以下的罚款。

(四)未尽瑕疵告知义务的法律责任

拍卖人、委托人违反规定,未说明拍卖标的的瑕疵,给买受人造成损害的,买受人有权向拍卖人要求赔偿;属于委托人责任的,拍卖人有权向委托人追偿。

拍卖人、委托人在拍卖前声明不能保证拍卖标的的真伪或者品质的,不承担瑕疵担保责任。

因拍卖标的存在瑕疵未声明的,请求赔偿的诉讼时效期间为一年,自当事人知道或者应当知道权利受到损害之日起计算。

因拍卖标的存在缺陷造成人身、财产损害请求赔偿的诉讼时效期间,适用《产品质量法》和其他法律的有关规定。

(五)拍卖人参与竞买的法律责任

拍卖人及其工作人员违反规定,参与竞买或者委托他人代为竞买的,由工商行政管理部门对拍卖人给予警告,可以处拍卖佣金1倍以上5倍以下的罚款;情节严重的,吊销营业执照。

(六)拍卖人自拍的法律责任

拍卖人在自己组织的拍卖活动中拍卖自己的物品或者财产权利的,由工商行政管理部门没收拍卖所得。

(七)委托人参与竞拍的法律责任

委托人参与竞买或者委托他人代为竞买的,工商行政管理部门可以对委托人处拍卖成交价30%以下的罚款。

(八)恶意串通的法律责任

竞买人之间、竞买人与拍卖人之间恶意串通,给他人造成损害的,拍卖无效,应当依法承担赔偿责任。由工商行政管理部门对参与恶意串通的竞买人处最高应价10%以上30%以下的罚款;对参加恶意串通的拍卖人处最高应价10%以上50%以下的罚款。

(九)违反佣金收取规定的法律责任

违反关于佣金比例的规定收取佣金的,拍卖人应当将超收部分返还委托人、买受人。物价管理部门可以对拍卖人处拍卖佣金1倍以上5倍以下的罚款。

▶ 复习思考题

1. 模拟一场艺术品拍卖会,通过模拟过程,熟悉艺术品拍卖的拍品征集、鉴定与审核、合同签署、图录制作、拍卖预告、拍卖中涉及的各方当事人的权利和义务的实施、拍卖流程以及库房管理、拍卖结算、档案管理等各个环节。

2. 请思考如何进一步完善我国艺术品市场的法律法规。

3. 调查画廊业的税收环境,思考如何解决我国艺术品市场一级市场孱弱的问题。

第八章　演艺产业法律法规

本章提要：由于国内尚缺演出法，本章以《营业性演出管理条例》为基础，结合其他一些重要的演出市场方面的法律规定，就演艺产业中的三类活动主体——文艺表演团体、演出经纪机构和演出场所经营单位在演艺产业实践中要遵循的行为规范进行重点解读和相关案例分析。

导入　　　　　　　　　　　　　　　　　　　　　>>>

最近一则引以为鉴的演艺市场违规违法案例当属2012年9月5日发生在洛阳的"爱茹潮水"——张信哲、梁静茹商演欺诈案。由于主办方郑州天璨星光文化传播有限公司的事先宣传与现场演出不符，导致观众不满，引发现场混乱，随后演唱会中断。情况发生后，洛阳市工商部门对活动主办方涉嫌商业欺诈行为展开调查，洛阳市公安机关根据《治安管理处罚法》第38条有关规定，对相关责任人实施行政拘留。①《营业性演出管理条例》针对本案违法行为也有明确的规范条款，其第25条规定："营业性演出广告内容必须真实、合法，不得误导、欺骗公众。"第28条规定："参加营业性演出的文艺表演团体、主要演员或者主要节目内容等发生变更的，演出举办单位应当及时告知观众并说明理由。观众有权退票。演出过程中，除因不可抗力不能演出的外，演出举办单位不得中止或者停止演出，演员不得退出演出。"因此，以《营业性演出管理条例》为基础，相关法律法规一起与之共同构成演艺产业的法规体系，为演艺产业的有序运行保驾护航。

演艺产业是文化产业的一大传统门类，随着文化市场化的推进，我国规范演艺产业的部门法规也经历了一个逐步完善的过程。目前，规范我国演艺产业的

---

① 参见《梁静茹张信哲商演欺诈风波后续（图）》，http://ent.sina.com.cn/y/2012-09-07/10583734606.shtml。

部门法规主要有《营业性演出管理条例》(1997年公布,2005年、2008年修订)和《营业性演出管理条例实施细则》(2009年公布)。日前,文化部起草的《演出经纪人管理办法(征求意见稿)》向社会公开征求意见。

同时,改革开放以来,中外之间的演艺活动交往越来越频繁,这其中包括商业性质的和非商业性质的。从交往的走向看,一方面有大量的外国及我国港、澳、台地区演艺人员和演艺团体前来,另一方面不断有中方的演艺人员和演艺团体出国。涉外商演的剧增体现了我国面向世界的开放胸襟,同时,大量的不规范操作呼吁尽快出台这方面的部门法规。在这个背景下,《文化部涉外文化艺术表演及展览管理规定》(1997年公布,2004年修订)出台,为涉外文化艺术表演及展览提供了法律依据,促进了演艺活动的国际间交流。此外,为了规范在华外国人在中国的演出活动,1999年3月文化部颁布了《在华外国人参加演出活动管理办法》。

第一节 演艺市场法规概述

早在1997年8月11日国务院就发布了《营业性演出管理条例》(以下简称《条例》),以规范市场化的演艺活动。但是,随着演出市场不断出现新情况、新问题,我国演艺市场的法规也在不断调整。

一、演艺市场法规修订历程

97版的《条例》不能应对演艺产业规范所需,于是,国务院于2005年重新修订《条例》,并在2008年再次修订。2008年的修订只有一处,那就是《条例》第12条中有关我国港澳合资、合作、独资的内容,将原来规定的"香港特别行政区、澳门特别行政区的投资者可以在内地投资设立合资、合作、独资经营的演出场所经营单位和合资、合作经营的演出经纪机构,并且经批准可以在内地设立分支机构"改为"香港特别行政区、澳门特别行政区的投资者可以在内地投资设立合资、合作、独资经营的演出经纪机构、演出场所经营单位;香港特别行政区、澳门特别行政区的演出经纪机构可以在内地设立分支机构"。简言之,港澳地区投资者可以在内地设立独资经营的演出经纪机构了。

2005版的《条例》相比97版,传达出许多新的信息,并在2008版中继续得到体现。

二、2005版《营业性演出管理条例》修订的积极意义

首先,在总则中明确提出了《条例》制定的目的及指导思想,即为了加强对

营业性演出的管理,促进文化产业的发展,繁荣社会主义文艺事业,满足人民群众文化生活的需要,促进社会主义精神文明建设。

为适应新变化的演艺市场,2005版《条例》在以下六个方面有着重体现:

第一,降低市场门槛,降低经营成本。

降低市场门槛体现在:2005版《条例》取消了原《条例》中有关非法人的文艺表演团体、演出经纪机构和演出场所经营单位不得成为演出经营主体的规定。2005版《条例》规定,演出场所经营单位、个体演员、个体演出经纪人从事演出活动,可以直接到工商行政管理部门申领营业执照,无须履行前置审批手续,并且允许个体演员独立从事演出活动,允许演出场所经营单位在本单位经营的场所内举办组台演出。

走穴和穴头应该是上世纪80年代中国演艺市场上最活跃的文化经济现象,但当时的走穴存在节目制作粗糙、偷税漏税、蒙骗群众等问题。90年代的时候,文化部多次研究要不要把穴头从地下请到地上,赋予合法身份,加以规范。但由于当时的市场条件并不成熟,所以一直到1997年《条例》发布,才明确了演出主体的概念,对演出主体进行许可证式管理,这样演出机构逐渐取代了穴头。而这次2005版《条例》最大限度放宽了演出主体的经营权,过去的个体演出经纪人正式被赋予了演出代理的权利。

降低经营成本体现在:2005版《条例》取消原《条例》有关涉外和我国港、澳、台地区营业性演出只能由承担涉外演出业务的经纪机构承办的规定,允许文艺表演团体邀请境外文艺表演团体、个人参加本团体的演出。如此一来,不少靠倒卖此类批文赚钱的演出公司的不劳而获之路将就此中断。

第二,禁止赠票、公款追星,让票价回归市场理性。

我国演艺市场的票价受到诸多因素的干扰,导致市场票价失去理性。其中,赠票和公款消费是两个最大的市场肿瘤。

一场演唱会的赠票内幕[①]

2004年9月17日晚七点半,中国演出家协会在工人体育场举办了一场名为"十全十美"的演唱会。周杰伦、言承旭、潘玮柏、S. H. E、五月天等当红歌手轮番上阵,从演出现场的上座率和火爆程度看,这是一场看似操作非常成功的演

[①]《文化部副部长解读新〈营业性演出管理条例〉》,http://yule.sohu.com/20050810/n226625417.shtml。

出。但实际上该场演出的4.9万张票中竟然有40%用于赠票,也就是说只有60%的票是通过市场在流通。

这场演出的4.9万张可售票中有接近40%的票由于各种原因而成为赠票———公安部门拿走了11325张,约占总票数的23%。其中警卫部门拿去了1778张,防涨票(公安部门为了保证大型场馆的安全,将可以进行人员疏导的位置空出来)6397张,工作票3150张。另外,包括文化部门、新闻媒体、合作单位、个人关系票在内还有7146张赠票,占总票数的14.6%,也就是说最后可用于销售的票只有30529张,仅占总数的62.4%。

赠票的大量存在会增大演出成本,转嫁到消费者头上。最后造成两方面的不利影响:一是影响演出市场良性价格的形成;二是不利于培养成熟的消费群体。

四川查处"万源追星事件",万源市委书记受党内严重警告

《中国青年报》2004年9月报道,地处贫困山区的四川省万源市年财政收入4000万元左右,财政赤字曾高达1.6亿多元,但一场纪念万源保卫战胜利70周年的纪念活动耗资约2000万元。当时,万源市付出巨额报酬请来一些歌星,仅这些明星演出所上缴的个人所得税就高达40万元。其中,仅某明星一人独唱4首歌的税前报酬就达42万元,相当于当地农民平均年收入(2002年)的210倍。

7月17日,中共万源市委办公室、万源市政府办公室联合发出"万委办「2004」38号"红头文件——《关于做好"红色万源"主题晚会演出票分配工作的通知》。这份文件共摊派演出票5000张,票款合计136万元;共向211个单位进行摊派。

以政府的名义搞营业性演出,不仅影响了政府的开支,更重要的是损坏了政府在人民心中的形象;同时,用公款搞演出成了地方政府搞形象工程的表现之一。

针对赠票和公款消费给演艺市场带来的不利影响,2005版《条例》明文禁止文化主管部门、公安部门和其他有关部门及其工作人员向演出举办单位、演出场所经营单位索取演出门票。同时规定,各级人民政府和政府部门不得资助、赞助或者变相资助、赞助营业性演出,不得用公款购买营业性演出门票用于个人消费,从制度法规上禁止公款追星等不良现象。

第三,鼓励演出下农村、走厂矿。

为推动文艺表演团体和演员开展面向基层、面向群众的演出活动,切实解决有些地区的群众看不上演出的问题,2005版《条例》作出了几方面的规定:国家对在农村、工矿企业进行演出以及为少年儿童提供免费或者优惠演出表现突出的文艺表演团体和演员给予表彰和宣传;对适合在农村、工矿企业演出的节目,国家可以在依法取得著作权人许可后,提供给文艺表演团体、演员在农村、工矿企业演出时使用;地方人民政府应当对在农村、工矿企业演出的文艺表演团体和演员给予支持。

根据2005版《条例》规定,今后文化主管部门在进行文艺评奖时,也将适当考虑参评对象在农村、工矿企业的演出数量。

第四,明令禁止假唱。

从经济学角度看,商演假唱造成两个方面的严重后果:一是商品的以次充好,欺骗观众;二是假唱让有实力的演员和没有实力的演员在舞台上没有区分,造成演艺市场的不公平竞争。由于97版《条例》没有针对假唱的规范条款,一度造成演艺市场的假唱泛滥,社会对假唱的声讨不绝于耳。

2005版《条例》及时补正法规漏洞,明确指出,以假唱欺骗观众的,为演员假唱提供条件的,将被公之于众;演出举办单位、文艺表演团体在2年内再次被公布的,由原发证机关吊销营业性演出许可证;个体演员在2年内再次被公布的,由工商行政管理部门吊销营业执照。

文化部也在新的《营业性演出管理条例实施细则》(以下简称新《条例实施细则》)中规定,演出举办单位没有现场演唱、演奏记录的,由县级文化主管部门处以3000元以下罚款;以假演奏等手段欺骗观众的,由县级文化主管部门依照《条例》有关规定给予处罚,由负责审批的文化主管部门处以3万元以下罚款。

2005版《条例》和《新条例实施细则》对假唱的明令禁止和具体措施及罚则,为观众发现假唱时,提供了保护自己的武器,也保证了演出过程中观众看到的是真诚的表演,听到的是真实的声音。

第五,规范义演。

2005版《条例》不仅增加了针对假唱的规范,而且还增加了针对义演的规范性条款,主要体现在第31条和第49条。第31条规定,募捐义演的演出收入,除必要的成本开支外,必须全部交付受捐单位;演出举办单位、参加演出的文艺表演团体和演员、职员,不得获取经济利益。第49条是对违规行为的法律责任的规定:"演出举办单位或者其法定代表人、主要负责人及其他直接责任人员在募捐义演中获取经济利益的,由县级以上人民政府文化主管部门依据各自职权责令其退回并交付受捐单位;构成犯罪的,依法追究刑事责任;尚不构成犯罪的,由县级以上人民政府文化主管部门依据各自职权处违法所得3倍以上5倍以下的罚款,并由国务院文化主管部门或者省、自治区、直辖市人民政府文化主管部门向社会公布违法行为人的名称或者姓名,直至由原发证机关吊销演出举办单位的营业性演出许可证。文艺表演团体或者演员、职员在募捐义演中获取经济利益的,由县级以上人民政府文化主管部门依据各自职权责令其退回并交付受捐单位。"

规范义演是针对当时社会上多次发生的义演不义事件。

警示案例

一场以慈善为名的不义演出

2004年6月11日,四川省慈善总会举办了首届"希望之声"慈善演出活动,但是这场以慈善为名的演出并没有像预期的那样,让贫困儿童和孤寡老人得到募捐资助,反而给举办方带来了高达170万元的巨额亏损,根据四川省文化厅当时发布的通告,这场演出组委会共收入130万元,但各项支出却高达300多万元,按照《营业性演出管理条例》,参加慈善演出的演员不应该收取出场费,但该演出中演员出场费高达126万元,是最大的一笔支出,其中姜育恒17万元、王杰17万元,顺子和巫启贤13万元,田震6万元,斯琴格日乐5万元。慈善演出不同于商业演出,各相关单位不得收取成本费,而此次演出中演出场地的费用普遍偏高,各种支出最终将一场慈善演出变成了伪善演出。[①]

对于义演条款,时任文化部副部长孟晓驷进行了解读:首先是让受捐单位拿到钱,所以规定所有的演出除了扣除门票的成本,其他都要捐给受捐单位。第二是演出各方不得从中牟利,这样才能办好义演。至于处罚,首先要对演出的主办单位进行处理,要审计演出的整个过程,对违纪支出要根据国家的法律予以追回,同时对主办单位予以罚款,对于个别义演不义,获取高额劳务费的演员要通报批评。

第六,消除安全隐患。

2004年11月12日晚,河南罗山县一马戏团演出大篷坍塌致2死79伤;[②]2002年10月19日晚,在武汉市举行的张学友演唱会上,观众看台突然倒塌,近

---

① 《文化部副部长解读新〈营业性演出管理条例〉》,http://yule.sohu.com/20050810/n226625417.shtml。

② 参见《河南罗山县马戏团演出大篷坍塌致2死79伤》,http://news.sina.com.cn/c/2004-11-14/10474234445s.shtml。

千名观众从 1 米多高的阶梯式看台纷纷坠落,近百名观众不同程度受伤。①……演出现场的安全事关百姓生命财产,针对演出市场的安全隐患问题,2005版《条例》作了两方面规定:一是加强预防。演出场所的建筑、设施应当符合国家安全标准和消防安全规范;演出场所经营单位应当定期检查、维护消防安全设施,配备应急广播、照明设施,并在安全出入口设置明显标识。文化主管部门审批临时搭台演出时,应当核验场所验收合格证明、安全保卫工作方案、灭火和应急疏散预案以及安全、消防批准文件;公安部门应当对批准的演出现场的安全状况进行实地检查。演出举办单位应当按照公安部门核准的观众数量、划定的区域印制和出售门票。二是完善演出过程中的安全措施。演出场所应当根据公安部门的要求配备安全检查设施并对观众进行安全检查;演出举办单位应当维护现场秩序,发现秩序混乱的,应当立即采取措施并向公安部门报告;公安部门可以组织警力维持演出现场秩序。

第二节 演艺产业经营规范

2005 版《条例》简化了营业性演出的审批程序,加强了对演出市场中很多不良现象的管理和处罚力度,使营业性演出的管理从立法上上了一个新的台阶。②在此基础上修订的 2008 年新《条例》则更加完善。为深入贯彻 2008 年新《条例》,文化部于 2009 年修订发布了《营业性演出管理条例实施细则》,进一步强化了对假唱、假演奏行为的制约,文化部表示将定期对公益性演出及经营性演出进行抽查,依法取证,严格查处,并进行曝光。

本节将通过对 2008 年《条例》和 2009 年《条例实施细则》的梳理,从参与演出活动各经营主体的资格审查到演出活动整个流程的规范管理,以及相关的法律责任几个方面解析演艺产业的部门法律实务。

一、营业性演出概述

(一) 营业性演出的概念

营业性演出是指演出的表演者或组织者以获取款、物或广告效益为目的的演出活动,包括以下方式:

(1) 售票或包场的;

---

① 参见《张学友演唱会看台倾塌事故查清》,http://news.xinhuanet.com/photo/2002-10/21/content_603384.htm。
② 参见李德成主编:《文化创意产业法律操作实务》,法律出版社 2010 年版,第 139 页。

(2) 支付演出单位或个人演出费的;
(3) 以演出为媒介进行广告宣传的;
(4) 有赞助或捐助的;
(5) 以演出吸引顾客和观众、为其他经营活动服务的;
(6) 以其他经营方式组织演出的。

其演出范围包括音乐、戏剧、舞蹈、杂技、魔术、马戏、曲艺、木偶、皮影、朗诵、服饰、民间文艺等以审美欣赏为目的的文化艺术的现场表演活动。

争议:电视晚会属于营业性演出吗?

官方解释:李建伟(文化部市场司娱乐演出处副处长):《条例》中指出的演出是以营利为目的的现场营业性演出,只要符合这两个要求都在《条例》的管理范围之内,不管是什么节目,都属于《条例》管理的范围,但演播厅的演出就不在规定范围之内。

答案:目前,电视晚会被排除在"营业性演出"之外,所以,《条例》对其没有约束力,包括第47条中关于假唱的规定。结果,电视晚会成了当前假唱假奏的多发区。

正方观点:因为电视晚会大部分现场观众是特别邀请的,是不进行售票的。

反方观点:电视晚会虽然没有现场售票,电视观众也没有花钱买票,但是它在吸引观众眼球的同时获得了广告收益,因此,理应纳入营业性演出范畴。

(二) 营业性演出的监督管理机关(以下《条例》及《条例实施细则》均指最新版)

依据《条例》及《条例实施细则》,国家应依法维护营业性演出单位、演职员和观众等各方当事人的合法权益,禁止营业性演出中的不正当竞争行为。

《条例》及《条例实施细则》将上述义务和权利赋予国务院文化主管部门和地方县级以上人民政府的文化主管部门。在中央层面上,国务院文化主管部门主管全国营业性演出的监督管理工作。国务院公安部门、工商行政管理部门在各自职责范围内,主管营业性演出的监督管理工作。在地方层面上,县级以上地方人民政府文化主管部门负责本行政区域内营业性演出的监督管理工作。县级以上地方人民政府公安部门、工商行政管理部门在各自职责范围内,负责本行政区域内营业性演出的监督管理工作。

二、营业性演出经营主体及其设立

综观演艺产业链,相关的产业主体有这样三类:文艺表演团体、演出经纪机构和演出场所经营单位。《条例》及《条例实施细则》对三类主体的资格及设立进行了详细的规定。

（一）文艺表演团体的主体资格及设立

1. 设立文艺表演团体的基本条件

根据《条例》的规定,设立文艺表演团体,应当有与其演出业务相适应的专职演员和器材设备。依据《条例实施细则》规定,营业性文艺表演团体是指具备以上规定条件,从事各类现场文艺表演活动的经营单位。设立营业性文艺表演团体必须有确定的文艺表演门类,有10万元以上注册资本和5人以上的演职员,演员应当通过县级以上文化行政部门的业务考试或考核。

2. 设立文艺表演团体的申请、审批与变更

设立文艺表演团体,应当向县级人民政府文化主管部门提出申请;文化主管部门应当自受理申请之日起20日内作出决定。批准的,颁发营业性演出许可证;不批准的,应当书面通知申请人并说明理由。

演出单位申领《营业性演出许可证》,应当向审批机关提供符合《条例》和《条例实施细则》规定条件的证明文件。演出单位负责人应当具备大专以上学历或获得高级职称,无故意犯罪的刑事处罚记录。主要经营管理人员应当有高中以上学历或获得中级以上职称。

申请人取得营业性演出许可证后,应当持许可证依法到工商行政管理部门办理注册登记,领取营业执照。

文艺表演团体变更名称、住所、法定代表人或者主要负责人、营业性演出经营项目,应当向原发证机关申请换发营业性演出许可证,并依法到工商行政管理部门办理变更登记。

（二）演出经纪机构的主体资格及设立

1. 设立演出经纪机构的基本条件

依据《条例》,设立演出经纪机构,应当有3名以上专职演出经纪人员和与其业务相适应的资金。

依据《条例实施细则》,演出经纪机构是指具备以上规定条件,从事演出活动的策划、组织、联络、制作、营销、代理等服务的经营单位。设立演出经纪机构应当有5人以上的专职业务人员。

2. 演出经纪机构的分类

演出经纪机构按照业务范围分为三类:

（1）一类演出经纪机构可以直接与我国香港、澳门和台湾地区及外国的演出单位或个人签定引进或派出演出合同并经营其演出活动；一类演出经纪机构应当是经文化部认定有对外文化交流业务的国有经济单位，有 100 万元以上注册资本，有外汇财务管理制度及相应的财会人员，经营二类演出经纪机构的业务 2 年以上，并业绩良好的；

（2）二类演出经纪机构可以在所在地省、自治区、直辖市范围内承接一类演出经纪机构引进的演出活动；二类演出经纪机构应当是国有经济单位，有 50 万元以上注册资本，经营三类演出经纪机构的业务 1 年以上，并业绩良好的；

（3）三类演出经纪机构只限经营国内演出团体或个人的演出活动；三类演出经纪机构应当有 20 万元以上注册资本。

此外，经营业绩良好的营业性演出场所，可以申请在本场所内经营与其规模和性质相适应的组台演出的经纪资格，报省级文化行政部门审批。其中经营涉外演出的，按照《文化部涉外文化艺术表演及展览管理规定》办理。

3. 演出经纪机构的申请、审批与变更

《条例》第 7 条规定："设立演出经纪机构，应当向省、自治区、直辖市人民政府文化主管部门提出申请。文化主管部门应当自受理申请之日起 20 日内作出决定。批准的，颁发营业性演出许可证；不批准的，应当书面通知申请人并说明理由。申请人取得营业性演出许可证后，应当持许可证依法到工商行政管理部门办理注册登记，领取营业执照。""演出经纪机构变更名称、住所、法定代表人或者主要负责人、营业性演出经营项目，应当向原发证机关申请换发营业性演出许可证，并依法到工商行政管理部门办理变更登记。"

依此规定，取得营业性演出许可证是演出经纪机构领取营业执照进而开展演出经纪活动的先决和必要的条件。

前车之鉴

《演出经纪合同》因普新纪元公司未取得《营业性演出许可证》而归于无效

网络歌手唐磊以一曲《丁香花》一夜之间红遍大江南北。唐磊与其经纪公司普新纪元公司签订为期三年的《演出经纪合约》。就在唐磊签约后不久，由唐磊演唱、普新纪元公司制作的歌曲《丁香花》在网络持续火爆，唐磊却与普新纪元公司因版税分配发生纠纷，2005 年 7 月，唐磊将普新纪元公司诉至法院。

双方经过唐磊本诉——普新纪元公司反诉——唐磊就反诉进行答辩之后,法院作出判决:认定普新纪元公司始终未取得《营业性演出许可证》,其与唐磊签订的《演出经纪合同》及其《补充协议》,因违反行政法规禁止性经营的规定,应属无效。

关键提示:

第一,国内公司经营演出经纪业务,必须具备《营业性演出许可证》。因此,相关人士务必在签订演出经纪合约前认真审查他方的相应资质。经纪合同整体无效的认定,将致使合同双方恢复到订立以前的状态,对合同当事人的损害均极大。

第二,根据《条例》和《条例实施细则》的规定,外国企业不得在中国境内从事演艺经纪业务。如外国公司与中国的艺员直接签订演艺经纪合同,会因违反我国法律规定被认定合同无效,自签订之日起就对双方没有法律约束力。①

(三) 演出场所经营单位的主体资格及设立

1. 设立营业性演出场所经营单位的基本条件

依据《条例实施细则》,营业性演出场所经营单位是指为营业性演出活动提供场地和相关服务的经营单位。

2. 设立营业性演出场所经营单位的申请、审批与变更

设立演出场所经营单位,应当依法到工商行政管理部门办理注册登记,领取营业执照,并依照有关消防、卫生管理等法律、行政法规的规定办理审批手续。

演出场所经营单位应当自领取营业执照之日起20日内向所在地县级人民政府文化主管部门备案。

演出场所经营单位变更名称、住所、法定代表人或者主要负责人,应当依法到工商行政管理部门办理变更登记,并向原备案机关重新备案。

(四) 个体经纪人和个体演员的资格设立

1. 个体演员和个体经纪人的备案程序

依据《条例》规定,以从事营业性演出为职业的个体演员和以从事营业性演出的居间、代理活动为职业的个体演出经纪人,应当依法到工商行政管理部门办理注册登记,领取营业执照。

个体演员可以持个人身份证明和艺术表演能力证明,个体演出经纪人可以持个人身份证明和演出经纪人员资格证明,自领取营业执照之日起20日内向户籍所在地或者常驻县级人民政府文化主管部门备案,文化主管部门应当出具备

---

① 周俊武:《星路律程——行走娱乐圈的法律之道》,法律出版社2008年版,第33—37页。

案证明。备案证明式样由文化部设计,省级文化主管部门印制。

2. 个体演出经纪人申请《演出经纪人员资格证》

依照我国《营业性演出管理条例》及2008年1月1日实施的《演出经纪资格认定办法》,欲从事演出经纪的自然人须经中国演出家协会培训、考核,考试合格者由中国演出家协会颁发《演出经纪人员资格证》(以下简称《演出证》)。

3. 演员个体申领演出证

演员个人申领演出证应当符合下列条件:

(1) 年满16周岁(杂技演员可放宽至14周岁);

(2) 具有一定的业务基础知识和表演技能。

但是,有下列情形之一的人员不得发给演出证:

(1) 被文艺表演团体开除未满一年的;

(2) 被文化行政部门禁演尚未解禁的;

(3) 道德品质极端败坏引起社会公愤的;

(4) 被文化行政部门吊销演出证未满一年的;

(5) 吸毒、被强制戒毒结束未满一年的。

具有上述资格的演员可以通过文化部门的考试,取得演出证,演出证有两年的有效期,过期不审核就自动作废了。

与早年相比,个体演员和个体经纪人的申领演出证要求和备案程序条件放宽,这样有利于鼓励个体演员、个体演出经纪人依法从事经营活动;同时,允许文艺院团在职演员在计划演出之外、艺术院校师生在教学之余从事营业性演出,大大促进了演出资源的合理流动,增加演出有效供给。

演员演出证的职业资格认定,有助于规范演出市场。2001年9月21日,在广州中山纪念堂举办的一场名为"盛世欢歌迎九运法治之光耀羊城"的歌舞晚会,就因为演员没有演出证被取消。[①]

但是,演员证规定只适用内地演员,外国和我国港、澳、台地区演员在演出报批手续中不需要出具个人"演出证",只需申请时提交演员的有效身份证明复印件,这是个法规漏洞。

(五) 涉外及涉港、澳、台营业性演出经营主体及设立

1. 涉外营业性演出经营主体及设立

外国投资者可以与中国投资者依法设立中外合资经营、中外合作经营的演出经纪机构、演出场所经营单位;不得设立中外合资经营、中外合作经营、外资经

---

① 参见《称演员没有演出证广州一歌舞晚会取消2500观众被骗》,http://news.sina.com.cn/c/2001-09-22/363370.html。

营的文艺表演团体,不得设立外资经营的演出经纪机构、演出场所经营单位。

设立中外合资经营的演出经纪机构、演出场所经营单位,中国合营者的投资比例应当不低于51%;设立中外合作经营的演出经纪机构、演出场所经营单位,中国合作者应当拥有经营主导权。

设立中外合资经营、中外合作经营的演出经纪机构、演出场所经营单位,应当通过省、自治区、直辖市人民政府文化主管部门向国务院文化主管部门提出申请;省、自治区、直辖市人民政府文化主管部门应当自收到申请之日起20日内出具审查意见报国务院文化主管部门审批。国务院文化主管部门应当自收到省、自治区、直辖市人民政府文化主管部门的审查意见之日起20日内作出决定。批准的,颁发营业性演出许可证;不批准的,应当书面通知申请人并说明理由。申请人应当在取得营业性演出许可证后,依照有关外商投资的法律、法规的规定办理审批手续。

2. 涉港、澳、台营业性演出经营主体及设立

我国香港特别行政区、澳门特别行政区的投资者可以在内地投资设立合资、合作、独资经营的演出经纪机构、演出场所经营单位;香港特别行政区、澳门特别行政区的演出经纪机构可以在内地设立分支机构。

我国台湾地区的投资者可以在内地投资设立合资、合作经营的演出经纪机构、演出场所经营单位,但内地合营者的投资比例应当不低于51%,内地合作者应当拥有经营主导权;不得设立合资、合作、独资经营的文艺表演团体和独资经营的演出经纪机构、演出场所经营单位。

三、营业性演出规范

(一) 一般营业性演出的规范

1. 举办一般营业性演出的权限和义务

《条例》及《条例实施细则》明确规定了各个营业性演出经营主体的权限和义务。

从文艺表演团体和演员个人的权限和义务看,文艺表演团体、个体演员可以自行举办营业性演出,也可以参加营业性组台演出,但营业性组台演出应当由演出经纪机构举办;申请举办含有内地演员和香港特别行政区、澳门特别行政区、台湾地区演员共同参加的营业性演出,可以报演出所在地省级文化主管部门批准,具体办法由省级文化主管部门制定。经批准到艺术院校从事教学、研究工作的外国或者我国港、澳、台地区艺术人员从事营业性演出的,应当委托演出经纪机构承办。

从演出场所经营单位的权限和义务看,演出场所经营单位可以在本单位经

营的场所内举办营业性组台演出。歌舞娱乐场所、旅游景区、主题公园、游乐园、宾馆、饭店、酒吧、餐饮场所等非演出场所经营单位需要在本场所内举办营业性演出的,应当委托演出经纪机构承办。

从演出经纪机构的权限和义务看,演出经纪机构可以从事营业性演出的居间、代理、行纪活动;个体演出经纪人只能从事营业性演出的居间、代理活动。

《条例实施细则》规定,在演出活动中,各个营业性演出经营主体之间应当签订演出合同。演出合同应当载明以下事项:

(1) 演出活动名称;
(2) 参加演出的文艺表演团体及主要演职员;
(3) 演出节目内容;
(4) 演出日期、地点、场所和场次;
(5) 演出票价及售票方式;
(6) 价款或酬金及支付方式;
(7) 演出收支结算方式;
(8) 演职员食宿、交通安排和各种附带费用;
(9) 违约责任;
(10) 合同发生争议时的解决方式;
(11) 双方商定的其他事项;
(12) 合同签订日期和地点,当事人签字或加盖公章。

2. 举办一般性演出的审批手续

举办营业性演出,应当向演出所在地县级人民政府文化主管部门提出申请。县级人民政府文化主管部门应当自受理申请之日起 3 日内作出决定。对符合《条例》第 26 条规定的,发给批准文件;对不符合《条例》第 26 条规定的,不予批准,书面通知申请人并说明理由。

申请举办营业性演出,提交的申请材料应当包括下列内容:

(1) 演出名称、演出举办单位和参加演出的文艺表演团体、演员;
(2) 演出时间、地点、场次;
(3) 节目及其视听资料。

申请举办营业性组台演出,还应当提交文艺表演团体、演员同意参加演出的书面函件。

营业性演出需要变更申请材料所列事项的,应当分别按以上规定重新报批。

(二) 涉外营业性演出的规范

1. 举办涉外营业性演出的要求

《条例》及《条例实施细则》要求涉外营业性演出除了要达到一般营业性演

出的条件和审批程序外,还为涉外演出设立了一些特别的要求。

除演出经纪机构外,其他任何单位或者个人不得举办外国的或者我国香港特别行政区、澳门特别行政区、台湾地区的文艺表演团体、个人参加的营业性演出。但是,文艺表演团体自行举办营业性演出,可以邀请外国的或者我国香港特别行政区、澳门特别行政区、台湾地区的文艺表演团体、个人参加。

举办外国的或者我国香港特别行政区、澳门特别行政区、台湾地区的文艺表演团体、个人参加的营业性演出,应当符合下列条件:

(1) 有与其举办的营业性演出相适应的资金;

(2) 有2年以上举办营业性演出的经历;

(3) 举办营业性演出前2年内无违反《条例》规定的记录。

2. 举办涉外营业性演出的特殊审批程序要求

举办外国的文艺表演团体、个人参加的营业性演出,在非歌舞娱乐场所进行的,演出举办单位应当向国务院文化主管部门提出申请;在歌舞娱乐场所进行的,演出举办单位应当向演出所在地省、自治区、直辖市人民政府文化主管部门提出申请。

举办我国香港特别行政区、澳门特别行政区的文艺表演团体、个人参加的营业性演出,演出举办单位应当向演出所在地省、自治区、直辖市人民政府文化主管部门提出申请;举办我国台湾地区的文艺表演团体、个人参加的营业性演出,演出举办单位应当向国务院文化主管部门会同国务院有关部门规定的审批机关提出申请。

《在华外国人参加演出活动管理办法》第7条规定:"营业性演出单位和经纪机构邀请在华外国人参加营业性演出或者在营业性歌舞娱乐场所参加演出活动,应当在演出前30日报文化部批准,在华外国人有受聘单位的,应当出具所在单位同意的证明函件。"值得注意的是,此类"在华外国人"包括加入外国国籍的中国演员。

(三) 举办营业性演出的安全保障

说起营业性演出的安全保障问题,马上会让人联想起 Beyond 乐队的主唱黄家驹的悲剧。一场演出的安全保障不仅涉及演职人员的生命安全,也涉及千千万万观众的生命安全,所以,无论演出方、主办方还是演出场所经营单位都有责任把好安全关。《条例》和《条例实施细则》对于举办营业性演出的安全保障具体规定如下:

1. 在演出场所经营单位举办营业性演出的安全保障

演出场所经营单位提供演出场地,应当核验演出举办单位取得的批准文件;不得为未经批准的营业性演出提供演出场地。

演出场所经营单位应当确保演出场所的建筑、设施符合国家安全标准和消防安全规范,定期检查消防安全设施状况,并及时维护、更新。

演出场所经营单位应当制定安全保卫工作方案和灭火、应急疏散预案。

演出举办单位在演出场所进行营业性演出,应当核验演出场所经营单位的消防安全设施检查记录,安全保卫工作方案和灭火、应急疏散预案,并与演出场所经营单位就演出活动中突发安全事件的防范、处理等事项签订安全责任协议。

营业性演出场所举办演出时,观众和演职人员活动区禁止吸烟和使用明火,但演出节目需要的除外。

2. 在公共场所举办营业性演出的安全保障

在公共场所举办营业性演出,演出举办单位应当依照有关安全、消防的法律、行政法规和国家有关规定办理审批手续,并制定安全保卫工作方案和灭火、应急疏散预案。演出场所应当配备应急广播、照明设施,在安全出入口设置明显标识,保证安全出入口畅通;需要临时搭建舞台、看台的,演出举办单位应当按照国家有关安全标准搭建舞台、看台,确保安全。

审批临时搭建舞台、看台的营业性演出时,文化主管部门应当核验演出举办单位的下列文件:

(1)依法验收后取得的演出场所合格证明;

(2)安全保卫工作方案和灭火、应急疏散预案;

(3)依法取得的安全、消防批准文件。

演出场所容纳的观众数量应当报公安部门核准;观众区域与缓冲区域应当由公安部门划定,缓冲区域应当有明显标识。

演出举办单位应当按照公安部门核准的观众数量、划定的观众区域印制和出售门票。

验票时,发现进入演出场所的观众达到核准数量仍有观众等待入场的,应当立即终止验票并同时向演出所在地县级人民政府公安部门报告;发现观众持有观众区域以外的门票或者假票的,应当拒绝其入场并同时向演出所在地县级人民政府公安部门报告。

任何人不得携带传染病病原体和爆炸性、易燃性、放射性、腐蚀性等危险物质或者非法携带枪支、弹药、管制器具进入营业性演出现场。

演出场所经营单位应当根据公安部门的要求,配备安全检查设施,并对进入营业性演出现场的观众进行必要的安全检查;观众不接受安全检查或者有前款禁止行为的,演出场所经营单位有权拒绝其进入。

演出举办单位应当组织人员落实营业性演出时的安全、消防措施,维护营业性演出现场秩序。

演出举办单位和演出场所经营单位发现营业性演出现场秩序混乱,应当立即采取措施并同时向演出所在地县级人民政府公安部门报告。

遇到演出安全事故该怎么办?[①]

近年来,随着国内演出市场的日渐繁荣,演出安全事故屡见不鲜。其实,即使在演出管理机制相对健全、对演出场所监管更为严格的西方成熟演出市场,也无法避免各种原因导致的演出安全问题。本着和国内同样的"谁主办谁负责"的演出管理原则,美、德、日等演出市场成熟国家从各个细节保证演出安全和演出商利益的均衡。

一、演艺活动公众责任险

据悉,美日等国对于演出安全事故最简单有效的解决机制便是演出前强制要求主办方必须为观众集体购买公众责任险。在欧美等发达国家,公众责任险已作为具备社会管理功能的险种普遍被公众接受和使用,演出行业也不例外。在美国,责任险占整个非寿险业务的50%左右,在英、法、德、日等保险业较发达的国家和地区,此比例也能达到35%至45%左右。据了解,日韩等演出主办方来华演出时都会按照本国惯例要求主办方为观众购买公众责任险。《营业性演出管理条例实施细则》第33条规定:"举办营业性演出,举办单位或者个人可以为演出活动投保安全责任保险。"然而,由于我国的公众责任险在财产险中的占比只有4%左右,因此,在演出行业很难要求公众责任险的落实。

2011年1月由文化部与保监会共同推动的"保险支持文化产业试点工作"启动的11个险种中,就包括了演艺活动公众责任保险。但据保险业内人士介绍,由于演艺活动公众责任险保费低廉、分散、风险大,因此国内的保险公司积极性普遍不高,并且有效需求低,消费者认识程度更低,早期发展需要政府支持。有调研显示,政府未强制推行企业投保公众责任险,是目前公众责任险市场发展缓慢的重要原因。其次,企业风险意识不高。此外,国内的演出消费者对公众责任险认知率和维权意识低。有业内人士指出,演出活动公众责任保险尤需从战略、立法上采取"大手笔"举措进行强制推动才能取得更好的保障效果。

二、演出主办方做到真正的责权利统一

在成熟的演出市场,监管部门都要求演出主办方做到真正的责权利统一,落

[①] 杨浩鹏:《遇到演出安全事故该怎么办?》,载《中国文化报》2012年2月29日。

实"谁主办谁负责"的原则。如在我国台湾地区,演出已基本达到了不用出动警力,由演出主办单位制定和执行安保方案,有关部门只负责审定方案、监督执行以及处理紧急安全事件。同时,和美日成熟演出市场一样,由于演出主办方和演出场所在责权利统一方面的执行力度和其保险信用级别挂钩,因此,演出主办方除了要为观众购买公众责任险外,还要从各个细节确保对于演出安全的管理。如场均可容纳 1.5 万人的台北小巨蛋,每场演出前都会向观众播放紧急事件救生疏散指导短片,以确保观众能够在突发安全事故时实现最简单的自救。而在大陆地区,即使是在曾举办过奥运会的场馆,多数首次观看演唱会的观众也并不能及时准确地找到最便捷的出口,更遑论在突发安全事故造成的慌乱情况下。

综合来看,国外对演出安全的日常管理和对突发事故的紧急处理除了完善制度和严格技术保障之外,无一不本着以人为本的原则。因此,国内的演出行业除了在建设国际标准场馆、引进国际一线巨星、模仿国际一流运作模式之外,更要从制度建设方面、从人性关怀方面借鉴国外成熟市场经验,从而确保观众消费体验的愉悦和生命财产安全的最大化。

(四)对营业性演出宣传活动及演出内容方面的相关要求
1. 对营业性演出宣传活动方面的内容要求

演出举办单位不得以政府或者政府部门的名义举办营业性演出。营业性演出不得冠以"中国"、"中华"、"全国"、"国际"等字样。

营业性演出广告内容必须真实、合法,不得误导、欺骗公众。

如何界定营业性演出活动的虚假宣传

2004 年 11 月,一场名为"刀郎深圳演唱会"的演出在深圳体育馆举行,不少手持入场券的深圳歌迷来到体育馆入口时,却发现门口的宣传板和条幅均已改为"刀郎暨台湾群星演唱会",而且实际演出内容与事先的宣传不符,刀郎只唱了 5 首歌,而我国台湾地区"群星"的表演时间也只占演唱会的一半时间,有歌迷表示:"主办方完全是在虚假宣传,这是一场骗局。"

那么,如何界定营业性演出活动的虚假宣传呢?

文化部市场司娱乐演出处副处长李建伟认为:大概有三点,一是无中生有,就是说他一个项目都没有申报,就开始宣传。一个就是以次充好,这种现象,是利用观众对国外一些文艺表演团体背景不了解。还有一个就是以假乱真。

对此,广告法中对发布的广告有明确的规定;另外,也可采取观众、社会监督等方式。①

2. 对营业性演出中的内容要求

营业性演出不得有下列情形:

(1) 反对宪法确定的基本原则的;

(2) 危害国家统一、主权和领土完整,危害国家安全,或者损害国家荣誉和利益的;

(3) 煽动民族仇恨、民族歧视,侵害民族风俗习惯,伤害民族感情,破坏民族团结,违反宗教政策的;

(4) 扰乱社会秩序,破坏社会稳定的;

(5) 危害社会公德或者民族优秀文化传统的;

(6) 宣扬淫秽、色情、邪教、迷信或者渲染暴力的;

(7) 侮辱或者诽谤他人,侵害他人合法权益的;

(8) 表演方式恐怖、残忍,摧残演员身心健康的;

(9) 利用人体缺陷或者以展示人体变异等方式招徕观众的;

(10) 法律、行政法规禁止的其他情形。

(五) 对营业性演出活动管理方面的相关要求

1. 演出过程的管理要求

参加营业性演出的文艺表演团体、主要演员或者主要节目内容等发生变更的,演出举办单位应当及时告知观众并说明理由。观众有权退票。

演出过程中,除因不可抗力不能演出的外,演出举办单位不得中止或者停止演出,演员不得退出演出。

法条争鸣

大暴雨属于不可抗力吗?②

《营业性演出管理条例》规定:"演出过程中,除因不可抗力不能演出的外,

---

① 《演出市场病重 主管部门准备开刀六大顽疾》,http://www.southcn.com/ent/yulefirst/200508100365.htm。

② 杨浩鹏:《暴雨来袭,演出可否临时取消》,载《中国文化报》2012年7月25日。

演出举办单位不得中止或者停止演出,演员不得退出演出。"这里的"不可抗力"如何理解?恐怖事件、火灾当然属"不可抗力",但假如是61年不遇的导致了77人遇难的超强暴雨呢?

2012年7月21日北京就遭遇了这么一场超强降雨天气,但是,据报道,萧敬腾五棵松演唱会等多个室外演出仍然冒雨开演,多场室内演出也如常进行。看来,大暴雨不属于不可抗力。

据报道,对于临时取消演出,演出主办方首要面对的难题是观众损失赔偿问题。

考虑到演出主办方此类难处,2011年1月,文化部与保监会联合启动了11个文化产业保险试点险种,其中包括"演艺活动取消险种"这一专门针对突发事件造成的临时取消演出险种。但是,由于该险种在设计和应用中存在诸多难点,目前尚未面市。

临时取消难以落实,还在于气象问题的不可预测性。如果演出主办方能知道大暴雨会大到77人遇难的恐怖程度,相信他们会临时取消演出,毕竟人命关天。

那么,遇到暴雨等恶劣气候,演出活动如何开展呢?据了解,对于室外演出,如果从入场到开演前有大雨,并因此影响到了演出的开场,将按照国际惯例顺延30分钟开场。如下雨造成顺延30分钟后还没有停止并演出取消,将办理退票。然而,室内演出应对突发灾害天气的机制,依然需要多方的共同协商。

2. 假唱管理要求

假唱、假演奏是指演员在演出过程中,使用事先录制好的歌曲、乐曲代替现场演唱、演奏的行为。假唱、假演奏侵犯观众合法权益,同时败坏行业风气,造成演艺界真假不分的局面,还导致演员对技术过分依赖,对演员自身发展危害巨大。

为制止假唱,《条例》规定:"演员不得以假唱欺骗观众。演出举办单位不得组织演员假唱。任何单位或者个人不得为假唱提供条件","演出举办单位应当派专人对演出进行监督,防止假唱行为的发生",并规定了相应处罚措施。《条例实施细则》在《条例》基础上,进一步完善了有关规定:一是进一步明确演出举办单位责任,规定演出举办单位派专人对演唱、演奏行为进行监督,应当作出记录备查。记录内容包括演员、乐队、曲目的名称和演唱、演奏过程的基本情况,并有由演出举办单位负责人和监督人员签字确认。二是增加了文化行政部门可以采用技术手段加强监管的规定,为通过技术手段防止假唱提供法制保障,努力制止假唱、假演奏行为的发生。

>> **剪报资料**

四川 9·19 黄圣依成都演唱会部分演员假唱案

2009 年 9 月 19 日晚 19 时 30 分至 22 时 30 分,四川省文化市场稽查总队、成都市双流县文化市场稽查大队执法人员在对成都市双流县四川国际网球中心举办的"黄圣依成都演唱会"进行现场执法监督检查中,发现演员方梓媛(罗方园)的独唱《单身舞步》,殷有璨(殷有粲)的独唱《火》以及殷有璨(殷有粲)、王维湘的合唱《情醉人间》三首歌曲涉嫌存在以假唱欺骗消费者的行为,执法人员对演出活动及音控设备操作情况进行了现场录像和技术取证。经文化部文化产品内容审查委员会办公室鉴定,现场表演确实存在以假唱欺骗消费者的行为。目前,案件已经调查终结,成都市双流县文化局正依照法定程序进行公告。这是《营业性演出管理条例》及其实施细则发布施行后,文化行政部门首次在现场查获演员以假唱欺骗消费者。[①]

---

3. 纳税管理要求

营业性演出经营主体应当对其营业性演出的经营收入依法纳税。

演出举办单位在支付演员、职员的演出报酬时应当依法履行税款代扣代缴义务。

4. 义演管理要求

《条例》规定,募捐义演的演出收入,除必要的成本开支外,必须全部交付受捐单位;演出举办单位、参加演出的文艺表演团体和演员、职员,不得获取经济利益。

依据《条例实施细则》,募捐义演的演出收入,包括门票、捐赠款物、赞助收入等与演出活动相关的全部收入。必要的成本开支是指演职员食、宿、交通费用,演出所需舞台灯光音响、服装道具、舞美及场地等租用费、宣传费用等。

募捐义演结束后 10 日内,主办单位应当将演出收支结算报审批机关备案。

---

① 《文化部公布 2009 年全国文化市场十大案件》,http://www.ccnt.gov.cn/xxfb/xwzx/whxw/201002/t20100205_76944.html。

5. 演出证件管理要求

任何单位或者个人不得伪造、变造、出租、出借或者买卖营业性演出许可证、批准文件或者营业执照，不得伪造、变造营业性演出门票或者倒卖伪造、变造的营业性演出门票。

四、政府支持及相关的监督管理

(一) 政府补助和支持

《条例》在总则部分就明确：国家鼓励文艺表演团体、演员创作和演出思想性和艺术性统一、体现民族优秀文化传统、受人民群众欢迎的优秀节目，鼓励到农村、工矿企业演出和为少年儿童提供免费或者优惠的演出。对此，《条例》第41条进一步推出了具体的鼓励措施：对在农村、工矿企业进行演出以及为少年儿童提供免费或者优惠演出表现突出的文艺表演团体、演员，应当给予表彰，并采取多种形式予以宣传；对适合在农村、工矿企业演出的节目，可以在依法取得著作权人许可后，提供给文艺表演团体、演员在农村、工矿企业演出时使用；文化主管部门实施文艺评奖，应当适当考虑参评对象在农村、工矿企业的演出场次；县级以上地方人民政府应当对在农村、工矿企业演出的文艺表演团体、演员给予支持。

(二) 主管部门的监督管理

1. 禁止性要求

除文化主管部门依照国家有关规定对体现民族特色和国家水准的演出给予补助外，各级人民政府和政府部门不得资助、赞助或者变相资助、赞助营业性演出，不得用公款购买营业性演出门票用于个人消费。

文化主管部门、公安部门和其他有关部门及其工作人员不得向演出举办单位、演出场所经营单位索取演出门票。

2. 文化主管部门的监督管理

文化主管部门应当加强对营业性演出的监督管理。

演出所在地县级人民政府文化主管部门对外国的或者我国香港特别行政区、澳门特别行政区、台湾地区的文艺表演团体、个人参加的营业性演出和临时搭建舞台、看台的营业性演出，应当进行实地检查；对其他营业性演出，应当进行实地抽样检查。

县级以上地方人民政府文化主管部门应当充分发挥文化执法机构的作用，并可以聘请社会义务监督员对营业性演出进行监督。

任何单位或者个人都可以采取电话、手机短信等方式举报违反《条例》规定的行为。县级以上地方人民政府文化主管部门应当向社会公布举报电话，并保证随时有人接听。

县级以上地方人民政府文化主管部门接到社会义务监督员的报告或者公众的举报,应当作出记录,立即赶赴现场进行调查、处理,并自处理完毕之日起7日内公布结果。

县级以上地方人民政府文化主管部门对作出突出贡献的社会义务监督员应当给予表彰;公众举报经调查核实的,应当对举报人给予奖励。

3. 公安部门的监督管理

公安部门对其依照有关法律、行政法规和国家有关规定批准的营业性演出,应当在演出举办前对营业性演出现场的安全状况进行实地检查;发现安全隐患的,在消除安全隐患后方可允许进行营业性演出。

公安部门可以对进入营业性演出现场的观众进行必要的安全检查;发现观众禁止行为的,在消除安全隐患后方可允许其进入。

公安部门可以组织警力协助演出举办单位维持营业性演出现场秩序。

公安部门接到观众达到核准数量仍有观众等待入场或者演出秩序混乱的报告后,应当立即组织采取措施消除安全隐患。

4. 演出证管理

(1) 文艺表演团体和演出经纪机构的营业性演出许可证包括1份正本和2份副本,有效期为2年。营业性演出许可证由文化部设计,省级文化主管部门印制,发证机关填写、盖章。

(2) 文艺表演团体和演出经纪机构应当自领取营业性演出许可证之日起90日内,到工商行政管理部门办理注册、登记后,持营业执照副本报发证机关备案。

(3) 只有文化主管部门可以依法暂扣或者吊销文艺表演团体和演出经纪机构的营业性演出许可证。

吊销文艺表演团体或者演出经纪机构的营业性演出许可证,应当通知工商行政管理部门变更其经营范围或者吊销营业执照。吊销、注销文艺表演团体营业性演出许可证的,应当报省级文化主管部门备案。吊销、注销演出经纪机构营业性演出许可证的,应当报文化部备案。文化主管部门对文艺表演团体和演出经纪机构实施行政处罚的,应当将处罚决定记录在营业性演出许可证副本上并加盖处罚机关公章,同时将处罚决定通知发证机关。

五、法律责任

(一) 设立营业性演出经营主体的法律责任

《条例》及《条例实施细则》规定,有下列行为之一的,由县级人民政府文化主管部门予以取缔,没收演出器材和违法所得,并处违法所得8倍以上10倍以下的罚款;没有违法所得或者违法所得不足1万元的,并处5万元以上10万元以下的罚款;构成犯罪的,依法追究刑事责任:

(1) 擅自设立文艺表演团体、演出经纪机构或者擅自从事营业性演出经营活动的;

(2) 超范围从事营业性演出经营活动的;

(3) 变更营业性演出经营项目未向原发证机关申请换发营业性演出许可证的;

(4) 擅自设立演出场所经营单位或者擅自从事营业性演出经营活动的,由工商行政管理部门依法予以取缔、处罚;构成犯罪的,依法追究刑事责任;

(5) 经批准到艺术院校从事教学、研究工作的外国或者我国港、澳、台地区艺术人员擅自从事营业性演出的;

(6) 非演出场所经营单位擅自举办演出的;

(7) 擅自举办募捐义演或者其他公益性演出的。

警示案例

江苏泰州4·12非法演出案

2008年4月11日,江苏省文化厅接到关于在泰州市举办的"2008凤城之夜——泰州奥运主题歌会"涉嫌未经许可擅自演出的举报。4月12日,江苏省文化厅正式成立专案组,对该案进行立案调查。经调查核实,该演出系一起假借泰州市人民政府、北京奥组委名义,伪造演出批准文件,擅自举办的有多名涉外及我国港台地区演员参加的非法演出活动,情节严重,性质恶劣。根据《营业性演出管理条例》的相关规定,江苏省文化厅依法对演出活动的主办单位泰州市日报社给予没收违法所得124134元,并处罚款1020000元的行政处罚。两名涉案犯罪嫌疑人也已被依法追究刑事责任。①

(二) 举办营业性演出违规操作的法律责任

《条例》及《条例实施细则》规定,未经批准举办营业性演出的,由县级人民政府文化主管部门责令停止演出,没收违法所得,并处违法所得8倍以上10倍

---

① 《2008年全国文化市场十大案件》,http://www.124aj.cn/news/tjyd/2009/2/20/34800K000967ABHGC.html。

以下的罚款；没有违法所得或者违法所得不足1万元的，并处5万元以上10万元以下的罚款；情节严重的，由原发证机关吊销营业性演出许可证。

变更演出举办单位、参加演出的文艺表演团体、演员或者节目未重新报批的，依照前款规定处罚；变更演出的名称、时间、地点、场次未重新报批的，由县级人民政府文化主管部门责令改正，给予警告，可以并处3万元以下的罚款。

演出场所经营单位为未经批准的营业性演出提供场地的，由县级人民政府文化主管部门责令改正，没收违法所得，并处违法所得3倍以上5倍以下的罚款；没有违法所得或者违法所得不足1万元的，并处3万元以上5万元以下的罚款。

伪造、变造、出租、出借、买卖营业性演出许可证、批准文件，或者以非法手段取得营业性演出许可证、批准文件的，由县级人民政府文化主管部门没收违法所得，并处违法所得8倍以上10倍以下的罚款；没有违法所得或者违法所得不足1万元的，并处5万元以上10万元以下的罚款；对原取得的营业性演出许可证、批准文件，予以吊销、撤销；构成犯罪的，依法追究刑事责任。

(三) 营业性演出内容、演出方式、宣传方式违规的法律责任

营业性演出含有《条例》禁止情形的，由县级人民政府文化主管部门责令停止演出，没收违法所得，并处违法所得8倍以上10倍以下的罚款；没有违法所得或者违法所得不足1万元的，并处5万元以上10万元以下的罚款；情节严重的，由原发证机关吊销营业性演出许可证；违反治安管理规定的，由公安部门依法予以处罚；构成犯罪的，依法追究刑事责任。

演出场所经营单位、演出举办单位发现营业性演出含有条例禁止情形未采取措施予以制止的，由县级人民政府文化主管部门、公安部门依据法定职权给予警告，并处5万元以上10万元以下的罚款；未立即采取措施予以制止并同时向演出所在地县级人民政府文化主管部门、公安部门报告的，由县级人民政府文化主管部门、公安部门依据法定职权给予警告，并处5000元以上1万元以下的罚款。

有下列行为之一的，对演出举办单位、文艺表演团体、演员，由国务院文化主管部门或者省、自治区、直辖市人民政府文化主管部门向社会公布；演出举办单位、文艺表演团体在2年内再次被公布的，由原发证机关吊销营业性演出许可证；个体演员在2年内再次被公布的，由工商行政管理部门吊销营业执照：

(1) 非因不可抗力中止、停止或者退出演出的；

(2) 文艺表演团体、主要演员或者主要节目内容等发生变更未及时告知观众的；

(3) 以假唱欺骗观众的；

(4) 为演员假唱提供条件的。

有前款第(1)项、第(2)项和第(3)项所列行为之一的,观众有权在退场后依照有关消费者权益保护的法律规定要求演出举办单位赔偿损失;演出举办单位可以依法向负有责任的文艺表演团体、演员追偿,并由县级人民政府文化主管部门处5万元以上10万元以下的罚款。有前款第(4)项所列行为的,由县级人民政府文化主管部门处5000元以上1万元以下的罚款。

演出举办单位没有现场演唱、演奏记录的,由县级文化主管部门处以3000元以下罚款。

以政府或者政府部门的名义举办营业性演出,或者营业性演出冠以"中国"、"中华"、"全国"、"国际"等字样的,由县级人民政府文化主管部门责令改正,没收违法所得,并处违法所得3倍以上5倍以下的罚款;没有违法所得或者违法所得不足1万元的,并处3万元以上5万元以下的罚款;拒不改正或者造成严重后果的,由原发证机关吊销营业性演出许可证。

营业性演出广告的内容误导、欺骗公众或者含有其他违法内容的,由工商行政管理部门责令停止发布,并依法予以处罚。

未经批准,擅自出售演出门票的,由县级文化主管部门处以3000元以下罚款。

(四) 违反募捐义演相关规定的法律责任

演出举办单位或者其法定代表人、主要负责人及其他直接责任人员在募捐义演中获取经济利益的,由县级以上人民政府文化主管部门依据各自职权责令其退回并交付受捐单位;构成犯罪的,依法追究刑事责任;尚不构成犯罪的,由县级以上人民政府文化主管部门依据各自职权处违法所得3倍以上5倍以下的罚款,并由国务院文化主管部门或者省、自治区、直辖市人民政府文化主管部门向社会公布违法行为人的名称或者姓名,直至由原发证机关吊销演出举办单位的营业性演出许可证。

文艺表演团体或者演员、职员在募捐义演中获取经济利益的,由县级以上人民政府文化主管部门依据各自职权责令其退回并交付受捐单位。

(五) 违反安全规定的法律责任

有下列行为之一的,由公安部门或者公安消防机构依据法定职权依法予以处罚;构成犯罪的,依法追究刑事责任:

(1) 违反《条例》安全、消防管理规定的;

(2) 伪造、变造营业性演出门票或者倒卖伪造、变造的营业性演出门票的。

演出举办单位印制、出售超过核准观众数量的或者观众区域以外的营业性演出门票的,由县级以上人民政府公安部门依据各自职权责令改正,没收违法所得,并处违法所得 3 倍以上 5 倍以下的罚款;没有违法所得或者违法所得不足 1 万元的,并处 3 万元以上 5 万元以下的罚款;造成严重后果的,由原发证机关吊销营业性演出许可证;构成犯罪的,依法追究刑事责任。

(六)被吊销演出证的法律责任

文艺表演团体、演出经纪机构违反本条例规定被文化主管部门吊销营业性演出许可证的,应当依法到工商行政管理部门办理变更登记或者注销登记;逾期不办理的,吊销营业执照。

演出场所经营单位、个体演出经纪人、个体演员违反本条例规定,情节严重的,由县级以上人民政府文化主管部门依据各自职权责令其停止营业性演出经营活动,并通知工商行政管理部门,由工商行政管理部门依法吊销营业执照。其中,演出场所经营单位有其他经营业务的,由工商行政管理部门责令其办理变更登记,逾期不办理的,吊销营业执照。

因违反本条例规定被文化主管部门吊销营业性演出许可证,或者被工商行政管理部门吊销营业执照或者责令变更登记的,自受到行政处罚之日起,当事人为单位的,其法定代表人、主要负责人 5 年内不得担任文艺表演团体、演出经纪机构或者演出场所经营单位的法定代表人、主要负责人;当事人为个人的,个体演员 1 年内不得从事营业性演出,个体演出经纪人 5 年内不得从事营业性演出的居间、代理活动。

因营业性演出含有本条例所禁止情形被文化主管部门吊销营业性演出许可证,或者被工商行政管理部门吊销营业执照或者责令变更登记的,不得再次从事营业性演出或者营业性演出的居间、代理、行纪活动。

因违反本条例规定 2 年内 2 次受到行政处罚又有应受本条例处罚的违法行为的,应当从重处罚。

(七)监管部门的法律责任

各级人民政府或者政府部门非法资助、赞助,或者非法变相资助、赞助营业性演出,或者用公款购买营业性演出门票用于个人消费,依照有关财政违法行为处罚处分的行政法规的规定责令改正。对单位给予警告或者通报批评处分。对直接负责的主管人员和其他直接责任人员给予记大过处分;情节较重的,给予降级或者撤职处分;情节严重的,给予开除处分。

文化主管部门、公安部门、工商行政管理部门的工作人员滥用职权、玩忽职守、徇私舞弊或者未依照本条例规定履行职责的,依法给予行政处分;构成犯罪的,依法追究刑事责任。

▶ **复习思考题**

1. 虚拟一场巨星国际演唱会，从中熟悉在举办一场涉外演唱会过程中，演出举办方应遵循的市场行为规范。

2. 如何改进民间游散艺人的营业性演出管理问题。

3. 结合《著作权法》知识，说说演出举办方应如何尊重创作者和表演者的著作权，同时，如何保护自己的演出作品著作权？

第九章　广播影视产业法律法规

本章提要：由于目前国内广播影视产业的专门法律还是空白，本章重点关注相关的行政法规和部门规章，以《电影管理条例》为基础，结合其他一些相关法律规定，讲解我国电影产业实践中需要遵循的规范准则；以《广播电视管理条例》、《电视剧内容管理规定》和《广播电视节目制作经营管理规定》为基础，就我国当前广播电视产业实践中需要遵循的行业规范进行解析。

导入　>>>

有两则关于电影《竞雄女侠秋瑾》的报道，一则题为"鉴湖女侠咋拍成泼妇？"[1]大意是：秋瑾亲侄孙秋经武不满影片将秋瑾拍成动不动与人打架的江湖人士，为家庭琐事打丈夫的泼妇而欲阻止影片公映，秋老先生"遂给广电总局去函，答复是，凡涉及重要历史人物的影视作品，须有亲属或后人授权才能开拍"。另一则题为"《竞雄女侠秋瑾》公映 后人批秋经武给先祖抹黑"[2]。大意是：《竞雄女侠秋瑾》公映当日，秋瑾的曾外孙女赖启珊、赖启湘，秋瑾妹妹的曾外孙女杨文到沪与导演和主演一起观看了影片。受访时，秋瑾后人数度落泪，并拿出秋经武哥哥批评其弟行为的亲笔手信。其曾孙女赖启湘女士直言："我们作为后人，真不该在电影的授权方面有纠结，之前这样的事情闹出来，就像在先祖的脸上抹黑。"

本书"导言"部分提到的关于电影《霍元甲》侵害名誉权纠纷案，霍元甲曾孙霍自正败诉，北京市第一中级人民法院认为，对于历史人物的艺术塑造应允许在

---

[1] 俞鑫亮：《鉴湖女侠咋拍成泼妇？》，载《新民晚报》2011年9月14日。
[2] 《〈竞雄女侠秋瑾〉公映 后人批秋经武给先祖抹黑》，http://ent.qq.com/a/20111014/000167.htm#p=3。

一定程度上和一定范围内进行夸张和虚构。影片《霍元甲》虽有夸张和虚构之处,但并无侮辱诽谤之描写,故该片并未对霍元甲的名誉构成侵犯。①《霍》片制片方以文艺创作允许虚构情节为由,不同意向霍元甲后人道歉,此处由于秋经武老人手握广电总局的答复,制片方为取得影片公映向秋瑾后人们做足了"公关"的功课。

素闻决定一部中国影片生死的因素很多,没想到多到"凡涉及重要历史人物的影视作品,须有亲属或后人授权才能开拍"。不知此处授的什么权?难道名誉权也有可授之理?

这里有很多模糊的问题存在。首先,历史人物与重要历史人物的划分标准为何?霍元甲的重要性不如秋瑾?其次,艺术创作中的夸张和虚构怎么界定?《秋》片中将秋瑾表现为俊脸黑衣、拳脚厉害的女侠是否属于一定程度的夸张和一定范围的虚构?如果是,那秋经武老人何理阻止?最后,在重大历史题材影片剧本的立项审查和影片审查中,除了专家会审还有历史人物后人的会审吗?

所有这一系列的疑问,指向一个问题:为什么电影制作中存在这么多模糊不清的地方?回答也只有一个:没有一部电影行业的法律,结果导致许多问题的处理缺乏明确的界定和清晰的边界。

立法急迫性同样出现在广播电视行业。早在2011年10月25日,广电总局就下发了《广电总局关于进一步加强电视上星综合频道节目管理的意见》,限制过度娱乐,直指三俗节目。但是,2012年11月江苏教育电视台照样敢于逆势而行。② 这只能说明靠行政管理部门的规范性文件已经不足以形成足够的效力,以整肃当前过度低俗的电视节目环境。

法律的缺失一定程度上制约了广播影视产业的持续、健康和规范发展。不过,这一状况因为《电影产业促进法(征求意见稿)》(2011年12月15日国务院法制办)的发布带来改变的希望。《电影产业促进法》是目前立法步伐最快的文化产业门类的部门促进法。从《电影管理条例》到《电影产业促进法》表明中国电影在朝着一个好的方向迈进。

第一节 电影产业法律法规

在电影产业中,《电影管理条例》是一部全面规范中华人民共和国境内的故

---

① 参见刘玉民、陈国强:《法眼看大片——影视作品招致的法律问题》,中国发展出版社2007年版,第25页。
② 参见《干露露母女撒野 江苏教育电视台"棒棒棒"停播》,http://media.people.com.cn/n/2012/1129/c40606-19733500.html。

事片、纪录片、科教片、美术片、专题片等电影片的制片、进口、出口、发行和放映等活动的行政法规。最早于1996年6月19日颁布,后来,随着电影市场的变化,特别是中国加入世贸组织之后,中国电影产业面临新形势、新问题,许多规定不再符合形势,于是,2001年对《电影管理条例》作了修订,新修订的《电影管理条例》是中国入世后向世贸组织作出的一份承诺,也是中国电影业开拓国际电影市场、发展国内电影市场的最重要的法律依据。[①] 电影产业中的行政法规比较重要的还有《进口影片管理办法》(1981年公布)。

部门规章主要包括:《广播影视节(展)及节目交流活动管理规定》(2004年公布)、《电影企业经营资格准入暂行规定》(2004年公布以及2005年的补充规定)、《电影剧本(梗概)备案、电影片管理规定》(2006年公布)、《中外合作摄制电影片管理规定》(2004年公布)、《外商投资电影院暂行规定》(2003年公布以及2005年和2006年两部补充规定)、《电影片进出境洗印、后期制作审批管理办法》(2004年公布)等,它们与《电影管理条例》一起组成当前我国电影产业行业法规的主体。

一、电影产业主管机关和许可制度

(一) 主管机关

负责全国电影行政管理的部门为国家广播电影电视总局,其专门负责电影行政管理的内设机构为电影管理局。县级以上地方人民政府管理电影的行政部门,负责本行政区域内的电影管理工作。电影局根据其主要职责,下设7个内设处(室):办公室、艺术处、制片处、市场管理处、国际交流处、规划统计处、技术处。

(二) 许可制度

在我国,电影业历来实行严格的许可制度。《电影管理条例》第5条规定:为了加强对电影活动的管理,国家对电影摄制、进口、发行、放映和电影片公映施行许可制度。未经许可,任何单位和个人不得从事电影片的摄制、进口、发行、放映活动,不得进口、出口、发行、放映未取得许可证的电影片。许可证和批准文件,不得出租、出借、出售或以其他任何形式转让。

电影许可制度的施行主要体现在准入、制作和发行三个环节。

二、电影准入环节的法律法规

国家对电影制作、发行、放映、进出口经营资格施行许可制度。因此,电影的

[①] 参见杨丽娅、姜静楠、胡春景:《中国电影业立法完善的法律思考——〈电影管理条例〉透析》,载《山东社会科学》2005年第3期。

制作单位、发行单位、放映单位以及进出口单位的设立必须符合法定的经营资格。根据《中外合资经营企业法》、《中外合作经营企业法》、《电影管理条例》，广电总局、商务部审议通过了《电影企业经营资格准入暂行规定》(2004年公布以及2005年的补充规定)以及《外商投资电影院暂行规定》(2003年公布以及2005年和2006年两部补充规定)。

(一) 电影制作单位

电影制作单位有电影制片公司和电影技术公司两类。

1. 电影制片公司的设立

在电影制片单位设立方面，《电影管理条例》第17条规定：国家鼓励企业、事业单位和其他社会组织以及个人以资助、投资的形式参与摄制电影片。

近年来，我国在影视企业准入门槛方面改革跨度最大的是民营资本和外资的进入。

以前，电影业外的单位如果想投资拍摄电影，必须与某个电影制片厂合作，挂上该厂的厂标，电影才允许拍摄和发行，这一状况在2002年有所改变。这年生效的《电影管理条例》第16条规定："电影制片单位以外的单位经批准后摄制电影片，应当事先到国务院广播电影电视行政部门领取一次性《摄制电影片许可证(单片)》，并参照电影单位享有权利、承担义务。"这一措施降低了电影摄制的准入资格，电影制片单位以外的单位取得《摄制电影片许可证(单方)》(简称《单片证》)后，可以独立出品电影片。2002年3月20日，由影视明星徐静蕾担任制片人、编剧、导演和主演的影片《我和爸爸》(溢念文化发展公司出品)成为首部由电影局批准立项无需再与电影制片厂合作(买厂标)的独立出品的国产电影。

2004年10月，广电总局又同商务部联合发布《电影企业经营资格准入暂行规定》，对各类电影企业准入资格进行系统规范。其中明确规定"国家允许境内公司、企业和其他经济组织(不包括外商投资企业)设立电影制片公司"。按照这个规定，业外单位进入电影制作，有这样几种情况：

第一，已取得《摄制电影许可证》的境内公司、企业和其他经济组织(不包括外资企业)可以联合设立电影制片公司，公司注册资本不少于100万元人民币；向广电总局递交申请书、合同、章程、工商行政管理部门颁发的各方营业执照复印件、公司名称预核准通知书。

第二，未取得《摄制电影许可证》的境内公司、企业和其他经济组织(不包括外资企业)，首次拍摄电影片时，须设立影视文化公司，由影视文化公司向广电总局申请领取《摄制电影片许可证(单片)》。

第三，已取得《摄制电影片许可证(单片)》的境内公司、企业和其他经济组织(不包括外资企业),在已经以《摄制电影片许可证(单片)》的形式投资拍摄了两部以上电影片以后,可以单独或联合设立电影制片公司,公司注册资本不少于100万元人民币,须向广电总局提交申请书、工商行政管理部门颁发的营业执照等相关资料,经广电总局审批。

第四,境内公司、企业和其他经济组织与境外公司、企业和其他经济组织合资合作设立电影制片公司的,中方必须取得《摄制电影许可证》或已取得两个《摄制电影片许可证(单片)》,合营公司注册资本不少于500万元人民币,外资在注册资本中的比例不得超过49%,须由中方提交申请材料,经广电总局、商务部两次审批。

据此可以认为,现行法规、规章对于参与电影制作已经不存在所有制、行业的区别和限制,境内任何公司、企业和其他经济组织,只要具备一定资金条件,都可以进入电影制作业。不过,他们必须先成立一个影视文化公司,申请《单片证》,进行一次性的电影拍摄,在拍摄并公映了两部以上的影片后,依《电影管理条例》享有与现有国有电影制片单位同等的权利和义务。

2. 电影技术公司的设立

电影的两大亮点是"魅力创意,突破技术"。为提高中国电影的制作技术,政府吸引民间资本和外资进入电影技术行业,改造电影制片、放映基础设施和技术设备。

电影技术公司的设立分两种情况:

第一,境内公司、企业和其他经济组织(不包括外商投资企业)设立电影技术公司,注册资本不少于500万元人民币;提交申请书、工商行政管理部门颁发的营业执照(联合设立电影技术公司的还要提供合同、章程、各方营业执照复印件)、公司名称预核准通知书;取得广电总局出具的批准文件后,到所在地工商行政管理部门办理相关手续,并报广电总局备案。

第二,境内公司、企业和其他经济组织(以下简称"中方")与境外公司、企业和其他经济组织(以下简称"外方")合资、合作设立电影技术公司,由中方向广电总局提出申请,注册资本不少于500万元人民币;外资在注册资本中的比例不得超过49%,经国家批准的省市可以控股,须经广电总局、商务部两次审批。

(二) 电影发行单位

境内公司、企业和其他经济组织(不包括外商投资企业)设立专营国产影片发行公司,申报条件如下:

(1) 注册资本不少于50万元人民币;

(2) 受电影出品单位委托代理发行过两部电影片或受电视剧出品单位委托

发行过两部电视剧;

(3) 提交申请书、工商行政管理部门颁发的营业执照复印件、公司名称预核准通知书、已代理发行影视片的委托证明等材料。

符合上述 3 项条件并向广电总局申请设立专营国产影片发行公司的,由广电总局在 20 个工作日内颁发全国专营国产影片的《电影发行经营许可证》;向当地省级电影行政管理部门申请设立专营国产影片发行公司的,由当地省级电影行政管理部门在 20 个工作日内颁发本省(区、市)专营国产影片的《电影发行经营许可证》。申报单位持电影行政管理部门出具的批准文件到所在地工商行政管理部门办理相关手续。不批准的,书面回复理由。

(三) 电影放映单位

电影放映是电影实现社会效益和经济效益的落实环节。近年来,中国大力推进"院线制"的实施,冀望改变国内电影发行放映体制所表现的弊端——条块分割,结构单一,发行环节多,成本高,流速慢而效率低。

设立电影放映单位,应当向所在地县或者设区的市人民政府电影行政部门提出申请。申请人获批后持《电影放映经营许可证》到所在地工商行政管理部门登记,依法领取营业执照。

国家允许企业、事业单位和其他社会组织以及个人投资建设、改造电影院。同时,国家允许以中外合资或者中外合作的方式建设、改造电影院。

1. 整合现有电影院线公司的方式

允许电影院线公司以紧密型或松散型进行整合。鼓励以跨省院线为基础,按条条管理的原则重新整合。不允许按行政区域整体兼并院线。院线整合报广电总局审批。

2. 境内公司、企业和其他经济组织(不包括外商投资企业)投资现有院线公司或单独组建院线公司的方式

鼓励境内公司、企业和其他经济组织(不包括外商投资企业)投资现有院线公司或单独组建院线公司。

(1) 以参股形式投资现有院线公司的,参股单位须在 3 年内投资不少于 3000 万元人民币,用于本院线中电影院的新建、改造;

(2) 以控股形式投资现有院线公司的,控股单位须在 3 年内投资不少于 4000 万元人民币,用于本院线中电影院的新建、改造;

(3) 单独组建省内或全国电影院线公司的,组建单位须在 3 年内投资不少于 5000 万元人民币用于本院线中电影院的新建、改造;

3. 少年儿童电影发行放映院线

(1) 凡在省(区、市)内与 20 家以上中小学校、少年宫、儿童活动中心、影剧

院、礼堂等签订电影供片协议的,可向当地省级电影行政管理部门申请,设立一条省(区、市)内少年儿童电影发行放映院线;

(2) 凡在不同省(区、市)与30家以上中小学校、少年宫、儿童活动中心、影剧院、礼堂等签订电影供片协议的,可向广电总局提出申请,设立一条跨省(区、市)的少年儿童电影发行放映院线。

(四) 电影进出口业务经营单位

电影进口经营业务由广电总局批准的电影进口经营企业专营。广电总局指定的国内唯一拥有电影进口权的单位是中国电影公司。

进口影片全国发行业务由广电总局批准的具有进口影片全国发行权的发行公司发行。广电总局批准的具有进口影片发行权的发行公司为中国电影发行公司、华夏电影发行公司。

同时,鼓励影片摄制单位多渠道出口取得《电影片公映许可证》的国产影片。

三、电影制作环节的法律法规

电影制作环节的法规管理主要体现在拍摄前的电影剧本(梗概)备案制度和拍摄后的电影片审查制度。未经备案的电影剧本(梗概)不得拍摄,未经审查通过的电影片不得发行、放映、进口、出口。此规定适用所有在中国境内公映的各类故事片、纪录片、科教片、动画片、专题片(含以上各类型的中外合拍片)。

(一) 电影剧本(梗概)备案制度

电影剧本(梗概)备案分备案和立项审查两种情况。

1. 备案情况

持有《摄制电影许可证》的电影制片单位和在地市级以上工商部门注册登记的各类影视文化单位摄制电影片,应在拍摄前将电影剧本(梗概)送广电总局或相应的实行属地审查的省级广电部门备案。

办理电影剧本(梗概)备案手续,应当提供下列材料:

(1) 拟拍摄影片的备案报告。

(2) 不少于一千字的电影剧情梗概一份。凡影片主要人物和情节涉及外交、民族、宗教、军事、公安、司法、历史名人和文化名人等方面内容的特殊题材影片,需提供电影文学剧本一式三份,并要征求省级或中央、国家机关相关主管部门的意见。

(3) 电影剧本(梗概)版权的协议(授权)书。

(4) 影视文化单位申请领取《摄制电影片许可证(单片)》,需向广电总局提供本单位营业执照副本及填报《摄制电影片许可证(单片)》申请书。

2. 立项审查情况

对于特殊题材和类型的电影,实行立项审查制度。根据规定,下列情况需要报送剧本立项审查:

(1) 重大革命和重大历史题材影片;

(2) 重大文献纪录影片;

(3) 中外合作摄制影片。

(二) 电影片审查制度

《电影管理条例》第24条规定:"国家实行电影审查制度。"所谓电影审查制度,是指对需公开发行、放映、进口、出口的电影片,由国家电影行政部门实施强制性的统一审查,审查合格后,颁发《电影公映许可证》的一项制度。审查制度实施的着眼点在于防止有害内容的公开传播,为中国电影的健康发展保驾护航。

1. 审查机构

广电总局电影审查委员会和电影复审委员会负责电影片的审查。省级广播影视行政部门,经申请可以受广电总局委托,成立电影审查机构,负责本行政区域内持有《摄制电影许可证》的制片单位摄制的部分电影片的审查工作。

2. 审查标准

审查标准分为禁止标准和删剪、修改标准。

(1) 禁止标准

禁止标准,就是"禁载十条"。这十条是根据我国基本法律、法律的有关规定制定的媒介内容的法律底线。凡电影、电视剧的主题和主要内容可以确定属于以下十条中的任何一条,则整部电影、电视剧都要被禁止:

① 违反宪法确定的基本原则的;

② 危害国家统一、主权和领土完整的;

③ 泄露国家秘密,危害国家安全,损害国家荣誉和利益的;

④ 煽动民族仇恨、民族歧视,破坏民族团结,侵害民族风俗、习惯的;

⑤ 违背国家宗教政策,宣扬邪教、迷信的;

⑥ 扰乱社会秩序,破坏社会稳定的;

⑦ 宣扬淫秽、赌博、暴力、教唆犯罪的;

⑧ 侮辱或者诽谤他人,侵害他人合法权益的;

⑨ 危害社会公德,诋毁民族优秀文化的;

⑩ 有国家法律、法规禁止的其他内容的。

(2) 删剪、修改标准

删剪、修改标准针对两种情况:一种是有的电影、电视剧在主旨、主题和主要内容上并没有违反"禁载十条",但是有个别情节、画面、台词等含有禁载内容,则可以予以删剪、修改处理。另一种是考虑到电影、电视剧的传播对象、传播效果等特点,整体上虽然没有问题,但其中夹杂个别情节、语言或画面的内容会发生有害效果,应当删剪、修改。具体有:

① 曲解中华文明和中国历史,严重违背历史史实;曲解他国历史,不尊重他国文明和风俗习惯;贬损革命领袖、英雄人物、重要历史人物形象;篡改中外名著及名著中重要人物形象的。

② 恶意贬损人民军队、武装警察、公安和司法形象的。

③ 夹杂淫秽色情和庸俗低级内容,展现淫乱、强奸、卖淫、嫖娼、性行为、性变态等情节及男女性器官等其他隐秘部位;夹杂肮脏低俗的台词、歌曲、背景音乐及声音效果等。

④ 夹杂凶杀、暴力、恐怖内容,颠倒真假、善恶、美丑的价值取向,混淆正义与非正义的基本性质;刻意表现违法犯罪嚣张气焰,具体展示犯罪行为细节,暴露特殊侦查手段;有强烈刺激性的凶杀、血腥、暴力、吸毒、赌博等情节;有虐待俘虏、刑讯逼供罪犯或犯罪嫌疑人等情节;有过度惊吓恐怖的画面、台词、背景音乐及声音效果。

⑤ 宣扬消极、颓废的人生观、世界观和价值观,刻意渲染、夸大民族愚昧落后或社会阴暗面的。

⑥ 鼓吹宗教极端主义,挑起各宗教、教派之间,信教与不信教群众之间的矛盾和冲突,伤害群众感情的。

⑦ 宣扬破坏生态环境,虐待动物,捕杀、食用国家保护类动物的。

⑧ 过分表现酗酒、吸烟及其他陋习的。

⑨ 违背相关法律、法规精神的。

此外,《电影管理条例》针对电影技术和质量问题,规定了"电影技术质量应当符合国家标准"的条款。

中国电影审查制度[①]

电影审查一直在总体上把握着中国电影的航向,让中国电影得到蓬勃发展,受到全世界的关注。近年来,中国的电影审查制度逐渐放宽,比如2007年,在国家广电总局立项的有关南京大屠杀的影片达到12部;而在以前,这是一个比较敏感的题材。

---

① 《中国电影审查制度》,载《法制晚报》2007年2月23日。

在为中国电影"守卫"和"护航"的同时,一部分不符合现行《电影管理条例》的影片没有能正大光明地进入大众视野。

中国的电影审查到底是怎么回事?它在中国电影的发展中扮演着一个怎样的角色?本报记者通过大量采访电影界人士、专家、学者及国家广电总局相关负责人,了解到中国电影审查的具体操作流程,以及这个流程背后的一系列有趣故事。

关键词:审查人员

据国家广电总局电影局一位不愿透露姓名的负责人向记者透露,中国现在的电影审查委员会由36人组成。

这36个人并非都是国家广电总局的官员,而是来自各行各业。如郑洞天是北京电影学院导演系教授,于洋是老牌电影导演,朱小征是全国妇联宣传部文化处处长,尹鸿是清华大学教授,肖虹是国家宗教事务局办公厅综合信息处处长等。

每一部电影拍完后,最终能否进入大众视野,就看这36个人的决定。而每审查一部电影的时候,并非每个委员都要到场,只要大部分到了就行。

关键词:审查步骤

据悉,一般情况下,对每部电影的审查主要分成以下几个步骤:

首先,制片单位自己得审一遍,确保影片在思想内容和技术质量上没有问题;然后,由制片单位向电影局递交一份审查申请书;接着就是审查委员会举行看片,正式进入审查流程。

而看完片后,并不是由委员们直接表决某部影片能不能通过审查,而是由大家提意见。意见越多,就说明影片的问题越大;意见越少越好,如果少到没有,那就是直接通过审查。

委员们提完意见后,电影局会向制片单位回复一个"修改意见"——这个修改意见,电影局须在收到制片单位申请后30日之内作出回复。

制片单位须按照这个"修改意见"对影片进行修改,然后将影片递交审查委员会进行复审。如果没有问题,即可得到电影局颁发的"电影公映许可证"。如果还有问题,就继续修改,直到能通过审查。

大凡送往国家广电总局电影局审查的影片,在作出修改后一般都能通过审查。以2004年为例,据电影局局长童刚透露,2004年一共有213部影片送往电影局审查,最后有212部拿到了"电影放映许可证"。

关键词:审查标准

据国家广电总局电影局的一位负责人向记者透露,目前电影的审查标准主要是依据国务院2001年12月25日颁发的《电影管理条例》,一共有11条。

记者从这 11 条标准中发现,只有一条是针对影片的技术和质量问题的,如颜色的深浅、声音的录制等。其他 10 条全部是针对影片的思想和内容的,如不能泄露国家秘密、危害国家安全或者损害国家荣誉和利益,不能煽动民族仇恨,破坏民族团结,不能宣扬淫秽、赌博、暴力或者教唆犯罪,不能宣扬迷信和邪教等,不一而足。

典型案例

一些不能通过审查的影片,主要是因为其在内容上涉及色情、迷信、暴力、黑社会话题等,既不适合普通大众,更不适合未成年观众。大致概括起来,主要有以下几种情况:

① 《小武》社会描写太边缘

贾樟柯的《站台》、《小武》、《任逍遥》等,都未能通过国家广电总局审查。总结起来,这与其作品对社会角落的片面描述有一定关系。

比如《小武》,讲述的是一个真实的小偷,一个生活在社会底层的边缘人士。他为社会所不容,朋友的背叛、爱情的欺骗、家庭的唾弃,甚至连同行也在电视上对他嗤之以鼻。似乎曾经管教过他的教官对他还有一点怜悯之心,可到头来还是将他铐在路边,让他遭尽路人的白眼。有影评人说,尽管影片比较真实,但相对小众,比较片面,没有温情。

与贾樟柯一样,王小帅的《十七岁的单车》、李阳的《盲井》情况都大致相同。

② 《银饰》"成人"味道过浓

2005 年 3 月,黄建新执导的《银饰》本来已经通过电影局审查,连影片的上映日期都曾确定下来。结果上映前几天,该片在北京星美国际影城举行首映式时,制片公司拿错了版本:把原来未删节的拷贝拿出来放了,出现在银幕上的露点镜头颇多,全场观众一片哗然。

国家广电总局在得知这个消息后,第二天就把这部影片召了回去,要重新审查,并要求制片公司重新对其进行修改。后来,制片方曾多次对外宣称影片将全国上映,但却始终未能与观众见面。

③ 《鬼子来了》历史立场不正

姜文的《鬼子来了》没能通过国家广电总局审查,曾引起众多电影界业内人士的关注。究其原因,是因为它涉及了抗日这个历史话题,且"立场有问题"。

据记者从知情者处获悉,当年电影局对这部影片的部分回复内容如下:影片不仅没有表现出在抗日战争大背景下,中国百姓对侵略者的仇恨和反抗,反而突出展示和集中夸大了其愚昧、麻木、奴性的一面。

沉船出路

尽管通过的比例很大,但终究还是有不能通过的,比如《鬼子来了》、《十七岁的单车》、《站台》、《小武》、《颐和园》等。这部分影片去向如何？记者通过大量采访得知,它们主要有三个流向：

① 内地发行音像

一些影片通过影碟的方式与内地观众见面。如《黑社会2》,虽然没能在内地影院上映,却在内地发行了正版DVD。李连杰的《狼犬丹尼》虽然没能在内地上映,但也发行了DVD。

未通过国家广电总局审查,为何还能在内地发行音像制品？据知情人士透露,音像制品的发行审查工作由国家文化部或者各地方文化局负责,而银幕上映则由电影局的审查委员会负责。虽然大原则相同,但是具体到一部影片,审查结果还是会各有不同。

② 海外售出版权

在国内收不回成本,就拿到海外市场。贾樟柯的《站台》、《小武》、《任逍遥》等影片在欧洲市场上都很受欢迎。随后,它又以海外影碟的方式流进了内地市场,只不过是盗版。姜文的《鬼子来了》也曾在日本发行过DVD。

③ 流向国家仓库

还有一部分影片被当做史料保存起来,如《十七岁的单车》、《鬼子来了》、《活着》、《蓝风筝》、《爸爸》、《盲井》等。绝大部分没有通过审查的影片都走上了这条道路。当然,通过审查的影片国家也会有所保存,只不过对这些影片来说,保存和上映并不矛盾。

四、电影发行和放映环节的法律法规

对于发行放映环节,国家实行许可证制度。电影片依法取得国务院广播电影电视行政部门发给的《电影片公映许可证》后,方可发行、放映。

任何单位和个人不得利用电影资料片从事或者变相从事经营性的发行、放映活动。

放映电影,必须遵循国家规定的国产电影片与进口电影片放映的时间比例。放映单位年放映国产电影片的时间不得低于年放映电影片时间总和的2/3。

电影院的公共秩序和公共卫生的维护、观众的安全与健康保障等方面的责任落实在电影放映单位。

五、电影进口出口环节的法律法规

在电影进口出口环节,相关的法律规定涉及以下几个方面:

(一) 有关进口电影审查

任何单位或个人,未按规定进口电影片的,属于走私行为或违反电影管理法规的行为,应承担相应的法律责任。

在进口电影的审查中,一旦在审查中发现电影片有禁载内容或技术质量低劣,暂时进口的电影片就得复运出境。

进口电影的审查,分供公映的电影片、供科学研究或教学参考的专题片、中国电影资料馆进口的电影资料片三种情况:

(1) 进口供公映的电影片,进口前应当报送电影审查机构审查。

报送电影审查机构审查的电影片,由指定的电影进口经营单位持广电总局的临时进口批准文件到海关办理电影片临时进口手续;临时进口的电影片经电影审查机构审查合格并发给《电影片公映许可证》和进口批准文件后,由电影进口经营单位持进口批准文件到海关办理进口手续。

(2) 进口供科学研究、教学参考的专题片,进口单位应当报经国务院有关行政主管部门审查批准。

进口供科学研究、教学参考的专题片,进口单位应当报经国务院有关行政主管部门审查批准,持批准文件到海关办理进口手续,并于进口之日起 30 日内向广电总局备案。但是,不得以科学研究、教学的名义进口故事片。

(3) 中国电影资料馆进口电影资料片,可以直接到海关办理进口手续。

中国电影资料馆进口电影资料片,可以直接到海关办理进口手续。中国电影资料馆应当将其进口的电影资料片按季度向广电总局备案。

(二) 有关进口电影的著作权许可

电影进口经营单位应当在取得电影作品著作权人使用许可后,在许可的范围内使用电影作品;未取得使用许可的,任何单位和个人不得使用进口电影作品。

因为进口境外电影实质上就是电影片著作权的贸易,而不是电影片拷贝本身的贸易,所以电影进口经营单位在进口境外电影时,必须要取得电影片著作权人的使用许可。

(三) 有关电影出口

电影制片单位出口本单位制作的电影片的,应当持《电影片公映许可证》到海关办理电影片出口手续。

中外合作摄制电影片出口的,中方合作者应当持《电影片公映许可证》到海关办理出口手续。中外合作摄制电影片素材出口的,中方合作者应当持广电总局的批准文件到海关办理出口手续。

中方协助摄制电影片或者电影片素材出境的,中方协助者应当持广电总局的批准文件到海关办理出境手续。

（四）有关电影节（展）的举办和参加

举办中外电影展、国际电影节,提供电影片参加境外电影展、电影节等,应当报广电总局批准。

参加境外电影展、电影节的电影片经批准后,参展者应当持广电总局的批准文件到海关办理电影片临时出口手续。参加在中国境内举办的中外电影展、国际电影节的境外电影片经批准后,举办者应当持广电总局的批准文件到海关办理临时进口手续。

六、电影事业的保障

国家建立和完善适应社会主义市场经济体制的电影管理体制,发展电影事业。国家保障电影创作自由,重视和培养电影专业人才,重视和加强电影理论研究,繁荣电影创作,提高电影质量。

（一）电影事业发展专项资金

为了增强电影制片、发行、放映企业的活力,解决电影经济的困难,国务院批准建立国家电影事业发展专项资金,并为此建立了电影事业发展专项资金管理制度。

（1）电影事业发展专项资金缴纳单位应当按照国家有关规定履行缴纳义务。

经国务院批准,自1991年5月起,在全国县级以上影院从电影票中提取5分钱,建立了国家电影事业发展专项资金。1995年11月国务院又批准电影事业发展专项资金改为按票房收入的5%提取。[①]

（2）电影事业发展专项资金扶持、资助的形式包括无偿捐款、有偿借款、补助、补贴及奖励。

（3）电影事业发展专项资金扶持、资助下列项目:

① 国家倡导并确认的重点电影片的摄制和优秀电影剧本的征集;

② 重点制片基地的技术改造;

③ 电影院的改造和放映设施的技术改造;

---

① 具体请参见《国家电影专项资金上缴的实施细则》(广电部、财政部、文化部、国家计委、税务总局联合修订,1996年7月1日起实行)。

④ 少数民族地区、边远贫困地区和农村地区的电影事业的发展；
⑤ 需要资助的其他项目。

（二）国家鼓励的电影发行、放映

（1）国家鼓励、扶持科学教育片、纪录片、美术片及儿童电影片的制片、发行和放映。

（2）国家对少数民族地区、边远贫困地区和农村地区发行、放映电影实行优惠政策。

（3）国家对从事农村 16 毫米电影片发行、放映业务的单位和个人予以扶持。

七、法律责任

（一）违规设立电影活动主体的法律责任

1. 电影行政管理部门及其工作人员违规设立电影活动主体的法律责任

广电总局和县级以上地方人民政府电影行政部门或者其他有关部门及其工作人员，利用职务上的便利收受他人财物或者其他好处，批准不符合法定设立条件的电影片的制片、发行和放映单位，或者不履行监督职责，或者发现违法行为不予查处，造成严重后果的，对负有责任的主管人员和其他直接责任人员依照《刑法》关于受贿罪、滥用职权罪、玩忽职守罪或者其他罪的规定，依法追究刑事责任；尚不够刑事处罚的，给予降级或者撤职的行政处分。

2. 擅自设立电影活动主体的法律责任

擅自设立电影片的制片、发行、放映单位，或者擅自从事电影制片、进口、发行、放映活动的，由工商行政管理部门予以取缔；依照《刑法》关于非法经营罪的规定，依法追究刑事责任；尚不够刑事处罚的，没收违法经营的电影片和违法所得以及进行违法经营活动的专用工具、设备；违法所得 5 万元以上的，并处违法所得 5 倍以上 10 倍以下的罚款；没有违法所得或者违法所得不足 5 万元的，并处 20 万元以上 50 万元以下的罚款。

单位被处以吊销许可证行政处罚的，其法定代表人或者主要负责人自吊销许可证之日起 5 年内不得担任电影片的制片、进口、出口、发行和放映单位的法定代表人或者主要负责人。

（二）摄制、洗印加工、进口、发行、放映含有禁载内容电影片的法律责任

摄制含有禁止内容的电影片，或者洗印加工、进口、发行、放映明知或者应知含有禁止内容的电影片的，依照《刑法》有关规定，依法追究刑事责任；尚不够刑事处罚的，由电影行政部门责令停业整顿，没收违法经营的电影片和违法所得；违法所得 5 万元以上的，并处违法所得 5 倍以上 10 倍以下的罚款；没有违法所

得或者违法所得不足5万元的,并处20万元以上50万元以下的罚款;情节严重的,并由原发证机关吊销许可证。

(三)走私电影片的法律责任

走私电影片,依照《刑法》关于走私罪的规定,依法追究刑事责任;尚不够刑事处罚的,由海关依法给予行政处罚。

(四)出口、发行、放映未取得《电影片公映许可证》的电影片的法律责任

出口、发行、放映未取得《电影片公映许可证》的电影片的,由电影行政部门责令停止违法行为,没收违法经营的电影片和违法所得;违法所得5万元以上的,并处违法所得10倍以上15倍以下的罚款;没有违法所得或者违法所得不足5万元的,并处20万元以上50万元以下的罚款;情节严重的,并责令停业整顿或者由原发证机关吊销许可证。

(五)有下列行为之一的法律责任

有下列行为之一的,由电影行政部门责令停止违法行为,没收违法经营的电影片和违法所得;违法所得5万元以上的,并处违法所得5倍以上10倍以下的罚款;没有违法所得或者违法所得不足5万元的,并处10万元以上30万元以下的罚款;情节严重的,并责令停业整顿或者由原发证机关吊销许可证:

(1)未经批准,擅自与境外组织或者个人合作摄制电影,或者擅自到境外从事电影摄制活动的;

(2)擅自到境外进行电影底片、样片的冲洗或者后期制作,或者未按照批准文件载明的要求执行的;

(3)洗印加工未取得《摄制电影许可证》、《摄制电影片许可证(单片)》的单位摄制的电影底片、样片,或者洗印加工未取得《电影片公映许可证》的电影片拷贝的;

(4)未经批准,接受委托洗印加工境外电影底片、样片或者电影片拷贝,或者未将洗印加工的境外电影底片、样片或者电影片拷贝全部运输出境的;

(5)利用电影资料片从事或者变相从事经营性的发行、放映活动的;

(6)未按照规定的时间比例放映电影片,或者不执行广电总局停止发行、放映决定的。

(六)境外组织、个人在中华人民共和国境内独立从事电影片摄制活动的法律责任

境外组织、个人在中华人民共和国境内独立从事电影片摄制活动的,由广电总局责令停止违法活动,没收违法摄制的电影片和进行违法活动的专用工具、设备,并处30万元以上50万元以下的罚款。

（七）擅自举办中外电影展、国际电影节，或者擅自提供电影片参加境外电影展、电影节的法律责任

未经批准，擅自举办中外电影展、国际电影节，或者擅自提供电影片参加境外电影展、电影节的，由广电总局责令停止违法活动，没收违法参展的电影片和违法所得；违法所得2万元以上的，并处违法所得5倍以上10倍以下的罚款；没有违法所得或者违法所得不足2万元的，并处2万元以上10万元以下的罚款。

个人擅自举办中外电影展、国际电影节或者擅自提供电影片参加境外电影展、电影节的，5年内不得从事相关电影业务。

（八）擅自改建、拆除电影院或者放映设施的法律责任

未经批准，擅自改建、拆除电影院或者放映设施的，由县级以上地方人民政府电影行政部门责令限期恢复电影院或者放映设施的原状，给予警告，对负有责任的主管人员和其他直接责任人员依法给予纪律处分。

（九）未按照国家有关规定履行电影事业发展专项资金缴纳义务的法律责任

未按照国家有关规定履行电影事业发展专项资金缴纳义务的，由省级以上人民政府电影行政部门责令限期补交，并自欠缴之日起按日加收所欠缴金额万分之五的滞纳金。

广电总局关于处理影片《苹果》违规问题的情况通报

2008年1月3日，广电总局向各省、自治区、直辖市广播影视局，新疆生产建设兵团广播电视局，各电影制片单位、电影发行公司、院线公司，在京电影直属单位发出《广电总局关于处理影片〈苹果〉违规问题的情况通报》，通报说，由北京劳雷影视文化有限责任公司、北京保利博纳电影发行有限公司、北京中鸿房地产开发集团有限公司联合出品的影片《苹果》，在电影制作、参加国际电影节、互联网传播及音像制品制作等方面，严重违反《电影管理条例》(以下简称《条例》)及相关法规，造成了不良影响。

现将有关情况通报如下：

一、影片《苹果》的主要违规问题：

（一）违规制作色情内容的片段(未经审查通过)，并擅自将未经审查通过的含有色情内容的影片在互联网上传播及制作音像制品，违反了《条例》第二十五条的规定。

（二）将未经审查通过的电影版本，送第57届柏林电影节参赛，违反了《条例》第二十四、三十五条的规定。

（三）在影片发行放映中进行不健康、不正当的广告宣传，违反了《条例》第三条和《广告法》的相关规定。

二、鉴于影片《苹果》发生上述严重违反法规问题，为加强和规范电影制片及发行放映的管理，确保电影及各种媒体的传播健康有序，进一步净化银幕视频，为广大群众特别是青少年观众营造良好的文化环境，根据《电影管理条例》、《电影剧本（梗概）备案、电影片管理规定》、《互联网等信息网络传播视听节目管理办法》等相关法规，并按照《广电总局关于重申禁止制作和播映色情电影的通知》、《广电总局关于加强互联网传播影视剧管理的通知》等要求，现对影片《苹果》的上述违规问题作出如下处理决定：

（一）依据《条例》第四十二、四十三、五十六条的规定，吊销该片的《电影片公映许可证》，没收未经审查通过的影片拷贝及相关素材，制片单位15天内将拷贝等送达总局电影局；停止该片在影院发行、放映；停止其网络传播；建议有关行政部门停止其音像制品的发行。

（二）依据《条例》第五十六、六十一、六十三、六十四条的规定，对负有主要责任的北京劳雷影视文化有限责任公司，取消其两年内摄制电影的资格；该公司的法定代表人方励，两年内不得从事相关电影业务；对负有相关责任、参与投资拍摄的北京保利博纳电影发行有限公司和北京中鸿房地产开发集团有限公司，进行通报批评，责令其限期整改。

（三）对参与该片拍摄的制片人、导演及相关演员，则进行严肃的批评教育，并要求其作出深刻检查。[①]

第二节 广播电视产业法规——针对广播电视节目制作产业

广播电视起步产业化，与文化体制改革的一项重大举措——制播分离紧密相关。即将广播影视内容的制作和销售业务（新闻宣传除外）全部从事业领域剥离转制为企业，这样，产业化了的广播电视节目制作、销售、发行部分就构成了广播电影电视产业的主体。因此，本节的广播电视产业法规不涉及播放，更不涉及有关播放和传输硬件设置、运行、保护等问题。

目前，我国规范广播电视产业的法规主要有：《广播电视管理条例》（1997年

[①] 《广电总局关于处理影片〈苹果〉违规问题的情况通报》，http://news.xinhuanet.com/politics/2008-01/04/content_7363448.htm。

9月日起施行)、《广播电视节目制作经营管理规定》(2004年公布)、《电视剧内容管理规定》(2010年公布)、《中外合作制作电视剧管理规定》(2004年公布)以及2007年和2008年的两部补充规定、《广播电视编辑记者、播音员主持人资格管理暂行规定》(2004年公布)等数十部行政规章。

一、广播电视节目制作管理法规

为坚持广播电视节目正确导向,促进广播电视节目制作产业繁荣发展,服务社会主义物质文明和精神文明建设,根据《广播电视管理条例》,国家广播电影电视总局(简称"广电总局")制定了《广播电视节目制作经营管理规定》,并于2004年8月20日起施行。在广播电视节目制作产业中,所有涉及广播电视节目制作经营机构的设立、从事专题、专栏、综艺、动画片、广播剧、电视剧等广播电视节目的制作和节目版权的交易、代理交易等活动的行为都受《广播电视节目制作经营管理规定》的管理。

(一)主管机关和许可制度

1. 主管机关

根据规定,广电总局负责制定全国广播电视节目制作产业的发展规划、布局和结构,管理、指导、监督全国广播电视节目制作经营活动。县级以上地方广播电视行政部门负责本行政区域内广播电视节目制作经营活动的管理工作。

2. 许可制度

国家对设立广播电视节目制作经营机构或从事广播电视节目制作经营活动实行许可制度。根据《广播电视管理条例》的规定,依法设立的广播电台、电视台即可按照批准的节目摄制范围制作、播放节目,无须另行申请制作经营节目的许可。因此,这里所说的许可,是指电台、电视台以外的单位、个人申请广播电视节目制作单位许可的条件和程序。

设立广播电视节目制作经营机构或从事广播电视节目制作经营活动应当取得《广播电视节目制作经营许可证》。

(二)广播电视节目制作经营单位设立许可

从2002年起,广电总局放宽了设立电视剧、广播电视节目等影视制作机构的市场准入门槛,吸引民营资本作为经营主体进入除新闻宣传外的广播电视节目制作业。

1. 申请《广播电视节目制作经营许可证》的条件

对于申请《广播电视节目制作经营许可证》的条件,在"应当符合国家有关广播电视节目制作产业发展规划、布局和结构"的前提下,规定了以下四点:

(1)具有独立法人资格,有符合国家法律、法规规定的机构名称、组织机构

和章程;

（2）有适应业务范围需要的广播电视及相关专业人员、资金和工作场所,其中企业注册资金不少于300万元人民币;

（3）在申请之日前三年,其法定代表人无违法违规记录或机构无被吊销过《广播电视节目制作经营许可证》的记录;

（4）法律、行政法规规定的其他条件。

2. 申请《广播电视节目制作经营许可证》递交的材料

申请《广播电视节目制作经营许可证》,申请机构应当向审批机关同时递交以下材料:

（1）申请报告;

（2）广播电视节目制作经营机构章程;

（3）《广播电视节目制作经营许可证》申领表;

（4）主要人员材料:

① 法定代表人身份证明(复印件)及简历;

② 主要管理人员(不少于三名)的广播电视及相关专业简历、业绩或曾参加相关专业培训证明等材料。

（5）注册资金或验资证明;

（6）办公场地证明;

（7）企事业单位执照或工商行政部门的企业名称核准件。

3. 广播电视节目制作经营单位设立的审批、注册登记和备案

根据规定,申请报批单位分为在京的中央单位及其直属机构和其他机构两类:前者报广电总局审批;后者向所在地广播电视行政部门提出申请,经逐级审核后,报省级广播电视行政部门审批。

审批机关应在收到齐备的申请材料之日起的20个工作日内做出批准或不批准的决定。对符合规定的,应为申请机构核发《广播电视节目制作经营许可证》;对不批准的,应向申请机构书面说明不予批准的理由。省级广播电视行政部门应在做出批准或不批准决定之日起的一周内,将审批情况报广电总局备案。

《广播电视节目制作经营许可证》由广电总局统一印制,有效期为两年。

经批准取得《广播电视节目制作经营许可证》的企业,凭许可证到工商行政管理部门办理注册登记或业务增项手续。

已经取得《广播电视节目制作经营许可证》的机构需在其他省、自治区、直辖市设立具有独立法人资格的广播电视节目制作经营分支机构的,须按规定,向分支机构所在地的省级广播电视行政部门另行申领《广播电视节目制作经营许可证》,并向原审批机关备案;设立非独立法人资格分支机构的,无须另行申领

《广播电视节目制作经营许可证》。

(三) 电视剧制作许可

根据规定,电视剧由持有《广播电视节目制作经营许可证》的机构、地市级(含)以上电视台(含广播电视台、广播影视集团)和持有《摄制电影许可证》的电影制片机构制作,但须事先另行取得电视剧制作许可。

电视剧制作许可证分为《电视剧制作许可证(乙种)》和《电视剧制作许可证(甲种)》两种,由广电总局统一印制。前者仅限于该证所标明的剧目使用,有效期限不超过180日。特殊情况下经发证机关批准后,可适当延期。后者有效期限为两年,有效期届满前,对持证机构制作的所有电视剧均有效。

2003年8月,广电总局首次向北京英氏影视艺术有限责任公司、北京金英马影视文化有限责任公司等8家民营公司颁发了《电视剧制作许可证(甲种)》,而此前120家拥有甲种许可证的机构全部是国家及各省电视台、电影制片厂或者国有体制的音像公司。此举意味有实力的民营制作公司可以长期拥有电视剧独立制作权,保护自身产品知识产权的独立性,公平地参与市场交易。

(一)《电视剧制作许可证(乙种)》的申请

《电视剧制作许可证(乙种)》是对摄制某一特定电视剧的单项许可。由省级以上广播电视行政部门核发。其中,在京的中央单位及其直属机构直接向广电总局提出申请,其他机构向所在地广播电视行政部门提出申请,经逐级审核后,报省级广播电视行政部门审批。

申领《电视剧制作许可证(乙种)》,申请机构须提交以下申请材料:

(1) 申请报告;

(2)《电视剧制作许可证(乙种)申领登记表》;

(3) 广电总局题材规划立项批准文件复印件;

(4) 编剧授权书;

(5) 申请机构与制片人、导演、摄像、主要演员等主创人员和合作机构(投资机构)等签订的合同或合作意向书复印件。其中,如聘请境外主创人员参与制作的,还需提供广电总局的批准文件复印件;

(6)《广播电视节目制作经营许可证》(复印件)或电视台、电影制片机构的相应资质证明;

(7) 持证机构出具的制作资金落实证明。

省级广播电视行政部门应在核发《电视剧制作许可证(乙种)》后的一周内将核发情况报广电总局备案。

电视剧制作机构在连续两年内制作完成六部以上单本剧或三部以上连续剧(三集以上/部)的,可按程序向广电总局申请《电视剧制作许可证(甲种)》资格。

(二)《电视剧制作许可证(甲种)》的申请

制作机构获得《电视剧制作许可证(甲种)》,则意味着获得较为长期的制作多部电视剧的许可。

申领《电视剧制作许可证(甲种)》,申请机构须提交以下申请材料:

(1) 申请报告;

(2)《电视剧制作许可证(甲种)》申请表;

(3) 最近两年申领的《电视剧制作许可证(乙种)》(复印件);

(4) 最近两年持《电视剧制作许可证(乙种)》制作完成的电视剧目录及相应的《电视剧发行许可证》(复印件)。

《电视剧制作许可证(甲种)》有效期届满后,持证机构申请延期的,如符合本规定第17条规定且无违规纪录的,准予延期;不符合上述条件的,不予延期。

(四) 电视节目制作、发行和播出等活动的管理

对于电视节目制作、发行和播出过程,《广播电视节目制作经营管理规定》作出如下规定:

1. 针对节目制作类型和内容

广播电视时政新闻及同类专题、专栏等节目只能由广播电视播出机构制作,其他已取得《广播电视节目制作经营许可证》的机构不得制作时政新闻及同类专题、专栏等广播电视节目。

制作重大革命和历史题材电视剧、理论文献电视专题片等广播电视节目,须按照广电总局的有关规定执行。

禁止制作经营载有下列内容的节目:

(1) 反对宪法确定的基本原则的;

(2) 危害国家统一、主权和领土完整的;

(3) 泄露国家秘密、危害国家安全或者损害国家荣誉和利益的;

(4) 煽动民族仇恨、民族歧视,破坏民族团结,或者侵害民族风俗、习惯的;

(5) 宣扬邪教、迷信的;

(6) 扰乱社会秩序、破坏社会稳定的;

(7) 宣扬淫秽、赌博、暴力或者教唆犯罪的;

(8) 侮辱或者诽谤他人,侵害他人合法权益的;

(9) 危害社会公德或者民族优秀文化传统的;

(10) 有法律、行政法规和国家规定禁止的其他内容的。

2. 针对节目的发行和播出

发行、播放电视剧、动画片等广播电视节目,应取得相应的发行许可。

广播电视播出机构不得播放未取得《广播电视节目制作经营许可证》的机

构制作的和未取得发行许可的电视剧、动画片。

3. 针对证件的管理

禁止以任何方式涂改、租借、转让、出售和伪造《广播电视节目制作经营许可证》和《电视剧制作许可证》。两证上载明的制作机构名称、剧名、集数等发生变更,持证机构应到原发证机关履行变更登记手续;终止广播电视节目制作经营活动的,应在一周内到原发证机关办理注销手续。

二、电视剧内容管理法规

为了规范电视剧内容管理工作,繁荣电视剧创作,促进电视剧产业的健康发展,国家广电总局根据《广播电视管理条例》,制定了《电视剧内容管理规定》。

(一) 内容规范标准

对于国产剧、合拍剧和引进剧三类电视剧的内容进行规范,要求电视剧内容坚持为人民服务、为社会主义服务的方向和百花齐放、百家争鸣的方针,坚持贴近实际、贴近生活、贴近群众,坚持社会效益第一、社会效益与经济效益相结合的原则,确保正确的文艺导向。

电视剧不得载有下列内容:

(1) 违反宪法确定的基本原则,煽动抗拒或者破坏宪法、法律、行政法规和规章实施的;

(2) 危害国家统一、主权和领土完整的;

(3) 泄露国家秘密,危害国家安全,损害国家荣誉和利益的;

(4) 煽动民族仇恨、民族歧视,侵害民族风俗习惯,伤害民族感情,破坏民族团结的;

(5) 违背国家宗教政策,宣扬宗教极端主义和邪教、迷信,歧视、侮辱宗教信仰的;

(6) 扰乱社会秩序,破坏社会稳定的;

(7) 宣扬淫秽、赌博、暴力、恐怖、吸毒,教唆犯罪或者传授犯罪方法的;

(8) 侮辱、诽谤他人的;

(9) 危害社会公德或者民族优秀文化传统的;

(10) 侵害未成年人合法权益或者有害未成年人身心健康的;

(11) 法律、行政法规和规章禁止的其他内容。

(二) 备案和公示

国产剧、合拍剧的拍摄制作实行备案公示制度。

符合下列条件之一的制作机构,可以申请电视剧拍摄制作备案公示:

(1) 持有《电视剧制作许可证(甲种)》;

(2) 持有《广播电视节目制作经营许可证》;

(3) 设区的市级以上电视台(含广播电视台、广播影视集团);

(4) 持有《摄制电影许可证》;

(5) 其他具备申领《电视剧制作许可证(乙种)》资质的制作机构。

省、自治区、直辖市人民政府广播影视行政部门、直接备案制作机构向国务院广播影视行政部门申请电视剧拍摄制作备案公示,应当提交下列材料:

(1)《电视剧拍摄制作备案公示表》或者《重大革命和重大历史题材电视剧立项申报表》,并加盖对应的公章;

(2) 如实准确表述剧目主题思想、主要人物、时代背景、故事情节等内容的不少于1500字的简介;

(3) 重大题材或者涉及政治、军事、外交、国家安全、统战、民族、宗教、司法、公安等敏感内容的(以下简称特殊题材),应当出具省、自治区、直辖市以上人民政府有关主管部门或者有关方面的书面意见。

文化行政管理改革动态

2006年5月,总局公布实施了《电视剧拍摄制作备案公示管理暂行办法》,改"题材立项审批管理"为"电视剧拍摄备案公示管理"。

与原有的电视剧题材规划立项审批制度相比,拍摄制作剧目备案公示制度体现了两个改革焦点:第一,在管理范围上进行调整。各级管理部门对那些已经开始拍摄制作的剧目进行核准、备案和公示,处于酝酿阶段的拟拍剧目不再需要报审。第二,使管理程序简化。以备案管理代替规划立项审批,减少了行政审批环节,把题材选择和剧目制作的主动权交到制作公司手中。

"电视剧拍摄备案公示管理"还重新确定更为科学的电视剧题材分类标准。新的管理办法切合电视剧产业发展的实际,顺应了行政审批制度改革的方向;能够避免题材"撞车",防止在题材上的"跑马圈地",增加了电视剧拍摄情况的信息透明度。各级管理部门、所有电视播出机构、各类电视剧发行和制作机构,以及相关机构和创作者、投资人等,均可通过总局政府网站"电视剧拍摄制作备案公示"专栏,查询全国电视剧的拍摄制作动态情况,根据需要追踪、选购、合作、核实以及投诉相关剧目,有效处理各类选题竞争、授权争议、题材撞车、重复拍摄制作等行为。[1]

---

[1] 李岚:《电视剧精品战略的政策条件与产业趋向》,载《视听界》2008年第3期。

(三) 审查和许可

国产剧、合拍剧、引进剧实行内容审查和发行许可制度。

国务院广播影视行政部门设立电视剧审查委员会和电视剧复审委员会。但是,面对我国每年14000集电视剧,每天40集左右的生产量,广电总局的审查委员会显然无法单独完成这巨大的审查工作量,因此,省、自治区、直辖市人民政府广播影视行政部门设立电视剧二级审查机构。

国务院广播影视行政部门设立电视剧审查委员会主要负责:

(1) 审查直接备案制作机构制作的电视剧;

(2) 审查聘请相关国外人员参与创作的国产剧;

(3) 审查合拍剧剧本(或者分集梗概)和完成片;

(4) 审查引进剧;

(5) 审查由省、自治区、直辖区人民政府广播影视行政部门电视剧审查提请国务院广播影视行政部门审查的电视剧;

(6) 审查引起社会争议的,或者因公共利益需要国务院广播影视行政部门审查的电视剧。

国务院广播影视行政部门电视剧复审委员会,负责对送审机构不服有关电视剧审查委员会或者电视剧审查机构的审查结论而提起复审申请的电视剧进行审查。

省、自治区、直辖市人民政府广播影视行政部门电视剧审查机构的职责:

(1) 审查本行政区域内制作机构制作的、不含国外人员参与创作的国产剧;

(2) 初审本行政区域内制作机构制作的、含国外人员参与创作的国产剧;

(3) 初审本行政区域内制作机构与境外机构制作的合拍剧剧本(或分集梗概)和完成片;

(4) 初审本行政区域内电视台等机构送审的引进剧。

电视剧制作机构送审一般题材的国产剧,应当向省、自治区、直辖市以上人民政府广播影视行政部门提出申请,并提交以下材料:

(1) 国务院广播影视行政部门统一印制的《国产电视剧报审表》;

(2) 制作机构资质的有效证明;

(3) 剧目公示打印文本;

(4) 每集不少于500字的剧情梗概;

(5) 图像、声音、字幕、时码等符合审查要求的完整样片一套;

(6) 完整的片头、片尾和歌曲的字幕表;

(7) 国务院广播影视刑侦部门同意聘请境外人员参与国产剧创作的批准文件的复印件。

特殊题材的国产电视剧和合拍剧、引进剧等的送审，还要遵循国务院广播影视行政部门的有关规定执行。

(四) 播出管理

在发行播放环节，电视台作为电视剧的播出机构负有职责：

(1) 发行、播放电视剧、动画片等广播电视节目，应核验依法取得的相应的发行许可。

广播电视播出机构不得播放未取得《广播电视节目制作经营许可证》的机构制作的和未取得发行许可的电视剧、动画片。

行业动态

广电总局有关电视剧播出的调整

2000年6月颁布的《电视剧管理规定》规定：电视台每天所播出的节目中，进口电视剧不得超过电视剧总播出时间的25%，其中黄金时段不超过15%。2002年7月，总局下发的《关于切实执行电视剧发行播出管理的通知》进一步明确规定，黄金时段不得播出引进剧和合拍剧。在2003年一年之内，总局又分别于1月、9月、11月三次发出通知，对这一规定的执行情况予以通报。

从2002年下半年开始，总局决定将国产电视剧的播出时间从每晚19:00至21:30延长至每晚22:00，为进一步促进国产电视剧的繁荣发展提供了强有力的政策支持，为电视剧市场的发展创造了广阔的市场空间。目前，许多上星频道不仅在晚上22点以前播出国产电视剧，而且在22点以后安排优秀国产电视剧的播出。

为了达到播出剧以现实题材主旋律作品为主的目标，总局加强了对上星频道黄金时段电视剧播出结构的调整，要求中央电视台和各省级电视台主频道黄金时段播出的电视剧，必须以弘扬主旋律的优秀现实题材为主，确保黄金时段播出剧目的价值导向和艺术水准，从宏观上调控其题材、种类和比例；严格限播不符合规定的剧目，调控可能产生负面影响的剧目，停播播出中引起不良影响的剧目。通过这些措施，增加了优秀现实题材电视剧的播出比例，减少了古装剧的播出数量。总局还严格执行一部剧在黄金时段上星播出不超过四家的规定，尽量避免同质化播出造成频道资源浪费，对独播剧购片方式给予肯定，促进电视剧

"百花齐放"。①

（2）电视台播出包括电视剧在内的影视节目,应当尊重著作权。在播出电视剧时,应当依法完整播出,不得侵害相关著作权人的合法权益。

透视广电总局对电视剧的新规

2010年,广电总局公布《电视剧内容管理规定》,从2010年7月1日起实施。规定首次明确"电视台播出电视剧时,应当依法完整播出,不得侵害相关著作权人的合法权益",这意味着今后电视台将不能随意删改并压缩电视剧,在荧屏上常常不见的片头片尾也将得到尊重……

删戏造成情节混乱

在我国,对于电视台是否有权对电视剧进行"截肢手术"、"减肥手术"一直存在争议。最近闹得沸沸扬扬的《杨贵妃秘史》遭删减就是一例。很多网友发现,荧屏上播出的《杨贵妃秘史》和网络版不尽相同,大段谢阿蛮、李静忠、梅妃等人的戏被删,导致剧情前后难以衔接,网友纷纷在贴吧上呼吁电视台"手下留情"、"刀下留片",由此引发了一场"删戏门"风波。

对此,导演尤小刚说,删戏的确损害了剧集的精髓,少了铺垫,人物会变得苍白。同样,人们发现,电视剧《手机》播出,有的卫视删了吕桂花跟牛彩云聊博客的桥段;有的卫视删了伍月跟严守一通电话的部分情节。前不久,赵本山的《乡村爱情故事》,在黑龙江、天津等地播出时有36集,但在央视播出却只有30集,由此造成了部分剧情的混乱。

任意"开刀"司空见惯

十多年来,对电视台这把幕后"剪刀手"的横行,制作方大多不会吭声。道理很简单,剧组一旦得罪电视台,将来片子还能卖给谁啊!

执导过"警察三部曲"的著名导演巴特尔曾拍过一部46集连续剧,最终被删改30集,剧情被剪得连他都看不懂了。他当时气得扭头就走,但最后又折回了,因为片子是他投资,不能让投资打水漂。他对电视台的人说:"您说怎么剪

---

① 李岚:《电视剧精品战略的政策条件与产业趋向》,载《视听界》2008年第3期。

就怎么剪。"至于对方这个"剪刀手"是否懂艺术只好不顾。

制片人马中骏说,广电总局的新规对制作方来说是利好,今后对电视剧的删减行为会受到新规约束。在国外,电视台无权对电视剧"开刀",都是完整播出。而国内电视台朝南坐,认为自己有着播出权力就有权任意处置。有时电视台为了塞入广告,连片尾片头都删,演职员表都不见了,对编、导、演的劳动很不尊重。

解决"注水"更需有方

电视台对电视剧"开刀"确也有自己苦衷。一是收视大战的生存压力;二是一些电视剧确实存在着不同程度的"注水"现象。著名导演谢飞就曾揭露,他当年导演《日出》仅拍了18集,但最后违心地按照片商要求把它剪成了23集,就是为了多卖5集钱。如今,新规出台,在制作方的著作权得到充分尊重的同时,另一个新问题又随之冒出,怎样才能有效整治电视剧注水过多的弊病呢?

记者认为,电视台虽不能再对电视剧进行"截肢"、"开刀",但防止剧组"注水",依然可以通过对电视剧采取优质优价、劣质低价的经济手段来进行制约。若强行采用"截肢",面对如今已不再是"挨宰羔羊"的电视剧来说,一伤剧组感情;二有侵权之嫌;三损艺术完整,何苦呢?①

三、法律责任

(一)违反准入环节许可和节目制作经营业务许可制度

依照《广播电视管理条例》,在广播电视节目制作经营活动中,擅自设立广播电视节目制作经营单位或者擅自制作电视剧及其他广播电视节目的,由县级以上人民政府广播电视行政部门予以取缔,没收其从事违法活动的专用工具、设备和节目载体,并处1万元以上5万元以下的罚款。

(二)违反广播电视节目内容管理和发行播放管理制度

制作、播放、向境外提供含有《条例》规定禁止内容的节目的,由县级以上人民政府广播电视行政部门责令停止制作、播放、向境外提供,收缴其节目载体,并处1万元以上5万元以下的罚款;情节严重的,由原批准机关吊销许可证;违反治安管理规定的,由公安机关依法给予治安管理处罚;构成犯罪的,依法追究刑事责任。

---

① 俞亮鑫:《"羔羊"不再挨宰 "注水"如何整治——透视广电总局对电视剧的新规》,载《新民晚报》2010年5月29日。

▶ 复习思考题

1. 2011年12月15日,国务院法制办公布《电影产业促进法(征求意见稿)》,虽然现已过截止日期,但还是请你查阅征求意见稿的具体内容,结合当前我国电影产业发展现状及存在问题,发表你的看法。
2. 如何评价中国广播电视节目制作业中的制播分离体制?
3. 如何管理影视节目制作中的植入广告现象?

第十章 网络文化产业法律法规

本章提要：网络文化产业的兴起和发展一方面对著作权保护提出了更高的要求，另一方面对我国文化产业行政管理体制提出了挑战。本章内容包括两部分：一是解析网络环境下的著作权保护方面的法律法规；二是对我国当前文化行政管理部门就互联网方面的各部门规章内容进行概述。

导入 >>>

网络侵权赔偿过低一直是难以有效遏制网络盗版的重要原因。以作家维权联盟诉百度文库案为例，法院共判令百度向版权方补偿损失14.5万元。其中包括韩寒8.38万元，韩瑷莲（笔名何马）1.33万元，郝群（笔名慕容雪村）4.79万元。[1] 我国处罚网络侵权盗版行为的依据是《信息网络传播权保护条例》中关于侵权责任的法律规定。按照规定，对网络侵权盗版行为可处以10万元以下罚款；情节严重的，可没收用于传播侵权作品的工具；构成犯罪的，要依法追究刑事责任。

终于，自2013年3月1日起，网络盗版赔偿上限10万元的规定被打破。2013年1月16日，国务院作出关于修改《信息网络传播权保护条例》的最新决定。具体修改的条款内容是：

将第18条、第19条中的"并可处以10万元以下的罚款"修改为："非法经营额5万元以上的，可处非法经营额1倍以上5倍以下的罚款；没有非法经营额或者非法经营额5万元以下的，根据情节轻重，可处25万元以下的罚款"。

此次法条修订，体现了我国加大网络盗版打击力度的决心。只有有效打击

---

[1] 参见《作家维权联盟称百度侵权案判决赔偿金额太低》，http://tech.163.com/12/0918/00/8BL6989M00094MOK.html。

盗版,加重对网络盗版侵权的惩罚性赔偿,中国的视频产业、文化创意产业才能有合理有序的产业链。

第一节 网络文化产业法律法规概述

网络文化产业是以现代网络为技术依托,以产业化的方式提供文化产品和文化服务的行业。[①] 从形式上看,它既包括传统文化产品和服务在各种网络上的传播和延伸扩展,如从传统出版到网络出版、从传统电视到网络电视、从实体书店到网上书城、从传统拍卖到网上拍卖、从传统音像节目播放到在线点播音像节目等,也包括基于网络而产生的新的互动文化形态,如网络游戏、网络动漫、网络社区文化等。

一、当前我国网络文化产业法律法规概述

一方面,网络文化产业的发展使得传统文化产业中存在的盗版问题更加突出,也更加复杂,对著作权法在应对网络环境里的著作权保护问题提出更高要求。这方面的法律法规主要包括:

(1) 法律:《著作权法》。

(2) 行政法规:《计算机软件保护条例》(2001年公布,2011年修订)、《著作权法实施条例》(2002年公布,2011年修订)、《信息网络传播权保护条例》(2006年公布,2013年修订)等。

(3) 部门规章:《互联网著作权行政保护办法》(2005年国家版权局、信息产业部公布)等。

(4) 司法解释:《最高人民法院关于审理涉及计算机网络著作权纠纷案件适用法律若干问题的解释》(2000年通过,2003年和2006年先后两次修订)、《最高人民法院关于审理著作权民事纠纷案件适用法律若干问题的解释》(2002年通过)、《最高人民法院、最高检察院关于办理利用互联网、移动通讯终端、声讯台制作、复制、出版、贩卖、传播淫秽电子信息刑事案件具体应用法律若干问题的解释》(2004年通过)、《最高人民法院、最高检察院关于办理利用互联网、移动通讯终端、声讯台制作、复制、出版、贩卖、传播淫秽电子信息刑事案件具体应用法律若干问题的解释(二)》(2010年通过)、《最高人民法院、最高人民检察院关于办理侵犯知识产权刑事案件具体应用法律若干问题的解释》(2004年通过)和《最高人民法院、最高人民检察院关于办理侵犯知识产权刑事案件具体应用

[①] 参见张晓玲:《我国网络文化产业相关法律制度的完善》,载《情报杂志》2007年第1期。

法律若干问题的解释(二)》(2007年通过)等。

另一方面,网络文化产业的发展对于我国文化产业行政管理体制提出了挑战。由于网路技术的全面冲击,举凡艺术表演娱乐、音像、图书报刊、风景名胜古迹、文物艺术品、视听节目等,都转化为网络文化产业经营的内容。这样一来,文化部、广电总局、新闻出版总署的互联网行政管理内容出现了交叉,甚至说不清该属于谁的管辖范围。因此,网络文化产业的各部门规章内容有很大的重复性、矛盾性和模糊性,影响了执法的效力。目前,我国网络文化产业行政管理方面的行政法规和部门规章包括:

(1) 国务院于2000年公布、2011年修订的《互联网信息服务管理办法》、国务院于2002年公布、2011年修订的《互联网上网服务营业场所管理条例》。

(2) 新闻出版总署、信息产业部于2002年公布的《互联网出版管理暂行规定》。

(3) 国家广电总局于2004年公布的《互联网等信息网络传播视听节目管理办法》以及国家广电总局、信息产业部于2007年公布的《互联网视听节目服务管理规定》。

(4) 文化部于2010年公布的《网络游戏管理暂行办法》、文化部于2011年公布的《互联网文化管理暂行规定》。

二、我国网络文化产业问题与法律法规完善对策

日新月异的网络技术正在重塑文化产业,但是,在"先发展,后治理"的指导思想下,我国网络文化产业的"治理"已经远远落后于"发展",从而暴露出诸多方面的问题。

(一) 网络文化内容的净化问题

经营性文化活动通过向上网用户收费或者电子商务、广告、赞助等方式获取利益,其关键是赢取点击率或吸引眼球。于是,加入色情内容或发布不良信息成为一种手段。由于网络的无形性使得网络上的色情或不良内容更加肆无忌惮。这就需要有更加严格、明确的法律法规来净化网络,特别是保护未成年人的身心健康。首先,建立严格的内容审查制度,其次明确利用网络传播有害信息的信息制造者、ICP及ISP等的法律责任并加大惩罚力度。

(二) 多头管理导致的立法分散、执法不力问题

多头管理是目前我国网络文化产业的管理体制的特点。如互联网的新闻信息管理归属国务院新闻办公室,网络安全归属公安部,网络游戏和网吧管理归属文化部,互联网出版归属新闻出版总署,网络视听节目管理归属广电总局,通信和硬件设施归属信息产业部。网络文化产业是网络与文化产业的深度融合,传

统割据的管理体制已经不能应对网络的挑战。建议组成一个专门的比较集中和统一管理的网络文化产业的机构,从而制定系统性的管理法规,提高执法效率。

(三) 立法滞后问题

知识产权保护之于网络文化产业发展非常重要,但是,目前,我国法律法规针对网络环境下的盗版还显软弱无力,比如,打击网络游戏"私服"、"外挂"等行为无法可依,只能依靠扫黄打非运动。又比如,由于现行《反不正当竞争法》是1993年通过的,因此,对于网络环境下的不正当竞争行为,该法反应迟钝。再如,文化部一直在努力促进网吧的规模化、品牌化和主题化,但是由于特许连锁经营的法律法规不够完善,使得网吧规模化和品牌化进程缓慢。这些问题都反映了当前我国网络文化产业的立法滞后现象。

第二节 网络环境下著作权保护方面的法律法规概述

随着文化产业向网络的延伸,网络环境下的《著作权法》也经历了逐渐完善的过程。

一、网络环境下著作权法完善过程

当1999年6月,被称为中国"网络传播第一案"——王蒙、张抗抗、毕淑敏、张洁、张承志、刘震云六位作家诉"北京在线"案发生的时候,我国《著作权法》尚未确立网络传播权的概念。不过,法院在没有成文法规定的情况下,创造性地表述:《著作权法》(指2001年修改之前的《著作权法》)规定的作品使用方式中,没有排除出现其他方式的可能性。作品在互联网上传播,与著作权法意义上的出版、发行、公开表演等方式虽然不同,但在本质上都是为了使作品向社会公众传播。随着科学技术的发展,新的作品载体的出现,使作品的使用范围得到了扩大,应当认定作品在互联网上传播是使用的一种方式。[①]

2000年11月22日,最高人民法院《关于审理涉及计算机网络著作权纠纷案件适用法律若干问题的解释》出台,明确了数字化作品的著作权仍然属于原作品的著作权人,将作品通过网络向公众传播,需要取得原作品著作权人的许可。

2001年10月27日,全国人大常委会审议通过了《著作权法》修正案。其中第10条规定:"信息网络传播权,即以有线或者无线方式向公众提供作品,使公众可以在其个人选定的时间和地点获得作品的权利"。这是我国首次以法律的

---

① 参见徐东编著:《知识产权:故事背后的法律》,法律出版社2007年版,第148页。

方式明确:"信息网络传播权"是著作权人享有的专有权利之一。

2003年12月23日,最高人民法院对2000年制定的《关于审理涉及计算机网络著作权纠纷案件适用法律若干问题的解释》进行了修正。

2005年3月30日,国家版权局和信息产业部联合发布了《互联网著作权行政保护办法》,规范互联网行政执法行为。

2006年,国务院根据《著作权法》的规定制定了《信息网络传播权保护条例》(以下简称《条例》),并于2006年7月1日正式实施。《条例》于2013年1月30日新修,共27条,包括合理使用、法定许可、避风港原则、版权管理技术等一系列内容,更好地区分了著作权人、图书馆、网络服务商、读者各自可以享受的权益。这样,网络传播和使用都有法可依,形成一个相互依存、相互作用、相互影响的"对立统一"关系,很好地体现了文化产业发展与权利人利益、公众利益的平衡,为文化产业加速发展作好了法律准备。

二、网络文化产业中的著作权法运用概述

网络文化产业中,以开发文化智能资源为基础的文化产业形态必然涉及知识产权的开发、经营和管理,其中主要涉及著作权,而且核心的主体是著作权的使用人(包括网络文化产品制作者、网络内容提供者ICP和网络服务提供者ISP)。

本小节从产业的视角,概述著作权使用人在网络文化产业运作中应遵守的法律法规。(第四章《著作权法》中已述内容此处不再重复)

(一) 关于"通知与移除规则"

网络著作权法的"通知与移除规则"体现在《信息网络传播权保护条例》的第14条、第15条、第16条、第17条和第24条,其中规定,网络服务提供者接到权利人的通知书后,应当立即删除涉嫌侵权的作品、表演、录音录像制品,或者断开与涉嫌侵权的作品、表演、录音录像制品的链接,并同时将通知书转送提供作品、表演、录音录像制品的服务对象;服务对象网络地址不明、无法转送的,应当将通知书的内容同时在信息网络上公告。

那么,是否网络服务提供者履行了"权利通知、及时删除、断链"义务后,对于权利人的损失将不承担赔偿责任呢?答案是否定的。因为《条例》第23条明确规定:"网络服务提供者为服务对象提供搜索或者链接服务,在接到权利人的通知书后,根据本条例规定断开与侵权的作品、表演、录音录像制品的链接的,不承担赔偿责任;但是,明知或者应知所链接的作品、表演、录音录像制品侵权的,应当承担共同侵权责任。"

但书部分明确,如果网络服务提供者明知或者应知所链接的作品、表演、录音录像制品是侵权的,还是应当承担共同侵权责任。

(二)关于"避风港"的规定

著作权领域的"避风港"条款最早出现在美国 1998 年制定的《数字千年版权法案》(DMCA 法案),是指在发生著作权侵权案件时,当 ISP(网络服务提供商)只提供空间服务,并不制作网页内容,如果 ISP 被告知侵权,则有删除的义务,否则就被视为侵权。如果侵权内容既不在 ISP 的服务器上存储,又没有被告知哪些内容应该删除,则 ISP 不承担侵权责任。"避风港"条款也被扩展应用于提供搜索引擎、网络存储、在线图书馆等服务的提供商处。

我国网络著作权的"避风港"规定体现在《条例》的第 20 条、第 21 条、第 22 条和第 23 条。其中规定:

(1)网络服务提供者根据服务对象的指令提供网络自动接入服务,或者对服务对象提供的作品、表演、录音录像制品提供自动传输服务,并具备下列条件的,不承担赔偿责任:① 未选择并且未改变所传输的作品、表演、录音录像制品;② 向指定的服务对象提供该作品、表演、录音录像制品,并防止指定的服务对象以外的其他人获得。

(2)网络服务提供者为提高网络传输效率,自动存储从其他网络服务提供者获得的作品、表演、录音录像制品,根据技术安排自动向服务对象提供,并具备下列条件的,不承担赔偿责任:① 未改变自动存储的作品、表演、录音录像制品;② 不影响提供作品、表演、录音录像制品的原网络服务提供者掌握服务对象获取该作品、表演、录音录像制品的情况;③ 在原网络服务提供者修改、删除或者屏蔽该作品、表演、录音录像制品时,根据技术安排自动予以修改、删除或者屏蔽。

(3)网络服务提供者为服务对象提供信息存储空间,供服务对象通过信息网络向公众提供作品、表演、录音录像制品,并具备下列条件的,不承担赔偿责任:① 明确标示该信息存储空间是为服务对象所提供,并公开网络服务提供者的名称、联系人、网络地址;② 未改变服务对象所提供的作品、表演、录音录像制品;③ 不知道也没有合理的理由应当知道服务对象提供的作品、表演、录音录像制品侵权;④ 未从服务对象提供的作品、表演、录音录像制品中直接获得经济利益;⑤ 在接到权利人的通知书后,根据本条例规定删除权利人认为侵权的作品、表演、录音录像制品。

(4)网络服务提供者为服务对象提供搜索或者链接服务,在接到权利人的通知书后,根据本条例规定断开与侵权的作品、表演、录音录像制品的链接的,不承担赔偿责任。

跟"通知与移除规则"一样,"避风港"规定也有但书部分:明知或者应知所链接的作品、表演、录音录像制品侵权的,应当承担共同侵权责任。

（三）关于合理使用和法定许可

信息网络传播权是著作权人的一项专有权利。因此,任何组织或者个人将他人的作品、表演、录音录像制品通过信息网络向公众提供,应当取得权利人许可,并支付报酬,除了法律法规另有规定的情形。这"另有规定的情形"主要指合理使用和法定许可两种。

在网络环境下,属于合理使用的有下列情形:

（1）为介绍、评论某一作品或者说明某一问题,在向公众提供的作品中适当引用已经发表的作品;

（2）为报道时事新闻,在向公众提供的作品中不可避免地再现或者引用已经发表的作品;

（3）为学校课堂教学或者科学研究,向少数教学、科研人员提供少量已经发表的作品;

（4）国家机关为执行公务,在合理范围内向公众提供已经发表的作品;

（5）将中国公民、法人或者其他组织已经发表的、以汉语言文字创作的作品翻译成的少数民族语言文字作品,向中国境内少数民族提供;

（6）不以营利为目的,以盲人能够感知的独特方式向盲人提供已经发表的文字作品;

（7）向公众提供在信息网络上已经发表的关于政治、经济问题的时事性文章;

（8）向公众提供在公众集会上发表的讲话。

图书馆、档案馆、纪念馆、博物馆、美术馆等可以不经著作权人许可,通过信息网络向本馆馆舍内服务对象提供本馆收藏的合法出版的数字作品和依法为陈列或者保存版本的需要以数字化形式复制的作品[①],不向其支付报酬,但不得直接或者间接获得经济利益。当事人另有约定的除外。

在网络环境下,属于法定许可的有下列情形:

（1）为通过信息网络实施九年制义务教育或者国家教育规划,可以不经著作权人许可,使用其已经发表作品的片断或者短小的文字作品、音乐作品或者单幅的美术作品、摄影作品制作课件,由制作课件或者依法取得课件的远程教育机构通过信息网络向注册学生提供,但应当向著作权人支付报酬。

（2）为扶助贫困,通过信息网络向农村地区的公众免费提供中国公民、法人

---

① 为陈列或者保存版本需要以数字化形式复制的作品,应当是已经损毁或者濒临损毁、丢失或者失窃,或者其存储格式已经过时,并且在市场上无法购买或者只能以明显高于标定的价格购买的作品。

或者其他组织已经发表的种植养殖、防病治病、防灾减灾等与扶助贫困有关的作品和适应基本文化需求的作品,网络服务提供者应当在提供前公告拟提供的作品及其作者、拟支付报酬的标准。自公告之日起30日内,著作权人不同意提供的,网络服务提供者不得提供其作品;自公告之日起满30日,著作权人没有异议的,网络服务提供者可以提供其作品,并按照公告的标准向著作权人支付报酬。网络服务提供者提供著作权人的作品后,著作权人不同意提供的,网络服务提供者应当立即删除著作权人的作品,并按照公告的标准向著作权人支付提供作品期间的报酬。提供作品的,不得直接或者间接获得经济利益。

(四)关于技术措施

技术措施,是指用于防止、限制未经权利人许可浏览、欣赏作品、表演、录音录像制品的或者通过信息网络向公众提供作品、表演、录音录像制品的有效技术、装置或者部件。

《条例》明确,为了保护信息网络传播权,权利人可以采取技术措施。任何组织或者个人不得故意避开或者破坏技术措施,不得故意制造、进口或者向公众提供主要用于避开或者破坏技术措施的装置或者部件,不得故意为他人避开或者破坏技术措施提供技术服务。但是,法律、行政法规规定可以避开的除外。

这里"可以避开"的情形属于下列情况:

(1)为学校课堂教学或者科学研究,通过信息网络向少数教学、科研人员提供已经发表的作品、表演、录音录像制品,而该作品、表演、录音录像制品只能通过信息网络获取;

(2)不以营利为目的,通过信息网络以盲人能够感知的独特方式向盲人提供已经发表的文字作品,而该作品只能通过信息网络获取;

(3)国家机关依照行政、司法程序执行公务;

(4)在信息网络上对计算机及其系统或者网络的安全性能进行测试。

但是,避开技术措施不得向他人提供避开技术措施的技术、装置或者部件,不得侵犯权利人依法享有的其他权利。

(五)关于权利管理电子信息

权利管理电子信息,是指说明作品及其作者、表演及其表演者、录音录像制品及其制作者的信息,作品、表演、录音录像制品权利人的信息和使用条件的信息,以及表示上述信息的数字或者代码。

《条例》第5条规定,未经权利人许可,任何组织或者个人不得进行下列行为:

(1)故意删除或者改变通过信息网络向公众提供的作品、表演、录音录像制品的权利管理电子信息,但由于技术上的原因无法避免删除或者改变的除外;

（2）通过信息网络向公众提供明知或者应知未经权利人许可被删除或者改变权利管理电子信息的作品、表演、录音录像制品。

同时，《条例》第13条规定，当著作权行政管理部门为了查处侵犯信息网络传播权的行为时，网络服务提供者有义务提供涉嫌侵权的服务对象的姓名（名称）、联系方式、网络地址等资料。

第三节 我国文化行政管理部门在互联网方面的规章内容概述

网络文化产业提供的文化产品和服务，根据我国文化行政管理部门的管辖范围，可以分为互联网出版活动、互联网视听节目服务活动和互联网文化经营活动三大类。根据《互联网信息服务管理办法》第4条规定，国家对经营性互联网信息服务施行许可制度。同时，根据第18条规定，信息产业部负责对全国电信业实施监督管理，针对网络文化产业的特殊性，互联网出版活动、互联网视听节目服务活动和互联网文化经营活动的监督管理职责分别由国家新闻出版总署、国家广电总局、文化部行使。

一、互联网出版活动法规概述

互联网出版活动，是指互联网信息服务提供者将自己创作或他人创作的作品经过选择和编辑加工，登载在互联网上或者通过互联网发送到用户端，供公众浏览、阅读、使用或者下载的在线传播行为。其作品主要包括：

（1）已正式出版的图书、报纸、期刊、音像制品、电子出版物等出版物内容或者在其他媒体上公开发表的作品；

（2）经过编辑加工的文学、艺术和自然科学、社会科学、工程技术等方面的作品。

互联网出版活动的行使主体是互联网出版机构，为了加强对互联网出版活动的管理，保障互联网出版机构的合法权益，国家新闻出版总署和信息产业部根据《出版管理条例》和《互联网信息服务管理办法》，制定《互联网出版管理暂行规定》。

（一）行政审批与监督管理

从事互联网出版活动，必须经过新闻出版行政部门的批准。其申请条件除符合《互联网信息服务管理办法》的规定外，还应当具备以下条件：

（1）有确定的出版范围；

（2）有符合法律、法规规定的章程；

（3）有必要的编辑出版机构和专业人员；

(4) 有适应出版业务需要的资金、设备和场所。

申请者申请从事互联网出版业务,应当由主办者向所在地省、自治区、直辖市新闻出版行政部门提出申请,经省、自治区、直辖市新闻出版行政部门审核同意后,报新闻出版总署审批。申请时,应提交以下材料:

(1) 新闻出版总署统一制发的《互联网出版业务申请表》;
(2) 机构章程;
(3) 资金来源、数额及其信用证明;
(4) 主要负责人或者法定代表人及主要编辑、技术人员的专业职称证明和身份证明;
(5) 工作场所使用证明。

申请者申请的出版业务获得批准后,应当持新闻出版行政部门的批准文件到省、自治区、直辖市电信管理机构办理相关业务。至此,申请者就成为合法的互联网出版机构。自2003年新闻出版主管机关启动对互联网出版单位的审批开始,广东省从事此项活动的机构就有互联网龙头企业腾讯、网易,传统出版企业广东省出版集团、深圳书城等单位也获得互联网出版资格,涉及互联网出版。

(二) 互联网出版机构的权利和义务

互联网出版机构是指经新闻出版行政部门和电信管理机构批准,从事互联网出版业务的互联网信息服务提供者。

互联网出版机构的权利:依法从事互联网出版活动,任何组织和个人不得干扰、阻止和破坏。

互联网出版机构的义务举要有:

(1) 互联网出版机构,应当在其网站主页上标明新闻出版行政部门批准文号。

(2) 互联网出版机构出版涉及国家安全、社会安定等方面的重大选题,应当依照重大选题备案的规定,报新闻出版总署备案。未经备案的重大选题,不得出版。

(3) 在内容把关方面,首先,互联网出版不得载有违反最高"禁载十条"的内容,同时,以未成年人为对象的互联网出版内容不得含有诱发未成年人模仿违反社会公德的行为和违法犯罪的行为的内容,以及恐怖、残酷等妨害未成年人身心健康的内容。

(4) 为保障出版内容的合法性,互联网出版机构应当实行编辑责任制度,必须有专门的编辑人员对出版内容进行审查,保障互联网出版内容的合法性。互联网出版机构的编辑人员应当接受上岗前的培训。

(5) 互联网出版机构应当记录备份所登载或者发送的作品内容及其时间、

互联网地址或者域名,记录备份应当保存 60 日,并在国家有关部门依法查询时,予以提供。

二、互联网视听节目业务法规概述

对于互联网视听节目业务的规范,国家广电总局先于 2004 年公布了《互联网等信息网络传播视听节目管理办法》,后于 2007 年公布了《互联网视听节目服务管理规定》,并规定前发布的规定有与后规定不一致之处,依后规定执行。结合两者,综括互联网视听业务法规如下:

(一)业务许可

互联网视听节目服务,是指制作、编辑、集成并通过互联网向公众提供视音频节目,以及为他人提供上载传播视听节目服务的活动。从事互联网视听节目服务,应当依照规定取得广播电影电视主管部门颁发的《信息网络传播视听节目许可证》或履行备案手续①。因此,一家综合性网站往往需要获得从事网络出版的《网络出版许可证》和从事视听节目服务的《信息网络传播视听节目许可证》,当然,如果要从事新闻信息服务,还要获得《新闻信息服务许可证》。

申请从事互联网视听节目服务应当具备的条件有:

(1)具备法人资格,为国有独资或国有控股单位,且在申请之日前三年内无违法违规记录;

(2)有健全的节目安全传播管理制度和安全保护技术措施;

(3)有与其业务相适应并符合国家规定的视听节目资源;

(4)有与其业务相适应的技术能力、网络资源和资金,且资金来源合法;

(5)有与其业务相适应的专业人员,且主要出资者和经营者在申请之日前三年内无违法违规记录;

(6)技术方案符合国家标准、行业标准和技术规范;

(7)符合国务院广播电影电视主管部门确定的互联网视听节目服务总体规划、布局和业务指导目录;

(8)符合法律、行政法规和国家有关规定的条件。

申请者如果要从事广播电台、电视台形态服务和时政类视听新闻服务,还应当持有广播电视播出机构许可证或互联网新闻信息服务许可证。其中,以自办频道方式播放视听节目的,由地(市)级以上广播电台、电视台、中央新闻单位提出申请。如果要从事主持、访谈、报道类视听服务,还应当持有广播电视节目制作经营许可证和互联网新闻信息服务许可证;从事自办网络剧(片)类服务的,

---

① 履行备案手续的单位包括地(市)级以上广播电台、电视台和中央新闻单位。

还应当持有广播电视节目制作经营许可证。

未经批准,任何组织和个人不得在互联网上使用广播电视专有名称开展业务。

(二)互联网视听节目服务单位的义务举要

互联网视听节目服务单位及其相关网络运营单位,是重要的网络文化建设力量,承担建设中国特色网络文化和维护网络文化信息安全的责任。为规范互联网视听节目服务单位行为,《互联网视听节目服务管理规定》要求:

(1)互联网视听节目服务单位应当按照许可证载明或备案的事项开展互联网视听节目服务,并在播出界面显著位置标注国务院广播电影电视主管部门批准的播出标识、名称、许可证或备案编号。

(2)互联网视听节目服务单位应当遵守著作权法律、行政法规的规定,采取版权保护措施,保护著作权人的合法权益。

(3)互联网视听节目服务单位提供的、网络运营单位接入的视听节目应当符合法律、行政法规、部门规章的规定。已播出的视听节目应至少完整保留60日。视听节目不得含有最高"禁载十条"的内容。

(4)互联网视听节目服务单位播出时政类视听新闻节目,应当是地(市)级以上广播电台、电视台制作、播出的节目和中央新闻单位网站登载的时政类视听新闻节目。用于通过信息网络向公众传播的影视剧类节目,必须取得《电视剧发行许可证》、《电影公映许可证》。

(5)互联网视听节目服务单位不得允许个人上载时政类视听新闻节目,在提供播客、视频分享等上载传播视听节目服务时,应当提示上载者不得上载违反本规定的视听节目。任何单位和个人不得转播、链接、聚合、集成非法的广播电视频道、视听节目网站的节目。

(6)互联网视听节目服务单位对含有违反本规定内容的视听节目,应当立即删除,并保存有关记录,履行报告义务,落实有关主管部门的管理要求。互联网视听节目服务单位主要出资者和经营者应对播出和上载的视听节目内容负责。

(7)互联网视听节目服务单位应当选择依法取得互联网接入服务电信业务经营许可证或广播电视节目传送业务经营许可证的网络运营单位提供服务;应当依法维护用户权利,履行对用户的承诺,对用户信息保密,不得进行虚假宣传或误导用户、作出对用户不公平不合理的规定、损害用户的合法权益;提供有偿服务时,应当以显著方式公布所提供服务的视听节目种类、范围、资费标准和时限,并告知用户中止或者取消互联网视听节目服务的条件和方式。

三、互联网文化活动法规概述

互联网文化活动是指提供互联网文化产品①及其服务的活动,主要包括:互联网文化产品的制作、复制、进口、批发、零售、出租、播放等活动;将文化产品登载在互联网上,或者通过互联网发送到计算机、固定电话机、移动电话机、收音机、电视机、游戏机等用户端,供上网用户浏览、阅读、欣赏、点播、使用或者下载的传播行为;互联网文化产品的展览、比赛等活动。

互联网文化活动分为经营性和非经营性两类。经营性互联网文化活动是指以营利为目的,通过向上网用户收费或者电子商务、广告、赞助等方式获取利益,提供互联网文化产品及其服务的活动。非经营性互联网文化活动是指不以营利为目的向上网用户提供互联网文化产品及其服务的活动。

(一) 互联网文化单位的设立

互联网文化单位,是指经文化行政部门和电信管理机构批准或者备案,从事互联网文化活动的互联网信息服务提供者。通过中国文化市场网,可以查阅到2007年至2012年的经营性互联网企业公示名单,②绝大多数的单位,其经营范围是"利用互联网经营游戏产品(含网络游戏虚拟货币发行)",也有一些单位的经营范围是"利用互联网经营音乐娱乐产品、网络演出、动漫产品,从事网络文化产品的展览、比赛活动"或"利用信息网络经营艺术品"等。

申请从事互联网文化单位获得批准的,获发《网络文化经营许可证》。

申请设立经营性互联网文化单位,应当符合《互联网信息服务管理办法》的有关规定,并具备以下条件:

(1) 有单位的名称、住所、组织机构和章程。

(2) 有确定的互联网文化活动范围。

(3) 有适应互联网文化活动需要并取得相应从业资格的8名以上业务管理人员和专业技术人员。

(4) 有100万元以上的资金、适应互联网文化活动需要的设备、工作场所以及相应的经营管理技术措施。

(5) 法律、法规规定的其他条件。此外,还应当符合互联网文化单位总量、结构和布局的规划。

---

① 互联网文化产品是指通过互联网生产、传播和流通的文化产品,主要包括:专门为互联网传播而生产的网络音像(含VOD、DV等)、网络游戏、网络演出剧(节)目、网络艺术品、网络动漫画(含FLASH等)等互联网文化产品;将音像制品、游戏产品、演出剧(节)目、艺术品和动漫画等文化产品以一定的技术手段制作、复制到互联网上传播的互联网文化产品。

② http://www.ccm.gov.cn/wlpd/wlpdspgszt/wlpdjyxhlwwhdwgs/wlpd2012qyml/index_46.htm.

第十章　网络文化产业法律法规

（二）互联网文化单位的义务

为促进我国互联网文化健康、有序发展，加强对互联网文化单位的管理，《互联网视听节目服务管理规定》要求互联网文化单位应尽如下义务：

（1）互联网文化单位应当在其网站主页的显著位置标明文化行政部门颁发的《网络文化经营许可证》编号或者备案编号，标明国务院信息产业主管部门或者省、自治区、直辖市电信管理机构颁发的经营许可证编号或者备案编号。

（2）互联网文化产品进口活动由取得文化部核发的《网络文化经营许可证》的经营性互联网文化单位实施，并报文化部进行内容审查。经批准的进口互联网文化产品应当在其显著位置标明文化部的批准文号，不得擅自变更节目名称或者增删节目内容。自批准之日起一年内未在国内运营的，进口单位应当报文化部备案并说明原因；决定终止进口的，文化部撤销其批准文号。互联网文化单位运营的国产互联网文化产品依照有关规定需要备案的，应当在正式运营以后60日内报文化部备案，并在其显著位置标明文化部备案编号。

（3）互联网文化单位不得提供载有违反最高"禁载十条"的文化产品。当互联网文化单位发现所提供的互联网文化产品含有禁载内容时，应当立即停止提供，保存有关记录，向所在地省、自治区、直辖市人民政府文化行政部门报告并抄报文化部。

（4）互联网文化单位提供的文化产品，使公民、法人或者其他组织的合法利益受到侵害的，互联网文化单位应当依法承担民事责任。

（5）互联网文化单位应当实行审查制度，有专门的审查人员对互联网文化产品进行审查，保障互联网文化产品的合法性。其审查人员应当接受上岗前的培训，取得相应的从业资格。

（6）互联网文化单位应当记录备份所提供的文化产品内容及其时间、互联网地址或者域名，记录备份应当保存60日，并在国家有关部门依法查询时，予以提供。

（三）网络游戏经营管理制度

目前，网络游戏是我国互联网文化活动的主要项目，网络游戏经营企业构成我国互联网文化单位的主力军。同时，网络游戏产品的消费者多以青少年为主，随着网络游戏市场的不断扩大，未成年人沉迷网络游戏，影响学习和身心健康的状况也频频发生。为维护网络游戏行业的健康发展，文化部专门针对网络游戏管理，根据《全国人民代表大会常务委员会关于维护互联网安全的决定》和《互联网信息服务管理办法》以及国家法律法规有关规定，制定了《网络游戏管理暂行办法》（以下简称《办法》）。

《办法》对网络游戏单位的设立许可规定和禁载内容规定与《互联网文化管

理暂行规定》保持一致。同时,对网络游戏内容加强了审查与管理,并细化对网络游戏经营活动的管理规定。

1. 网络游戏内容的审查与管理

网络游戏不同于一般的静态文化产品,其互动性、创造性、参与性使得网络游戏呈现出"虚拟社会"的所有特点,影响着用户的人生观、世界观、价值观。因此,加强内容管理是网络游戏管理工作的重要环节。

实施进口网络游戏内容审查和国产网络游戏备案是内容管理的基本制度。

国产网络游戏备案制度规定:(1)国产网络游戏在上网运营之日起30日内应当按规定向国务院文化行政部门履行备案手续。已备案的国产网络游戏应当在其运营网站指定位置及游戏内显著位置标明备案编号。(2)国产网络游戏内容发生实质性变动①的,网络游戏运营企业应当自变更之日起30日内向国务院文化行政部门进行备案。(3)网络游戏运营企业应当建立自审制度,明确专门部门,配备专业人员负责网络游戏内容和经营行为的自查与管理,保障网络游戏内容和经营行为的合法性。

进口网络游戏审查制度规定:(1)国务院文化行政部门依法对进口网络游戏进行内容审查。进口网络游戏应当在获得国务院文化行政部门内容审查批准后,方可上网运营。(2)申报进口网络游戏内容审查的,应当为依法获得独占性授权的网络游戏运营企业。申请进行内容审查需提交下列材料:① 进口网络游戏内容审查申报表;② 进口网络游戏内容说明书;③ 中、外文文本的版权贸易或者运营代理协议、原始著作权证明书和授权书的副本或者复印件;④ 申请单位的《网络文化经营许可证》和《营业执照》复印件;⑤ 内容审查所需的其他材料。(3)经批准的进口网络游戏应当在其运营网站指定位置及游戏内显著位置标明批准文号。进口网络游戏内容上网运营后需要进行实质性变动的,网络游戏运营企业应当将拟变更的内容报国务院文化行政部门进行内容审查。批准进口的网络游戏变更运营企业的,由变更后的运营企业,按照规定,向国务院文化行政部门重新申报。

2. 网络游戏单位经营活动规范

为着力解决网络游戏管理中的深层次问题,《办法》对网络游戏的研发、推广、运营、消费、终止等全流程经营活动进行了制度规范,网络游戏经营单位着重在以下四个方面落实自己应尽的义务:

---

① 网络游戏内容的实质性变动是指在网络游戏故事背景、情节语言、地名设置、任务设计、经济系统、交易系统、生产建设系统、社交系统、对抗功能、角色形象、声音效果、地图道具、动作呈现、团队系统等方面发生显著变化。

(1) 加强网络游戏未成年人保护

网络游戏经营单位应当采取一系列未成年人保护措施：① 根据内容、功能和适用人群，制定用户指引和警示说明。② 以未成年人为对象的网络游戏不得含有诱发未成年人模仿违反社会公德的行为和违法犯罪的行为的内容，以及恐怖、残酷等妨害未成年人身心健康的内容。③ 按照国家规定，采取技术措施禁止未成年人接触不适宜的游戏或者游戏功能，限制未成年人的游戏时间，预防未成年人沉迷网络；不得向未成年人提供网络游戏虚拟货币交易服务。

(2) 规范经营行为

网络游戏经营单位在规范经营行为方面应当遵守：① 推广和宣传网络游戏不得含有法律法规规定的禁止内容；② 不得设置未经网络游戏用户同意的强制对战，不得以随机抽取等偶然方式，诱导网络游戏用户采取投入法定货币或者网络游戏虚拟货币方式获取网络游戏产品和服务；③ 不得授权无网络游戏运营资质的单位运营网络游戏；④ 要求网络游戏用户使用有效身份证件进行实名注册；⑤ 终止运营网络游戏，或者网络游戏运营权发生转移的，应当提前60日予以公告，并妥善处理用户尚未使用的网络游戏虚拟货币及尚未失效的游戏服务；⑥ 按照国家规定采取技术和管理措施保证网络信息安全，依法保护国家秘密、商业秘密和用户个人信息。

(3) 规范网络游戏虚拟货币发行及交易活动

作为发行网络游戏虚拟货币的网络游戏运营企业，应当遵循：① 网络游戏虚拟货币的使用范围仅限于兑换自身提供的网络游戏产品和服务；② 不得以恶意占用使用者预付资金为目的；③ 保存网络游戏用户的购买记录180日以上；④ 将网络游戏虚拟货币发行种类、价格、总量等情况按规定报送注册地省级文化行政部门备案等。

作为网络游戏虚拟货币交易服务企业，应当遵循：① 不得为未成年人提供交易服务；② 不得为未经审查或备案的网络游戏提供交易服务；③ 提供服务时，应保证用户使用有效身份证件进行注册，并绑定与该用户注册信息相一致的银行账户；④ 接到利害关系人、政府部门、司法机关通知后，应当协助核实交易行为的合法性。经核实属于违法交易的，应当立即采取措施终止交易服务并保存有关纪录；⑤ 保存用户间的交易记录和账务记录等相关信息不得少于180日。

(4) 保障网络游戏用户权益

网络游戏经营单位应当在规范自身经营活动的基础上，着力保障网络游戏用户的合法权益。① 在提供服务网站的显著位置公布纠纷处理方式，并对经审核真实的实名注册用户负有依法举证责任；② 与使用者的服务协议应当包括国务院文化行政部门制定的《网络游戏服务格式化协议必备条款》的全部内容,且无与其相抵触的其他条款。

▶ **复习思考题**

1. 网络文化产业的兴起如何挑战我国相关的法律法规?
2. 延伸了解《信息网络传播权保护条例》中关于"通知与移除"规则和"避风港"条款具体适用的相关案例:① 2008 年 3 月 26 日,北京市第一中级人民法院受理了新力博德曼音乐娱乐(香港)股份有限公司、华纳音乐(香港)和环球唱片三大唱片公司以侵犯录音制作者权为由将百度公司诉至法院一案;② 2010 年,土豆网借避风港原则连续胜诉原告方激动网。
3. 网络游戏经营单位如何遵守相关的法律法规?

参考文献

1. 陈杰、闵锐武编著:《文化产业政策与法规》,中国海洋大学出版社2006年版。
2. 陈忱主编:《中国民族文化产业的现状与未来——走出去战略》,国际文化出版公司2006年版。
3. 胡惠林:《文化政策学》,书海出版社、山西人民出版社2006年版。
4. 胡惠林主编:《我国文化产业政策文献研究综述1999—2009》,上海人民出版社2010年版。
5. 胡康生主编:《中华人民共和国著作权法释义》,法律出版社2002年版。
6. 花建等:《文化金矿——全球文化产业投资成功之谜》,海天出版社2003年版。
7. 黄宪容主编:《出版法规及其应用》,苏州大学出版社2005年版。
8. 黄虚峰:《美国版权法与音乐产业》,法律出版社2012年版。
9. 蒋凯:《中国音乐著作权管理与诉讼》,知识产权出版社2008年版。
10. 蒋志培主编:《著作权新型疑难案件审判实务》,法律出版社2007年版。
11. 康保成主编:《中国非物质文化遗产保护发展报告(2011)》,社会科学文献出版社2011年版。
12. 刘玉民、陈国强:《法眼看大片——影视作品招致的法律问题》,中国发展出版社2007年版。
13. 刘登阁编著:《以案说法——野生动物保护法、文物保护法》,中国社会出版社2008年版。
14. 李秀娜:《非物质文化遗产的知识产权保护》,法律出版社2010年版。
15. 李德成主编:《文化创意产业法律操作实务》,法律出版社2010年版。
16. 陆祖鹤:《文化产业发展方略》,社会科学文献出版社2006年版。
17. 欧阳坚:《文化产业政策与文化产业发展研究》,中国经济出版社2012年版。
18. 潘嘉玮:《加入世界贸易组织后中国文化产业政策与立法研究》,人民出版社2006年版。
19. 祁述裕、王列生、傅才武主编:《中国文化政策研究报告》,社会科学文献出版社2011年版。

20. 全国人大常委会法制工作委员会行政法室编著:《中华人民共和国非物质文化遗产法释义及实用指南》,中国民主法制出版社2011年版。

21. 王迁:《著作权法学》,北京大学出版社2007年版。

22. 王迁:《知识产权法教程》,中国人民大学出版社2007年版。

23. 王鹤云、高绍安:《中国非物质文化遗产保护法律机制研究》,知识产权出版社2009年版。

24. 魏永征、李丹林主编:《影视法导论——电影电视节目制作人须知》,复旦大学出版社2005年版。

25. 谢大京、一丁:《演艺业管理与运作》,上海音乐出版社2007年版。

26. 徐东:《知识产权——故事背后的法律》,法律出版社2007年版。

27. 赵阳、徐宝祥编著:《文化产业政策与法规》,中山大学出版社2012年版。

28. 周俊武:《星路律程——行走娱乐圈法律之道》,法律出版社2008年版。

29. 中共中央宣传部政策法规研究室编:《宣传文化法规汇编》,学习出版社2012年版。

30. 中国文物报社编:《中华人民共和国文物保护法·以案说法》,文物出版社2003年版。

31. 中国社会科学院知识产权中心编:《非物质文化遗产保护问题研究》,知识产权出版社2012年版。

32. 郑成思:《版权法》,中国人民大学出版社1997年版。

33. 张鲁民、陈锦川主编:《著作权审判实务与判例》,中国方正出版社2001年版。

34. 张今主编:《中国文化产业合同案例精选与评析》,知识产权出版社2011年版。